科技信息检索与论文写作

王荣民　杨云霞　宋鹏飞　主编

科学出版社

北京

内 容 简 介

本书主要介绍重要的科技信息源、检索工具与软件,期望读者在检索与利用科技信息时能够做到"范围广、速度快、内容精、总结准"。首先,在介绍科技文献、科技信息源及检索方法的基础上,将科技信息源分为六大类,即科技图书、科技论文、专利信息、标准与产品资料、机构组织科技信息、在线检索工具与数据库,并对其内容与检索方法进行了详细介绍;其次,总结了科技信息检索与利用的策略与技巧;再次,介绍如何撰写课程论文(综述论文)、创新创业总结论文(研究论文)、毕业论文(学位论文);最后,介绍科技工作者常用的一些专业软件。

本书可作为高等学校理工类专业本科生、研究生的教材和教学参考书,也可供相关专业的教师和科技工作者参考使用。

图书在版编目(CIP)数据

科技信息检索与论文写作/王荣民,杨云霞,宋鹏飞主编. —北京:科学出版社,2020.8
ISBN 978-7-03-065397-0

Ⅰ. ①科⋯ Ⅱ. ①王⋯ ②杨⋯ ③宋⋯ Ⅲ. ①科技情报–情报检索 ②科学技术–论文–写作 Ⅳ. ①G254.97 ②G301

中国版本图书馆 CIP 数据核字(2020)第 093591 号

责任编辑:丁 里 孙 曼 / 责任校对:何艳萍
责任印制:赵 博 / 封面设计:陈 敬

科学出版社 出版
北京东黄城根北街 16 号
邮政编码:100717
http://www.sciencep.com

北京华宇信诺印刷有限公司印刷
科学出版社发行 各地新华书店经销

*

2020 年 8 月第 一 版 开本:787×1092 1/16
2025 年 7 月第十次印刷 印张:13 3/4
字数:342 000
定价:59.00 元
(如有印装质量问题,我社负责调换)

《科技信息检索与论文写作》编写委员会

主　编　王荣民　杨云霞　宋鹏飞

编　委（按姓名汉语拼音排序）

曹建军　高承华　何晓燕　何玉凤

宋鹏飞　童金辉　万建杰　王荣民

武国凡　杨云霞　杨志旺　曾　巍

张　剑

前　言

近二三十年来，科技与互联网的快速发展，彻底改变了人们的学习、工作与生活方式，使包括大学生在内的普通用户能够方便快捷地寻找各种类型的信息。然而，在这浩如烟海的信息源中，如何快速、准确地找到有价值的科技信息变得越来越重要。因此，科技信息检索与利用已经成为大学生必备的能力，而这种能力需要培训与实践方可获得，具有这种能力的大学生才能更好地适应时代需求。

为此，本书编者团队基于不同学科从事科学研究工作经历、科技信息检索与利用相关课程的教学经验，经过充分交流探讨后，共同编撰了本书，以期为读者(尤其是大学生、研究生)检索和利用科技信息提供方便快捷的途径，同时为普通上网用户免费检索与获取原文提供大量网络资源。本书特色如下：①基于网络资源的新颖性与多样性，提出并总结相应的科技信息源与知识体系；②体现科技信息源与检索工具的前沿性、关联性；③突出实用性，贴近学生、读者视角，体现精品课程的引领和辐射作用。

希望读者使用本书后，能够掌握快速准确地获得有价值专业知识的策略，知道从哪里能找到有用的知识，从而解决在学习、工作及生活中遇到的与专业相关的问题；同时，学会利用科技信息知识，即科技论文的写作方法。培养学生检索科技信息并撰写科技论文的能力，引导学生自主获取科技知识，并能高效利用专业知识，为开展科学研究奠定坚实基础。

本书编写分工如下：王荣民负责全书内容体系的策划与审定，并编写第 1 章、第 3 章、第 6 章和第 8 章；杨云霞编写第 4 章和第 5 章，并核对全书；宋鹏飞编写第 7 章，并核对部分章节内容；童金辉编写第 10 章；曾巍编写第 2 章，杨志旺参与了第 2 章内容的修改；何晓燕编写第 9 章；何玉凤编写附录并审校全书。武国凡补充了生物、医学相关领域的内容；曹建军、张剑补充了地理、环境及生态相关领域的内容；万建杰补充了物理、电子及信息相关领域的内容；高承华补充了数学相关领域的内容。另外，杜正银、关晓琳参与了"科技信息检索与论文写作"在线课程第 6 章、第 9 章的建设，在此表示感谢！

书中提供了专业网站名称与网址，以便读者核对网址的准确性。鉴于当前还处在"互联网+"迅速发展时期，网站名称及网址可能会发生变动，必要时请通过搜索引擎检索更新。

与本书配套的国家级线上一流本科课程"科技信息检索与论文写作"正在运行，读者可扫描二维码，在线学习。

编　者

2024 年 4 月

目 录

前言
第1章 绪论 ··· 1
  1.1 学习科技信息检索方法的必要性 ··································· 1
    1.1.1 在校期间将会遇到的信息检索与利用问题 ····················· 1
    1.1.2 Internet 带来的机遇与挑战 ··································· 2
    1.1.3 个人"搜商"需要培养 ··· 3
  1.2 科技信息概念的发展 ··· 4
    1.2.1 信息与知识 ··· 4
    1.2.2 文献、情报和资料 ··· 4
    1.2.3 信息的用途与信息检索 ··· 5
    1.2.4 从文献查阅到信息检索 ··· 6
    1.2.5 科技信息的特点 ··· 6
  1.3 科技信息的主要类型及其特征 ····································· 7
    1.3.1 当代科技信息的主要类型 ······································· 7
    1.3.2 按加工层次分类 ··· 8
    1.3.3 按载体分类 ··· 9
    1.3.4 按学科分类 ··· 9
    1.3.5 按发行和传播形式分类 ······································· 10
  1.4 科技信息检索与利用的重要环节 ·································· 10
    1.4.1 科技信息检索的主要步骤 ····································· 10
    1.4.2 问题导向——带着目标去检索 ································· 10
    1.4.3 科技信息检索的关键——WWH ······························· 11
    1.4.4 所获知识的阅读理解与二次分析 ······························· 11
    1.4.5 及时记录检索结果与经验 ····································· 11
  1.5 获取和管理科技信息的有效方法 ·································· 12
    1.5.1 有效利用互联网 ··· 12
    1.5.2 充分利用现有条件 ··· 13
    1.5.3 注意交叉补充与原文转换 ····································· 13
    1.5.4 所获文件的有效管理 ··· 14
    1.5.5 信息源知识的鉴别筛选 ······································· 14
  思考题 ··· 14
  实践练习题 ··· 14
第2章 科技图书 ··· 16
  2.1 科技图书的分类 ··· 16

2.1.1 图书分类法与图书编号 ··· 16
　　　2.1.2 图书的主要载体 ··· 18
　　　2.1.3 在线图书的发展 ··· 18
　2.2 科技图书的主要功能与特点 ··· 19
　　　2.2.1 教科书及其利用 ··· 19
　　　2.2.2 科技著作及其利用 ·· 20
　　　2.2.3 工具书及其利用 ··· 20
　2.3 检索与获取图书信息的途径 ··· 21
　　　2.3.1 通过图书馆查找与借阅图书 ·· 22
　　　2.3.2 通过出版机构检索图书 ··· 22
　　　2.3.3 通过销售机构检索图书 ··· 23
　　　2.3.4 免费获取图书正文的主要途径 ··· 23
　　　2.3.5 免费阅读与下载电子版图书的网站 ··································· 24
　2.4 传统图书馆与数字图书馆 ·· 25
　　　2.4.1 国内主要图书馆及数字图书馆 ··· 25
　　　2.4.2 国外主要数字图书馆 ·· 27
　　　2.4.3 中国国家图书馆检索实例 ·· 27
　2.5 重要在线图书的检索与利用 ··· 29
　　　2.5.1 数字图书馆的使用 ·· 29
　　　2.5.2 在线百科全书 ·· 31
　　　2.5.3 专业在线工具书 ··· 32
　思考题 ··· 35
　实践练习题 ··· 35
第3章 科技论文 ··· 36
　3.1 科技论文的三大类型与用途 ··· 36
　　　3.1.1 科技论文的类型与特点 ··· 36
　　　3.1.2 科技期刊与期刊论文 ·· 37
　　　3.1.3 科技会议与会议论文 ·· 38
　　　3.1.4 专业资格获得与学位论文 ·· 39
　3.2 科技论文的构成与作用 ··· 40
　　　3.2.1 研究论文的构成与作用 ··· 41
　　　3.2.2 综述论文的构成与作用 ··· 43
　　　3.2.3 会议论文的构成与作用 ··· 46
　　　3.2.4 学位论文的构成与作用 ··· 47
　3.3 核心期刊与影响因子 ·· 47
　　　3.3.1 科技期刊的主要种类 ·· 48
　　　3.3.2 国际核心期刊索引体系——SCI 与 EI ······························· 48
　　　3.3.3 SCI 期刊影响因子与 SCI 期刊分区 ·································· 50
　　　3.3.4 国内核心期刊认定 ·· 55
　　　3.3.5 期刊水平的评判与高质量论文的筛选 ······························· 55

3.4 科技论文的检索与全文下载途径 ... 56
3.4.1 科技论文检索策略 ... 56
3.4.2 通过期刊出版机构的网站检索与下载期刊论文 ... 56
3.4.3 通过图书馆与全文数据库网站检索与下载全文 ... 57
3.4.4 通过检索工具网站查找论文题录 ... 58
3.4.5 会议论文的检索与下载 ... 59
3.4.6 学位论文的检索与下载 ... 59
3.4.7 免费获取科技论文全文的途径 ... 59
3.5 中国知网及其检索科技论文实例 ... 60
3.5.1 中国知网简介 ... 60
3.5.2 中国知网检索与下载全文实例 ... 61
3.6 WOS 收录范围与检索实例 ... 63
3.6.1 WOS、WOK 简介 ... 63
3.6.2 利用 WOS 检索期刊与会议论文实例 ... 63
思考题 ... 66
实践练习题 ... 66

第4章 专利信息 ... 67
4.1 知识产权与专利知识 ... 67
4.1.1 知识产权与专利权 ... 68
4.1.2 专利制度及其作用 ... 69
4.1.3 专利技术与专利信息 ... 69
4.1.4 专利组织机构 ... 71
4.2 创造发明与专利申请 ... 71
4.2.1 发明专利要素 ... 71
4.2.2 中国专利类型及其特点 ... 72
4.2.3 中国专利申请程序 ... 72
4.2.4 不给予专利的情况 ... 73
4.2.5 申请国外专利 ... 73
4.2.6 专利说明书的构成与作用 ... 73
4.3 专利信息检索与全文免费获取 ... 75
4.3.1 专利信息检索与下载的主要渠道 ... 75
4.3.2 专利信息检索基本方法 ... 75
4.3.3 中国专利的检索与全文下载 ... 76
4.3.4 美国专利的检索与全文下载 ... 78
4.3.5 其他国家专利的检索与下载 ... 81
4.3.6 世界范围的专利信息检索 ... 83
4.4 免费检索专利与全文下载的小技巧 ... 83
4.4.1 专利全文快捷下载 ... 83
4.4.2 专利信息检索小技巧 ... 85
思考题 ... 87

实践练习题 ·· 87
第5章　标准与产品资料 ··· 88
　5.1　标准及其作用 ··· 88
　　5.1.1　标准的含义与类型 ·· 88
　　5.1.2　标准的作用 ··· 88
　　5.1.3　国内外标准组织与标准类型 ·· 90
　5.2　标准信息的检索与下载 ··· 91
　　5.2.1　检索标准信息的主要途径 ··· 91
　　5.2.2　标准信息的检索实例 ·· 91
　5.3　产品资料及其检索途径 ··· 93
　　5.3.1　产品样本和说明书 ·· 93
　　5.3.2　产品资料的检索 ··· 93
　　5.3.3　利用产品网站免费获得参数 ·· 94
　　5.3.4　国内外知名生产商网站 ··· 96
　　5.3.5　知名经销商网站 ··· 99
　思考题 ·· 99
　实践练习题 ·· 99
第6章　机构组织科技信息 ·· 100
　6.1　机构组织与科技信息 ·· 100
　　6.1.1　Internet科技信息资源的主要类型 ································· 100
　　6.1.2　机构组织科技信息的主要类型 ····································· 101
　6.2　科技报告与技术档案 ·· 101
　　6.2.1　科技报告 ··· 101
　　6.2.2　技术档案 ··· 105
　6.3　政府文件 ··· 105
　　6.3.1　政府文件类型与作用 ··· 105
　　6.3.2　公开政府文件的重要网站 ·· 106
　　6.3.3　大数据时代政府网站的有效利用 ·································· 106
　6.4　机构组织基本信息 ··· 107
　　6.4.1　科研与教育机构的基本信息 ·· 108
　　6.4.2　学术团体的基本信息 ··· 108
　　6.4.3　生产与开发单位的基本信息 ·· 109
　6.5　机构组织动态信息 ··· 109
　　6.5.1　科技新闻 ··· 109
　　6.5.2　科技会议与出版信息 ··· 109
　　6.5.3　自媒体平台科技信息 ··· 110
　　6.5.4　科技人员信息 ·· 110
　　6.5.5　招聘求职信息 ·· 111
　6.6　机构组织互联网+信息 ··· 111
　　6.6.1　互联网+信息的趋势 ·· 111

  6.6.2 互联网+信息的检索 ·· 112
思考题 ·· 113
实践练习题 ·· 113

第7章 在线检索工具与数据库 ·· 114
7.1 数据库与在线检索工具简介 ·· 114
  7.1.1 搜索引擎——文献查阅方式的发展 ··· 114
  7.1.2 在线数据库的分类 ·· 115
  7.1.3 重要的在线检索工具与数据库 ·· 116
7.2 搜索引擎与免费检索工具 ·· 117
  7.2.1 免费搜索引擎与学术检索工具 ·· 117
  7.2.2 搜索引擎的使用技术 ·· 118
  7.2.3 百度学术及其检索实例 ·· 118
  7.2.4 大数据时代政府网站 ·· 119
7.3 学科综合检索工具数据库 ·· 120
  7.3.1 知名学科综合检索工具数据库 ·· 120
  7.3.2 WOS 数据库 ·· 121
  7.3.3 EV 数据库及其检索实例 ·· 121
7.4 学科专业检索工具数据库 ·· 123
  7.4.1 重要学科专业检索工具数据库及其特点 ··· 123
  7.4.2 SciFinder——美国《化学文摘》在线检索工具数据库 ·· 124
  7.4.3 生物医学类常用在线检索工具数据库 ·· 125
  7.4.4 数学专业在线检索工具数据库 ·· 128
7.5 重要全文数据库 ·· 129
  7.5.1 学科综合与学科专业全文数据库简介 ·· 129
  7.5.2 中国知网与万方、维普等数据库 ·· 131
  7.5.3 数字图书馆 ·· 132
  7.5.4 ScienceDirect 数据库与 Wiley、Springer 数据库 ······································· 132
  7.5.5 化学化工及材料类专业全文数据库简介 ··· 134
  7.5.6 生物医学类专业全文数据库简介 ·· 135
  7.5.7 物理、电子及信息类专业全文数据库简介 ··· 136
  7.5.8 地理环境类专业全文数据库简介 ·· 137
  7.5.9 数学类专业全文数据库简介 ·· 138
7.6 特色在线工具数据库 ·· 139
  7.6.1 特色在线工具数据库主要类型 ·· 139
  7.6.2 检索材料、药物、产品参数用在线工具数据库 ··· 139
  7.6.3 结构对比与反应设计相关数据库 ·· 140
7.7 在线检索工具与数据库使用策略 ·· 141
  7.7.1 在线检索工具及数据库的选择 ·· 142
  7.7.2 检索方法选择 ·· 142
  7.7.3 检索结果处理与利用 ·· 142

思考题 ……………………………………………………………………………………143
　　实践练习题 ………………………………………………………………………………143

第 8 章　科技信息检索与利用策略 ……………………………………………………144
　8.1　科技信息源的选择与记录 …………………………………………………………144
　　8.1.1　检索目标内容的分类 ………………………………………………………144
　　8.1.2　科技信息源的类型与特点 …………………………………………………145
　　8.1.3　根据目标选择科技信息源 …………………………………………………146
　　8.1.4　科技信息源的记录与引用 …………………………………………………147
　8.2　科技信息的检索与收集策略 ………………………………………………………149
　　8.2.1　检索科技信息的主要步骤 …………………………………………………149
　　8.2.2　免费资源的充分利用 ………………………………………………………150
　　8.2.3　重要在线检索工具与全文数据库的有效利用 ……………………………153
　8.3　文件管理与重要信息的筛选 ………………………………………………………153
　　8.3.1　文件的分类与管理 …………………………………………………………154
　　8.3.2　利用软件与网络管理文件 …………………………………………………154
　　8.3.3　重要信息的筛选 ……………………………………………………………155
　8.4　科技信息的阅读与利用 ……………………………………………………………155
　　8.4.1　科技信息的利用过程 ………………………………………………………155
　　8.4.2　期刊论文的阅读策略与步骤 ………………………………………………157
　　8.4.3　学会从科技信息源中提炼精华 ……………………………………………158
　　8.4.4　广泛浏览与专业精读 ………………………………………………………158
　　8.4.5　充分利用免费在线工具书 …………………………………………………159
　8.5　科技信息的检索与利用实例 ………………………………………………………159
　　8.5.1　如何选择与确立检索主题 …………………………………………………160
　　8.5.2　检索实例——以日用品为检索目标 ………………………………………160
　　8.5.3　检索实例——前沿领域的检索目标 ………………………………………161
　　思考题 ……………………………………………………………………………………162
　　实践练习题 ………………………………………………………………………………162

第 9 章　科技论文写作 …………………………………………………………………163
　9.1　学术论文与科技论文 ………………………………………………………………163
　　9.1.1　科学发现与论文发表 ………………………………………………………163
　　9.1.2　学术论文的主要类型 ………………………………………………………164
　　9.1.3　科技论文的主要特点 ………………………………………………………165
　9.2　科技论文写作格式与特点 …………………………………………………………166
　　9.2.1　科技论文的"汉堡包"式结构 ………………………………………………166
　　9.2.2　科技论文的前置部分 ………………………………………………………167
　　9.2.3　科技论文的正文部分 ………………………………………………………168
　　9.2.4　科技论文的支撑部分 ………………………………………………………169
　　9.2.5　科技论文撰写知识网站 ……………………………………………………170
　9.3　综述论文与课程论文的写作 ………………………………………………………170

  9.3.1 综述论文的写作 ······170
  9.3.2 课程论文的写作 ······171
 9.4 研究论文与创新创业总结论文的写作 ······173
  9.4.1 研究论文的写作格式 ······174
  9.4.2 创新创业实践活动与创新创业总结论文的写作 ······174
 9.5 毕业论文与学年论文的写作 ······178
  9.5.1 学位论文与毕业设计说明书的写作特点 ······179
  9.5.2 完成毕业论文工作的步骤 ······180
 9.6 科技期刊论文的投稿 ······181
  9.6.1 科技期刊论文的主要类型 ······181
  9.6.2 期刊论文投稿过程 ······181
  9.6.3 国内外刊物在线投稿 ······181
 思考题 ······183
 实践练习题 ······183

第10章　专业软件 ······184
 10.1 常用软件简介 ······184
  10.1.1 科研与教学常用软件类型 ······184
  10.1.2 专业软件获取途径 ······185
  10.1.3 通用图像处理软件简介 ······186
  10.1.4 培训演示软件 ······187
  10.1.5 专业软件学习教程 ······188
 10.2 数据处理与统计分析软件 ······188
  10.2.1 通用型数据处理软件 ······188
  10.2.2 图谱解析及图像观察软件 ······188
  10.2.3 学科专业用数据处理软件 ······191
 10.3 结构绘制与理论计算软件 ······192
  10.3.1 常见结构绘制软件 ······192
  10.3.2 理论计算软件 ······194
  10.3.3 ChemOffice 及其使用示例 ······195
 10.4 文献管理与分析软件 ······197
  10.4.1 文献管理软件 ······197
  10.4.2 文献分析软件 ······197
 10.5 软件在研究与论文写作中的应用实例 ······198
 思考题 ······200
 实践练习题 ······201

附录 ······202
 附录1 希腊文字母 ······202
 附录2 罗马数字 ······202
 附录3 国际单位制中用于构成十进倍数和分数单位的词头 ······203
 附录4 英文名称常用数字词头 ······203

第 1 章 绪　　论

本章导读：在当今科技与互联网技术飞速发展的信息时代，随处可见的信息源让人们能够轻松获得科技信息，但同时想快速准确地找到正确的知识变得越来越困难。因此，"搜商"成为个人必备能力，而这种能力的获得需要实践培养。当我们具备"搜商"之后就能快速地掌握最新科技信息，而掌握了最新科技信息就掌握了主动性。因此，本章主要介绍文献与信息基础知识，内容有：①学习科技信息检索与利用方法的必要性；②认识科技信息类型与载体；③信息检索需要注意的问题。

内容关键词：科技信息、文献查阅、信息检索。

当我们用手机或计算机熟练地使用百度搜索作业、试题答案或查找目标信息时，有没有考虑过从哪里能找到成熟、可靠的技术与方法？哪里又能找到最新、最前沿的科技成果？甚至，在当今提倡创新的时代，我们又能从哪里获得创新灵感呢？带着这些问题，我们一起来认识科技信息源及其检索方法。

信息（information）、材料（material）和能源（energy）被称为当代文明三大支柱。因此，新材料、信息技术和生物技术成为新技术革命的重要标志。信息对于社会和经济的发展、科技文化的进步都起着非常重要的作用，信息已经成为推动世界经济高速发展的新的原动力。现在，信息已经广泛渗透到各个领域，成为继物资、能源之后的"第三级资源"。

目前，人类已进入信息化社会，在社会发展的进程中，知识和信息发挥着越来越重要的作用。可以说，人类的生存有赖于物质，人类的发展更有赖于信息。在当今飞速发展的信息时代，谁掌握了最新信息，谁就掌握了主动性。作为处于信息化社会的大学生，必须学会掌握这些最新信息，才能主动掌握自己的人生。

1.1　学习科技信息检索方法的必要性

人们常说"站在巨人的肩膀上"，实际上是指"以前人积累的知识为基础"，而对前人知识的获取方法，已经从口耳相传、文献查阅，走向信息的检索与利用。计算机技术与网络的高速发展，为普通科技工作者乃至大学生、研究生获取信息提供了捷径。

1.1.1　在校期间将会遇到的信息检索与利用问题

作为一名大学生或研究生，在校期间总会遇到与科技信息检索和利用有关的问题，一般可以分为如下几种类型。

问题 1：开展学年论文、学位论文工作时，研究方案的设计与论文写作问题。

作为一名在校的大学生或研究生，要获得毕业证书与学位证书，不但要完成学校规定的课程学习任务，还需要完成毕业论文工作，提交学位论文。开展毕业论文工作，一般是在指导教师指导下就某一领域（或某一方向）开展创新研究与实践。这种创新研究或实践需要查阅前人的已有工作与最新研究进展，并进行总结提炼、设计研究方案，研究结果要按照科技论文的规范格式写作。

通过毕业论文工作的训练，学生能认识科学研究与技术开发的基本过程，从而培养其实践能力和创新能力。目前，为了加强大学生的动手能力，许多高校鼓励低年级大学生开展学年论文工作。而学年论文工作的性质与毕业论文相似，它们都涉及如下一些问题：如何查阅相关基础知识？如何进行方案设计？如何进行科学实践并进行成果总结？

问题2：课程论文资料收集与综合整理问题。

为了让学生认识课程的实用性或前沿性知识，部分教师会在专业课或基础课的授课过程中布置撰写小论文，可称之为"课程论文"，其内容与课程相关。在完成课程论文过程中，会遇到如下问题：如何进行信息的有效检索与调查实践？如何对获得的信息进行筛选与提炼？

问题3：创新创业工作总结问题。

为了提升国家的整体竞争力，我国政府提出"双创"理念，推行"大众创业、万众创新"政策，各高校大学生都在积极开展"创新创业"工作。目前，越来越多的大学生参与了创新创业工作，而在创新创业工作中会遇到如下问题：如何认定成果的创新性？如何保护成果的知识产权？

事实上，上述三类问题都属于"科技信息的检索与利用"问题，也就是如何快速、准确地找到有价值的科技信息，并进行有效利用。换言之，上述问题所涉及的基本问题就是如何进行科技信息的"检索"。

1.1.2　Internet带来的机遇与挑战

近、现代科学史的大量事实证明，没有科学上的继承和借鉴，就没有提高；没有科学上的交流和综合，就没有发展。科学上的继承和借鉴、交流和综合，在当代物质条件下主要是通过信息检索来实现。从许多实践经验看，科学研究(包括基础研究、应用开发研究)中出现的各种问题，有95%～99%需要而且可以通过科技信息检索获得启发、帮助和解决。

在信息技术尚未开发的过去，科技工作者需要花费大量的时间与经费用于文献查阅与信息检索，文献检索的时间比例为15%～61%。近20年来，Internet正以当初人们始料不及的惊人速度发展。今天的Internet已经改变了人们的思想观念和生产生活方式，推动了各行各业的发展，并且成为知识经济时代的重要标志之一。

当然，Internet也彻底改变了科技信息的检索与利用方式，带来了诸多机遇与挑战，主要体现出以下特点。

1) 为大众获得科技知识提供了便利条件

Internet是当今世界上最大的信息传播媒介，它通过不同的终端(计算机或手机)把世界的各个单位与个人联系在一起，把学习者、研究人员、教育者及管理服务者联系在一起。在信息技术广泛使用的今天，知识的载体发生了革命性变化，知识传播有了四通八达的"高速公路"。它为广大地区，尤其是山高路远的偏远地区，提供了高起点的信息基础。

当人们使用网络时，科技信息的检索时间与检索成本会大幅度降低。任何单位或个人无须专门花费时间与经费去当地或异地大型图书馆(或资料室)查阅资料，只要有网络，就可以通过计算机(或手机)获得公开的科技信息。

2) 为科技工作者提供了丰富的信息获取与成果发布平台

Internet是开放的信息传播平台，任何机构与个人都可以将自己拥有的且愿意让他人共享的信息上网公开。在这个庞大的信息源中，不但有传统科技文献源(如图书、期刊、专利、标准等），还有基于网络的电子图书馆、数据库、网上书店、专利服务、原料生产商等信息。科技信息的数量日趋增加，形式也呈现多样化，这大幅度拓宽了科技信息源。

Internet 是一个集文字、图形、照片、动画、声音、影像为一体的包罗万象的综合性信息系统。因此，科技信息内容也呈现明显的多样性，包括电子期刊、电子图书、视频资料、实物图像等。

另外，Internet 提供讨论、交流的渠道。人们可以在网络上找到提供各种信息的人或一些专题讨论小组，通过交流、咨询获得相关科技信息，也可以通过 Internet 方便地发布包括成果在内的各类个人信息。

3) 为开展科学研究提供了便利条件

信息技术与 Internet 正在深刻地改变着科技工作者的科研环境。其中，最重要的是改变了科技信息的检索与利用方式。目前，在线检索、在线交流、远程学习和远程工作都已经成为现实。但是，需要注意的是，海量的各类信息源使人们获取正确而可靠的信息变得困难。为了解决这个问题，一些机构或网站提供了专门的检索工具与数据库，以便读者能够快速、高效地获取目标信息。

与手工查阅文献相比，通过网络不但可以获取科技信息，还可以购买仪器与原材料，这大幅度降低了文献查阅时间与科学研究的成本。

当然，Internet 为人们提供极大便利的同时，大量信息也如洪水般从四面八方涌来。因此，有人提出：在这个"信息超载"的时代，人们无须（也不可能）记住信息的所有内容，但是要知道"信息的位置"，掌握"到达的方法"。

基于上述现状，科技工作者现在遇到了新的挑战：首先，传统的文献收集与处理方式无法适应新的环境，需要学习新的科技信息检索与利用的方法与策略；其次，当大量单位与个人加入科技创新与实践的行列时，如何开发独具特色的技术与方案成为新的挑战。

1.1.3 个人"搜商"需要培养

随着包括信息技术在内的科技的迅猛发展，人们进入了"信息爆炸"与"资讯泛滥"的时代。这正在改变着人们的学习、工作及生活方式，面对网络世界庞大的"信息量"，信息的检索与利用能力已经成为人们必备的基本能力。

这种通过工具获取知识的能力或者通过搜索技能解决问题的能力，有学者称之为"搜商"，并将其归为与智商、情商相并列的人类智力因素。不同于情商和智商，搜商可以使人们立刻得到结果，有时是解决问题的方法，有时是解决问题的线索，而这些都是基于庞大的网民和专家智慧的结果。因此，搜商强调的是所获得的知识与所花费时间的比值，是智商和情商悬而未决的遗留问题——效率问题。

对于科技工作者而言，信息检索的重要意义在于：①通过自主学习，拓宽知识面，更新知识结构；②通过查阅文献进行调查研究，激发创新灵感，开启创新研究之路；③通过吸取前人成功与失败的经验教训，减少重复劳动，减少科研投入，节省时间，加快科研步伐。

对于即将进入科学研究、工程技术或教育领域的大学生来说，通过"科技信息检索与利用"课程的训练与实践，不但能够找到"文献宝库的钥匙"，而且有利于科学素养与能力的培养。只要掌握了科技信息的检索方法，就能主动地获得专业知识和学科前沿、动态，甚至启发灵感，进行创新思维；就能顺利地开展"课程论文"、"学年论文"、"毕业论文"及"创新创业"工作。

总之，通过本书的阅读及相应课程的训练，可以培养个人的信息分析归纳综合能力。这种能力不仅在课程学习、知识拓展、科学研究、学位论文写作、论文发表中十分重要，而且有助于其他各种能力的培养与提高。

1.2 科技信息概念的发展

在这个飞速发展的时代，一些基本概念的含义正在发生变化。"信息、知识、文献、情报、资料"等是在科技信息检索与利用的实践中经常遇到的基本概念与名词，也容易混淆，这里做一简单介绍。

1.2.1 信息与知识

信息是客观事物状态和运动特征的一种普遍形式，其字面含义指"信号"带来的"消息"。客观世界中大量地存在、产生和传递着以这些方式表示出来的各种各样的信息。信息是物质、能量及其属性的标示，是事物现象及其属性标识的集合，反映了物质的存在，不同的物质各自会发出不同的信息。

信息具有"差异"和"传递"两个要素。没有差异就没有信息，就像导线两端如果施加相同电压将不会产生电流，差异是产生信息的前提条件；而且，即使有差异但不经过传递，也不会形成信息。

无形的信息以物质介质(如文字、声波、电磁波等)为载体。根据发生源的不同，信息可分为自然信息、生物信息、机器信息和人类信息四大类。"科技信息"则属于"人类信息"的范畴。

信息经常与人类智能活动有关的知识、技术、科学、文化、社会等密切联系在一起，是人们进行一切社会活动时必然伴随的活动。信息由意义和符号组成，一般以声音、语言、文字、图像、动画等方式表示实际内容，通常有数据、文本、声音、图像四种形态。

知识(knowledge)是通过信息传递并对信息进行加工、重新组合的系统化信息。知识来源于信息，是信息的一部分，是人类在社会实践中积累起来的经验，是对客观世界物质形态和运动规律的概括与总结。人们在社会实践中不断接受客观事物发出的信号，经过人脑的思维加工，逐步认识客观事物的本质，这是一个由表及里、由浅入深、由感性到理性的认识过程。

简言之，信息是人类对客观事物的认识；知识是对信息的概括与总结。

1.2.2 文献、情报和资料

文献(document)是记录有用知识的一种载体。凡是用文字、图形、符号、音频、视频记录下来，具有存储和传递知识功能的一切载体都称为文献。构成文献的三大要素是：①被记录的知识内容；②承载知识内容的载体；③记录知识内容的手段。

情报(intelligence，information)指情况报道，是被传递的知识。它针对的是需要传递的特定对象，是在生产实践和科学研究中起继承、借鉴或参考作用的知识。知识要转化为情报，必须经过传递，并为使用者所接受，从而发挥其使用价值。情报具有知识性、传递性和效用性。

文献是情报的一种载体，不仅是情报传递的主要物质形式，也是吸收利用情报的主要手段。"查文献"就是通过查找刊载知识的图书、期刊等载体，阅读后获得相关知识。情报在一定范围内(尤其是军事、国防领域)具有机密性。因此，谍战小说或影片中常使用"情报"一词。事实上，通过深入分析公开的文献，也可以获得机密的"敌方"情报。

西方学者习惯于把文献情报与自然信息等同，而把有关国家安全之类的情报称为intelligence(常指智力)。中文"情报"一词则把文献信息与有关敌情的信息混淆，尽管同时存在着现成的"谍报"一词。

资料(means)一般是指生产、生活中必需的用品，如生产资料。对于学生与科研人员而言，资料常指可供参考作为依据的材料等，如参考资料(reference materials)、复习资料、补充资料等。

信息、知识、情报、文献及资料之间的关系可用图1-1表示。物质的运动产生信息，各类信息经过人们系统化加工处理，转变成知识；有用知识的记录载体是文献，知识经加工处理转化为情报；作为参考依据的文献称为资料。

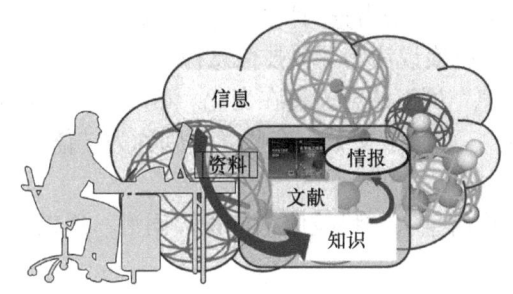

图 1-1　信息、知识、情报、文献及资料之间的关系

基于文献载体的信息包含知识，知识包含情报。因此，它们不仅是包含关系，而且可以互相转化。

近二三十年来，随着信息技术的飞速发展，电子文件、网络资源大量涌现，知识的载体发生了革命性变化。因此，"文献、情报、信息"这三个词汇之间的边界趋于模糊，甚至趋向统一。国际上更多使用information(信息)一词。

现今，国内科技界也越来越多地使用"科技信息"一词替代"情报"、"文献"。例如，现在更多地使用"信息检索"，替代以前常说的"查文献"、"查资料"或"文献检索"。

1.2.3　信息的用途与信息检索

信息需要传播，人们从广泛传播的信息中获取知识，从而指导社会实践，促进人类进步。信息存储与检索(information storage and retrieval)是信息传播的必备条件，它是指将信息(文献)按一定的方式组织、存储起来，并针对用户的需要查找出所需信息的过程和技术，简称信息检索(information retrieval)。存储是检索的基础，检索是存储的目的。

广义的信息检索包含信息的存储和检索两个密不可分的部分。信息存储主要指在选择的基础上对信息进行特征描述、加工并使其有序化。检索是指借助一定的设备和工具，采用一系列方法和策略查找出所需要的信息。

狭义的信息检索是指从检索工具和检索系统中查找出所需信息的过程。信息检索根据检索对象的不同，可分为文献检索、数据检索、事实检索。其中，文献检索是三者中最基本、最主要的方式。一般来说，文献检索是信息检索的基本检索，它比数据检索和事实检索困难，主要通过检索工具达到检索目的；数据检索和事实检索是信息检索的派生检索，主要通过工具书达到检索目的。

在实际工作中,"信息检索"与"文献检索"往往被混同使用。事实上,这主要是针对不同侧面而言。当强调检索目的时,我们说"信息检索",即通过各种检索系统查找出所需的信息;当强调检索手段时,我们说"文献检索",即从文献型检索系统中查找出所需的文献型信息。

总之,信息检索包含文献检索,文献检索是信息检索中最重要的类型。

1.2.4 从文献查阅到信息检索

在印刷版时代,从纸质载体(文献)中通过手工或机械方法检索信息的过程称为文献查阅。在当今网络时代,不但可以用手工、机械方法查阅文献,还可以通过计算机(联机、光盘和网络)检索信息,这极大地满足了人们对信息利用的需要。

以前常说"查阅科技文献",是指查阅科技知识的载体。现在载体已经发生了巨大变化,为了适应这个新变化,需要更换说法为"科技信息检索"。

目前,"文献"与"信息"词汇的含义还在变化。不同学科、不同人群的用法会有所差异。有些地方仍然称为"文献",如参考文献;有些学科则称为"信息"或"文献";也有一些课程中称为"文献信息"。

本书中一律使用"科技信息"、"科技信息检索"词汇,用以强调可通过互联网获得科技领域的专业知识。

1.2.5 科技信息的特点

以科技文献为核心的科技信息是人类认识自然、利用自然的知识结晶。科技工作者不仅可以汲取蕴藏于其中的极其丰富的营养,而且可以促进思维活动的积极开展。当代科技信息经过近百年的迅猛发展,现在具有一些新的特点。

1) 数量庞大且增长迅速

自 20 世纪 60 年代以来,全世界出现了"知识爆炸"和"文献激增"的情况,各国的科技出版物在种类、数量、出版速度、出版形式等方面都以飞跃的速度向前推进。尖端科学与应用学科的文献数量增加速度更快。近十年来,网络技术的发展又极大地促进了科技信息的高速增长。

2) 种类繁多且内容交叉重复

传统科技文献以印刷版为主,主要有图书、期刊、专利、学位论文、会议文献、标准、科技报告、技术档案、政府出版物、产品资料,共十大类。基于网络的科技信息,从种类到内容都大幅度增加。首先,不但有文字、图片描述的印刷版或电子版科技信息源,还有动画、影像呈现的更加直观(甚至三维、四维)的物质世界的深层次信息。其次,世界各国的科学技术得到普遍发展,科技文献的语种不断增加。为了克服语言障碍,便于科技文献的利用,世界各国都进行了大量的翻译工作。最后,同一种知识分布于不同的科技信息源中。例如,一项成果可以用专利形式公开,也可以在科技会议上宣读,还会以论文、专著的形式发表。因此,上述原因导致科技信息内容重复交叉、分布分散。

3) 内容更新与淘汰速度快

现代科学技术的发展日新月异,用于解决某一个问题的技术或方法很容易被新的技术或方法所代替,理论逐渐成熟。因此,从科技文献查阅或信息检索的角度看:知识老化速度加快,文献时效缩短,新陈代谢频繁。例如,各国经常发布最新的"技术标准",以吸收最新的科技成果或适应环境新的要求。研发与生产单位必须适应这种情况,及时淘汰旧的技术或参数。

总之,正是由于当代科技信息具有数量庞大、增长迅速、种类繁多、内容更新快、文种繁多、分布分散、形式多样等特点,因此人们难以迅速、准确、全面地收集到所需的科技信息源。这就要求人们熟练掌握查阅与利用科技信息源的方法,准确掌握最新的科技信息。

1.3 科技信息的主要类型及其特征

当前,与传统文献相比,信息的载体与传播方式都发生了根本变化。因此,科技信息的分类方式也正在发生改变。

1.3.1 当代科技信息的主要类型

根据内容特征与主要用途的不同,科技信息源可以分为六大类(表1-1):科技图书、科技论文、专利信息、标准与产品资料、机构组织科技信息、专业数据库。

表1-1 当代科技信息源的主要类型、内容特征及用途

科技信息源	内容特征	主要用途
科技图书	对已发表的科研成果、生产技术或经验,或者某一知识领域系统的论述或概括	了解学科领域基础知识
科技论文	主要指科技期刊论文、会议论文、学位论文。读者可以获得科学研究前沿与进展、可参考的系统性研究方法	获得最新进展、方法
专利信息	专利申请人向政府部门递送的说明新发明创造的书面文件	实用技术发明
标准与产品资料	生产与使用某种定型产品的规范性文件,以及构造原理、性能用途、使用方法和操作规程等的具体说明	定型产品检验、认识原理与使用方法
机构组织科技信息	主要包括科技报告、技术档案、政府部门公开的文件,以及各类机构组织公开的基本信息、动态信息及开发信息	发现新领域、成熟方案;了解社会需求与政府导向
专业数据库	从用户的角度,把现有的信息进行有规律的储存,并提供方便快捷的检索工具	快速定向找到所需科技信息

科技图书(books)是对已发表的科研成果、生产技术或经验,或者某一知识领域系统的论述或概括。

科技论文(paper)主要包括科技期刊论文、会议论文、学位论文三大类。科技期刊论文(periodical paper)是在科技期刊上发表的用以交流(或公开)的书面(或电子版)文件,是在科学技术某一领域新的研究成果(或创新见解和知识)的科学记录。会议论文(conference paper)是指在学术会议上公开与交流用的摘要、全文等会议资料(proceedings)。学位论文[dissertation(美国),thesis(英国)]是指作者为取得专业资格的学位而撰写的介绍自己研究结果的文献。

专利(patents)信息主要指专利说明书,它是专利申请人向政府部门递送的说明新发明创造的书面文件。

标准与产品资料的共同特点是均为某一种特定产品的生产与使用方法。标准(standards)

是指技术标准、技术规范和技术法规等。产品资料(product information)通常指产品说明书，是对定型产品的构造原理、规格、性能用途、使用方法和操作规程等的具体说明。

机构组织科技信息是指政府部门在一定范围内公开的印刷或电子版文件，主要包括科技报告、技术档案、政府部门公开的文件，以及各类机构组织公开的基本信息、动态信息和互联网+信息。其中，科技报告(reports)是关于某项研究成果的正式报告，或者是对研究过程中每个阶段进展情况的实际记录。技术档案(technical archives)是指具体工程建设及科学技术部门在技术活动中形成的技术文件、图纸、图片等原始技术记录。政府出版物(government publications)是各国政府部门及其所属的专门机构发表、出版的文件。目前，不但各级政府通过网站公开政策、法规及各类指导性文件，而且越来越多的机构组织公开本单位的基本信息、动态信息，并开发多种类型的科技信息。

专业数据库(database)从用户角度将现有信息进行有规律的储存，并提供方便快捷的检索工具。科技信息用专业数据库不但包括上述五大科技信息源，还有它们难以收录的一些科技信息，如物质的结构、图谱、性质等信息。

需要说明的是，传统科技文献是指在网络检索工具出现之前的纸质印刷版文献。Internet的普及彻底改变了它们的传播方式。因此，采用表1-1中的分类方式显得更加方便快捷。

各种类型的文献各有特点，各有所用。例如，了解学科领域的背景资料，宜利用图书作为入门指导；进行科学研究主要利用期刊；探讨最新的研究领域，则多半参考科技报告；掌握科技动态，主要利用会议资料；开展技术革新、新产品试制，往往参考专利信息；研究生写论文可以参考国内外高校有关的学位论文；定型产品的设计和检验侧重于标准；购买仪器设备需要参考产品样本目录。

1.3.2 按加工层次分类

在知识的产生、加工、记录与利用过程中，科技信息与科技文献是相同的。因此，科技信息的加工层次与科技文献是一样的。已经公开的科技文献分为一次文献、二次文献、三次文献(图1-2)；未公开的可归类为零次文献，它是形成一次文献之前的文献，如原始实验数据、手稿等，大部分是保密级。

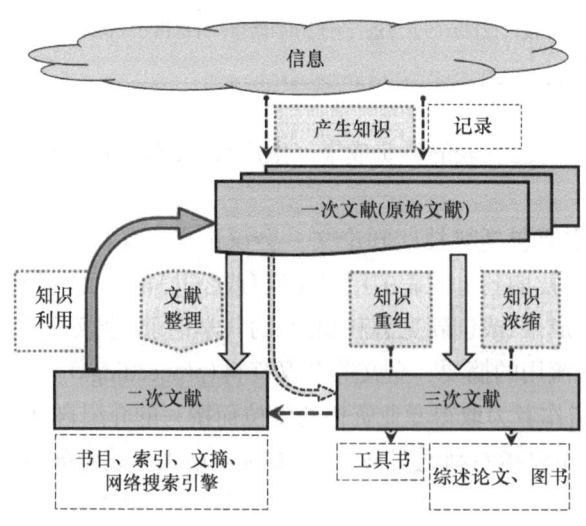

图1-2 科技文献的加工层次及关系

一次文献：即原始文献，是以作者本人的研究成果为依据写作的、未经情报加工的论文、专利或报告。一次文献是文献的主体，是最基本的情报源，是文献检索最终查找的对象。科技论文(包括研究论文、会议论文、学位论文)、专利、科技报告属于一次文献。

二次文献：即检索工具，是指将分散而无组织的原始资料(一次文献)经过加工整理，介绍文献特征、摘要，成为系统文献，以便读者查找与利用一次文献。书目、索引、文摘等检索工具，以及网络搜索引擎属于二次文献。

三次文献：是指通过二次文献，选用一次文献内容编写出来的成果，一般附有大量参考文献，是查找一次文献的途径。印刷或电子版的综述论文、图书(包括科技专著、数据手册、百科全书等)都属于三次文献。

一般来说，一次文献发表在前，二次文献发表在后。但由于文献越来越多，近年来有些出版物首先以文摘形式予以报道，或者只刊登文摘，不刊登全文。

对于文献检索来说，查找一次文献是主要目的，二次文献是检索一次文献的手段和工具，三次文献则可以让人们对某个课题有一个广泛、综合的了解。

1.3.3 按载体分类

随着电子技术的发展，出版物的形式已经"走出铅与火，走进光与电"，更多地采用声像型和数字存储型。科技信息按载体分类见表 1-2。其中，网络信息的信息量大、周期短，而且节省纸张和投递费用。为了减少对地球有限资源的损耗，全世界正在倡导无纸办公，因此许多传统载体有被网络信息替代的趋势。

表 1-2 科技信息按载体分类

载体分类	内容特征
印刷型	包括铅印、油印、胶印等，有书本式、卡片式
缩微型	主要包括缩微胶卷等高倍率的复制文献
声像型	主要包括唱片、录音带、录像带、电影片、幻灯片等
机读型	采用数字光盘的存储方式，如 CD、DVD、U 盘
网络信息	储存在计算机服务器，可通过网络检索，如在线数据库与检索工具

1.3.4 按学科分类

学科有多种分类方式。在教育部颁布的学科分类中，有哲学、经济学、法学、教育学、文学、历史学、理学、工学、农学、医学、军事学、管理学、艺术学共 13 个学科门类，下设 110 个一级学科。属于自然科学的学科门类有理学、工学、农学、医学等。

为了便于科技统计，我国制定了学科分类与代码的国家标准，将 62 个一级学科或学科群按照 5 个门类排列顺序，即自然科学(A)、农业科学(B)、医药科学(C)、工程与技术科学(D)、人文与社会科学(E)。

《中国图书馆分类法》(简称《中图法》)将图书分为五大部类，即马列主义、毛泽东思想，哲学，社会科学，自然科学，综合性图书。具体有 22 个基本大类，与科技相关的有：自然科学总论(N)，数理科学和化学(O)，天文学、地球科学(P)，生物科学(Q)，医药、卫生(R)，农业科学(S)，工业技术(T)，交通运输(U)，航空、航天(V)，环境科学、安全科学(X)。

在科技发展过程中，科技信息经常产生于交叉学科。因此，我们不但要了解传统的学科分类，还应该意识到，一种科技成果可能归类于不同学科。例如，化学化工信息不但包括化学学科与化学工程学科信息，而且包含其他学科的信息。这是因为化学作为中心科学(central science)，与其他学科密切联系与交叉，并诞生了诸多前沿(或边缘)学科，如与生物学、医学交叉的生物化学、医药化学、分子生物学、化学生物学、分子遗传学和免疫化学；与材料、能源、环境、地球交叉的材料化学、能源化学、环境化学、绿色化学、地球化学等。

1.3.5 按发行和传播形式分类

科技信息按发行和传播形式可分为公开发行、内部发行和秘密三大类。大部分读者只能看到公开发行的文件或可免费浏览的网页信息。

当然，在这个网络普及的时代，对于普通用户而言，科技信息还有免费与付费两种。目前，有大量网络信息可以完全免费浏览与下载；部分科技信息源则是单位付费订购后，个人方可免费浏览与下载。此外，本单位没有订购的科技信息源可以付费获得。

1.4 科技信息检索与利用的重要环节

1.4.1 科技信息检索的主要步骤

对于科技工作者，当研究课题确定后，课题信息检索过程主要包括如下几个重要步骤：分析研究课题；选择检索系统，确定检索标识；确定检索途径和检索方法；查找文献线索；查找和获取原始文献；阅读原始文献，根据获得的知识调整检索途径与检索方法，精确查找文献，总结方法，设计研究方案。

作为一名大学生，检索科技信息建议采用如下步骤：

(1) 确定检索目标与课题领域。首先，根据自己的兴趣(源于学习与生活)或教师的安排，确定检索目标及其专题领域。然后，分析研究课题，其间要注意：认识专题领域的实用性或前沿性、掌握相关专业知识、明确检索范围及目标要求。

(2) 选择检索系统：尝试不同的检索工具或检索系统。例如，利用哪一类图书馆(本校或数字图书馆)或哪一种搜索引擎、数据库；选择哪一种文献源(图书、期刊或专利等)。

(3) 确定检索途径和方法。选择有效的检索系统或检索工具，筛选检索词与检索方式。

(4) 查找有价值的信息源线索。找到标题、题录+摘要等科技信息源线索，筛选出有价值的线索。

(5) 查找和获取原始文献。基于有价值的信息源线索，获取必要的原始信息，如论文、专利、科技报告等一次文献。

(6) 阅读原始文献，根据获得的知识，调整拟综述的专题范围，调整检索方法，准确获得所需原始信息源。

(7) 阅读文献，整理总结专题内容，撰写综述(或设计研究方案)。

1.4.2 问题导向——带着目标去检索

科技信息检索具有很强的实践性，就像练习赛跑、骑车一样，当然也需要一定的基础知识，但实践练习至关重要。对于初次学习该课程的学生来说，需要先浏览教材目录或者根据教师的讲解与要求，认识课程中提供了哪些类型的信息。

在开始检索实践之前，先设定好检索目标，该检索目标可来源于生活、学习中发现的一些问题，也可以从教师或教材所提供的主题中选择。只有带着目标(问题)去检索，才能认识到需要检索哪些信息与学科专业领域的基础知识，从而锻炼与提高自己的"搜商"。

1.4.3 科技信息检索的关键——WWH

科技信息检索就是寻找已经存在的、有价值的科技信息。如果形象地进行描述，就是"找什么(what)""哪里找(where)""怎么找(how)"的"三找"(或 WWH)问题。"找什么"指检索目标，"哪里找"指科技信息源，"怎么找"指检索工具与检索方法。

本书不但要帮助读者解决"找"的问题，还要让读者知道如何撰写科技论文，也就是解决科技信息利用的问题。

1.4.4 所获知识的阅读理解与二次分析

检索并下载科技信息的目的是获取知识，而其前提是有效阅读与理解。以期刊论文为例，可以发现典型阅读策略有：

(1)阅读内容主要包括研究背景和意义、方法、结论。

(2)阅读时一般要经过粗读、通读、精读三个阶段：粗读是对文献的简单了解；如果知识体系意义重大，就应该通读全文；当然，最感兴趣的部分需要精读。总之，这三个阶段取决于读者的需要。

(3)阅读过程中要有记录，记录有利于文献的理解和使用；阅读记录要有重点。

对于期刊论文中的研究论文，通过阅读不但可以获取理论知识，了解研究方法，还可对论文中公开的数据进行定量分析，称为元分析(meta-analysis)或二次分析，也可称为文献挖掘，目的是提高数据信息的利用效率。文献挖掘需要借助专业软件(具体参见第 10 章)对已有数据进行再次分析，其优势在于：针对大量科技论文中所存在的研究内容相同而结果截然不同的问题，经过统计分析和系统评价，尽可能得出真实的科学结论，摒弃尚无依据的论断。

1.4.5 及时记录检索结果与经验

在科技信息检索过程中，必须做好记录。在初次练习时，需准备好笔记本或个人计算机。由于搜集来的科技信息源不同，类型各异，内容分散，如果要对其进行充分利用，还需进一步有效积累，将其转换成便于存储与利用的记录形式。目前，越来越多的科技信息可以通过网络获得，如果得到的是电子版信息，阅读后要学会使用电子版的记录本。

每次记录时，需要注明查获文献的各项内容和外表特征，即"题录+摘要"。题录主要包括：作者姓名(单位)、题目、期刊名称、年份、卷(期)、起止页码(或文献编号)、内容摘要等，可按摘录式、提要式、心得式或全录式等方式记录内容。

期刊论文的记录格式：作者姓名(通讯地址)，题目，期刊名称，年份，卷(期)，起止页码，以及内容摘要。

例 1：尤长城，张雯，刘育(南开大学化学系)，超分子体系中的分子识别研究，化学学报，2000，58(3)，253-257.

例 2：Charlwood J, Birreil H, Gribble A, Burdes V, Toison D, Camilleri P(New Frontiers Science Park, Smithkline Beecham Pharmaceuticals, Hariow Essex, UK CM195AW), A probe for the versatile analysis and characterization of N-linked oligosaccharides, Anal Chem, 2000, 72(7), 1453-1461.

网络科技信息记录格式: 作者, 标题, 网站名称(或出版者), 出版或更新日期[阅读或下载时间], 网址。

需要注意的是, 在检索过程中会发现上述参数中部分内容在所浏览的网页中也可能无法看到, 这时只需记录能看到的即可。

例 3: 方晓玲, 缓释、控释药用高分子材料的研究和应用, 纤维素醚 [2007-09-27], http://hopetop66.hz2.2d.net.cn/bbs/thread-5-1-1.html.

其他种类的信息著录方式参见第 8 章。

1.5 获取和管理科技信息的有效方法

1.5.1 有效利用互联网

Internet 上的信息资源非常丰富, 信息服务的种类或功能也多种多样, 主要可以分为两大类, 即信息下载(download: 浏览、检索)与信息上传(upload: 交流、共享、储存)。对于普通用户来说, 既可以通过网络检索获取信息, 也可以传递、保存、共享信息。随着无线网络的普及, 互联网的终端从计算机向智能手机发展。因此, 我们不但要学会使用计算机网络, 也必须学会使用手机网络。

目前, 许多大型网站, 如网易、Hotmail、Gmail 等都可以免费申请和使用电子邮箱(Email)。上述电子邮箱可用于储存、传递信息。电子邮箱的首要功能是传输数据, 其次还可以存储数据。由于大型网站的安全设置较高, 因此通过电子邮箱传输数据比直接复制数据安全, 可降低计算机病毒传播的概率。当然, 学会申请免费邮箱是顺利使用邮箱传输、存储功能的前提条件。

在网络时代, 如何快速获得最新成果信息呢? RSS(really simple syndication, 简易信息聚合)在线阅读器解决了这个问题。可以通过图书馆已购买的数据库资源, 用 RSS 在线阅读器订阅最新学术文献资源。RSS 会根据读者的订阅情况实时更新最新的文献信息, 读者在浏览前沿文献的过程中遇到比较感兴趣的文章, 可以再去找全文。

国内目前流行的微博、微信、QQ 日志, 以及国际上流行的 FaceBook, 与 Blog(博客)的形式相似。Blog 是 Weblog(Web+Log)的简称, 是以网络作为载体, 简易迅速便捷地发布自己的心得, 及时有效轻松地与他人进行交流, 并集丰富多彩的个性化展示于一体的综合性平台。Blog 是近年来发展起来的新型平台。需要注意的是, Blog 绝不仅仅是一种单向的发布系统, 它也有着极其出色的交流功能。

微信(WeChat)是 2011 年腾讯公司推出的一个为智能终端提供即时通信服务的免费应用程序, 可快速发送免费语音短信、视频、图片和文字, 可将内容分享给好友, 是亚洲地区最大用户群体的移动即时通信软件。

可见, Blog、微信等是发表个人成果的重要平台, 因此也是重要的科技信息源。

显然, 互联网正在改变着人们的生活、学习方式, 人们已经适应网络生活。因此, 以网络为基础的在线课堂也在迅速发展, 而无线网的普及则进一步加速了"互联网+"时代的发展。

1.5.2 充分利用现有条件

现在的信息时代令人眼花缭乱，正所谓"乱花渐欲迷人眼"。在这些眼花缭乱的信息中，我们需要尽量利用各种有利条件，通过最简单的途径着手检索。例如，已知某个作者，可先用作者索引。已知具体的项目或针对性的问题，可通过主题索引、关键词索引查找。已知专利号，就从专利号索引着手。已知化合物分子式，即可从分子式索引着手。广泛性、系统性的问题，可从分类体系中查找。了解最新的文献动向，可从近期文摘刊物的分类目次中选择适用的范畴，进行一般性的浏览，加深印象。

常见的查阅方法主要有直检法、引文法、工具法、循环法(表1-3)。各种检索方法各有优缺点，采用什么检索方法，要依检索条件和要求而定。检索的基本要求是："广、快、精、准"。但是，由于各种课题的检索目的有所不同，要求也不完全相同。例如，若收集课题的系统性文献，可以采用顺查法，用检索工具进行检索。如果要解决与某一课题有关的关键性技术问题，要求既快又准地提供关键性情报，这种情况宜用倒查法，迅速查得最新技术文献。

表1-3 科技信息的常见检索方法

检索方法		检索特点
直检法		即直接检索法，是从浏览查阅原始文献中直接获取所需文献的方法
引文法	追溯法	利用文献末尾所附的参考文献进行追溯查找
工具法	顺查法	从课题研究的起始年代开始，由远而近，逐年查找，一直查到近期为止
	倒查法	从最近起，由近而远，逐年推早查
	抽查法	针对本学科发展特点，可以抓住该学科文献发表的核心刊物和发展的重要年代，抽出一段时间(几年或几十年)，再进行逐年检索
循环法		又称分段法或交替法，是以上几种方法相互交替的使用过程

此外，还可以根据检索条件确定检索方法。没有检索工具时，采用追溯法比较实际。虽然它效率不高，费时费力，但也比逐本、逐期、逐年翻查原始文献快得多。但是在有成套检索工具可供利用的情况下，采用工具法为佳。它的检出率和检准率都比追溯法高，是最常用的检索方法。

对于普通用户来说，获取原始文献主要有网络免费下载、图书馆复制、网络求助(或购买)三种方法。

需要特别强调的是，要充分利用本校、本地区的图书馆资源。

1.5.3 注意交叉补充与原文转换

除了利用检索工具开展科技信息检索之外，还要学会利用不同信息源补充查找。也就是说，可以采用不同的检索工具检索同一个课题，减少遗漏。在获得文献线索以后，需要设法寻找原文。若原文一时难以找到，可以考虑从文献的交叉重复发表的范围内查找另一种类型的文献代替。例如，某国某号专利没有原件，可查别国的相同专利；某份科技报告查不到时，可到政府出版物中寻找；某次会议的文献一时找不到，可到学术期刊、学会刊物、学报中查找；某种文字的文献看不懂时，可查其译文资料。如果实在找不到原件，可用其文摘代替。

目前，许多非英语国家出版的期刊、公开的专利提供了英文文摘，部分浏览器还提供网页实时翻译工具，为检索多国文献提供了极大的便利条件。

1.5.4 所获文件的有效管理

过去，人们习惯使用纸质的印刷版文献。作为用户，文献管理需要按照研究内容的不同进行分类、标记和装订。分类的标准是利于自己查阅和使用；标记是为了显现文献的主要信息内容，特别是自己感兴趣的部分，以后可以方便快捷地查阅使用；装订有利于印刷版文献的保护与再利用。

目前，人们随时都能获得大量的电子文献，因此电子文献管理问题就成为能否真正高效地使用已获得文献的关键。"工欲善其事，必先利其器"，因而总结适合本人进行专业文献管理的方法或工具也就成为现代科技工作者应该具备的技能。

对电子文献进行管理较为常见的方法有以下两种：①利用操作系统的资源管理器并结合Word或Excel软件进行传统的文献管理；②利用专业的文献管理软件。具体方法参见第10章。

1.5.5 信息源知识的鉴别筛选

获得科技信息源后，要对所获知识进行鉴别与筛选。鉴别主要是分析判断文献的可靠性、先进性和适用性。筛选是在鉴别的基础上，对文献资料及其情报内容进行取舍，将陈旧的、重复的、无关的资料与部分内容剔除，保留或提炼出有价值的文献和知识内容。具体方法参见第8章。

总之，在当今科技与互联网技术飞速发展的信息时代，海量信息已经难以避免。因此，"搜商"已经成为个人的必备能力。当具备"搜商"之后就能掌握最新科技信息，而掌握了最新科技信息就掌握了主动性。本书旨在利用大量实例使读者通过训练培养获得"搜商"，对于本书内容的学习顺序，读者既可以逐章进行浏览或阅读，也可以根据自己需要训练的检索目标实例进行调整。总之，在了解文献、知识、信息、互联网及其相互关系的基础上，让我们一起在本书的帮助下开启科技信息的检索与利用之旅。

思 考 题

1. 什么是信息？信息有哪两个要素？信息与知识是什么关系？
2. 说明信息、知识、文献、情报、资料之间的关系。
3. 当代科技信息有哪几类？各有哪些特点与用途？
4. 传统科技文献按出版形式有几种类型？
5. 科技文献按加工层次有哪些分类？按载体有哪些分类？
6. 简述进行科技信息检索的主要步骤。
7. 进行科技信息检索时，应注意哪些问题？

实践练习题

1. 总结自己在学习与生活中遇到的与本书有关的问题，提取其中用于科技信息检索的关键词。

2. 调查本单位(学校、院或系)图书馆(资料室)中收藏有哪些类型的印刷科技文献,以及借阅流程。

3. 了解本单位图书馆(资料室)有哪些可用的网络资源。

4. 注册一个免费的个人电子邮箱(要求名称便于记忆),并练习通过附件传递电子文件。练习使用网盘储存电子文档。

5. 建立用于本课程学习与信息交流的 QQ 群,练习文件上传、共享。

第 2 章 科 技 图 书

本章导读：科技图书有教科书、科技著作、工具书三大类型，可以从中分别获得基础知识、学科前沿、实用参数。目前，科技图书的收藏与阅读已经逐步走向数字化与在线化。用户不但可以通过传统图书馆借阅科技图书，还可以通过互联网检索、下载或购买所需图书。通过在线图书手册，可以免费获得基础知识、实验方法与理化参数等科技信息。本章首先介绍基础知识，然后从用户的角度介绍如何检索与阅读科技图书。

内容关键词：图书、教科书、科技著作、工具书、在线图书、免费阅读。

图书是我们最熟悉的一种知识载体。《数学》《物理》《化学》《生物学》《地理》等中小学教科书(也就是教材)是获得科技领域基本概念、基本知识与原理最重要的渠道。进入大学后，需要学习更加专深的科技知识。因此，认识科技图书的类型，掌握检索与阅读原文的方法，有助于我们快速准确地获得所需知识。

科技图书是对已发表的科技成果、生产技术知识和经验的概括论述，是经过总结和重新组织的三次文献，是一类重要的科技文献。如果想了解或者系统地掌握一门学科、一种方法及各种数据，往往可利用图书获得。它比从分散的期刊中获得知识要方便得多。

从时间上看，科技图书所报道的知识比其他类型的科技信息(科技论文、专利信息等)要晚，通常不反映最新的科技情报。但是，图书中所提供的资料相对更系统、更全面，通常都是经过著者对原始材料的选择、核对、鉴别和融会贯通后写成的，因而是一类成熟的科技信息源。

2.1 科技图书的分类

联合国教科文组织定义：凡由出版社(商)出版的不包括封面和封底在内 49 页以上的印刷品，具有特定的书名和著者名，编有国际标准图书编号，有定价并取得版权保护的出版物称为图书。这就是狭义的"图书"，它与期刊、专利、标准、科技报告、视听资料、缩微制品等有所区别。

事实上，图书的载体随着人类科技文明的发展而不断创新，从甲骨文、手抄卷轴，到印刷出版，走向在线图书。因此，既要了解经典的图书分类方法，也要认识当代的新型图书载体与阅读方式。

2.1.1 图书分类法与图书编号

在不知道具体图书名称的情况下，如何才能在收藏量较大的图书馆找到一本心仪的图书？在线浏览数字图书馆(或图书销售网站)时，又该如何找到最有参考价值的科技图书？

为了便于读者查找图书，图书馆通常对图书进行分类管理。国际上有多种分类方法，如美国国会图书馆分类法、杜威十进分类法、国际十进分类法等。我国图书馆大多使用中国图书馆分类法(中图法)对图书进行分类，中国科学院及其下属单位的图书馆基本上使用中国科学院图书馆图书分类法(科图法)。表 2-1 罗列了科技图书的中图法、科图法分类代码与名称。

本书根据内容特点将科技图书分为教科书、科技著作、工具书三大类型。

表 2-1 科技图书分类代码与名称

中图法 分类代码与名称	科图法 分类号与名称
N 自然科学总论	50 自然科学
O 数理科学和化学	51 数学
（包括：O1 数学，O3 力学，O4 物理学，O6 化学等）	52 力学
	53 物理学
P 天文学、地球科学	54 化学
Q 生物科学	55 天文学
R 医药、卫生	56 地球科学
S 农业科学	58 生物科学
T 工业技术	61 医药、卫生
（包括：TD 矿业工程，TE 石油、天然气工业，TF 冶金工业，TG 金属学与金属工艺，TH 机械、仪表工业，TK 能源与动力工程，TL 原子能技术，TM 电工技术，TN 无线电电子学、电信技术，TP 自动化技术、计算机技术，TQ 化学工业，TS 轻工业、手工业，TU 建筑科学，TV 水利工程等）	65 农业科学
	71 工程技术
	72 能源学
	73 电技术、电子技术
	74 矿业工程
	75 金属学
	76 冶金学
U 交通运输	77 金属工艺、金属加工
V 航空、航天	78 机械工程、机器制造
X 环境科学、安全科学	81 化学工业
Z 综合性图书	83 食品工业
	85 轻工业、手工业及生活供应技术
	86 土木建筑工程
	87 运输工程
	90 综合性图书
	（包括：91 书目、索引、文摘，92 百科全书、类书，93 词典，94 年鉴、年刊，95 连续出版物，96 著作集、论文集、杂著，97 丛书等）

数字图书馆与图书销售网站中，图书的分类方式借鉴了图书馆图书分类方法，同时增加了不同分类方式，便于读者快速找到需要的图书。

正式出版的图书均有 ISBN(international standard book number，国际标准书号)。ISBN 可以看成是每一种图书的身份证号码，是由 ISO(International Organization for Standardization，国际标准化组织)颁布的。我国采用 ISBN 编码体系，并颁布了《中国标准书号》(GB/T 5795—2006)国家标准。

2007 年前，ISBN 由 10 位数字组成，分四个部分：国家代码(国家、地区、语言的代号)-出版社代码-书序码-校验码。2007 年起，实行新版 ISBN，由 13 位数字组成，分为五组，每组数字都有固定的含义。第 1 组：978 或 979；第 2 组：国家、语言或区位代码；第 3 组：出版社代码(由各国家或地区的国际标准书号分配中心分给各出版社)；第 4 组：书序码(该出版物代码由出版社具体给出)；第 5 组：校验码。

通过 ISBN 也可以找到图书信息。例如，搜索"ISBN 978-7-122-27500-4"，就可以找到《化学化工信息及网络资源的检索与利用》(第 4 版)。

为使读者能够准确、迅速地获得图书文献，传统图书馆会提供线索性指引，即索引(index)，包括索引词、说明(或注释语)、出处等内容。索引的作用相当于图书的目录，可以根据目录中的页码快速找到所需内容。常见的索引主要有报刊论文资料索引、文集篇目索引、关键词索引、专名索引、主题索引等。当前，随着计算机与网络技术的发展，索引已经发生了革命性变革，变为搜索引擎(search engine)。

2.1.2 图书的主要载体

随着人类科技文明的进步，图书的载体因新材料的开发而逐步发展(表2-2)。

表 2-2 不同时代图书载体的变化

载体类型	载体名称[书写特点]	特点
天然材料	竹木简、石碑、器物(甲骨、青铜器、玉器)、羊皮纸、纸莎草[雕刻、手写]	成本高，保存久
加工材料	绢帛、纸张、缩微胶片[手写、雕刻印刷、活字印刷]	操作方便，易流传
电子图书	磁盘、光盘、电子书[机打录入]	数据密度大，便携，易使用
在线图书	在线数据库[录入、智能识别]	传播速度极快，浏览便捷

天然材料：天然材料最先用于文字记录，如我国远古时代有甲骨卜辞、青铜器铭文(商朝)，虽然没有整合成卷册，也缺少独立的形态，但有图书的部分职能，可以算是图书的雏形。春秋战国时代，竹木简是使用较多的图书载体的材料。两河文明(西亚已知的最早文明，公元前4000~前538年)时期，人们把楔形文字记录在泥板文书上。古埃及使用纸莎草记录自己的文化和历史。公元3~13世纪，欧洲各国普遍使用羊皮纸书写文件。

加工材料：战国时代，人们开始把文字写在绢帛上。东汉以后，随着造纸术(蔡侯纸)的发明，出现了雕版印刷、活字印刷，以及起源于欧洲工业革命的铅字机械印刷，使图书成为当时最重要的一种文献源。

电子图书：电子图书是指将文字、图片、声音、影像等科技信息数字化的出版物，并且可以在电子设备上进行阅读的文件。它是通过数码方式记录在以光、电、磁为介质的设备中，必须借助设备读取、复制和传输。电子图书的特点是容量大、便携、容易使用，但是长时间阅读会引起视觉疲劳。

科技电子图书的主要格式有pdf、pdg、pdb、txt、caj、epub等，常用阅读软件有Adobe Reader、Microsoft Reader、SSReader、CAJViewer等。Kindle是Amazon(亚马逊)开发的电子阅读器，支持多种格式阅读，包括doc、html、rtf、txt、jpeg、pdf，以及kindle格式(.mobi、.azw)等10种格式的文档，耗电低，显示效果非常接近纸质印刷品。

有声图书(听书)是传统图书的一种衍生形式，是一种带有音频播放功能的用声音表达内容的音频文件。有声图书依靠讲者的声音而存在，讲者是听者和文稿的媒介。有声图书的内容可以是朗读、广播剧，或是科技相关的专题报道。

电子图书借助日益成熟的互联网技术，正在逐步走向在线图书。

2.1.3 在线图书的发展

随着互联网的普及与发展，电子图书借助网络与手机(或计算机)终端，无须下载即可实现随时随地极速连接，成为读者随时随地就能阅读的在线图书(网络图书)。在线图书可以支持图文、视频、音频、LBS、电话、3D、重力感应、智能数据分析识别等交互功能，令用户拥有更加极致的体验。

使用在线电子手册可以查阅物质、材料的各种参数、制备与反应原理等。例如，物竞数据库(www.basechem.org)共收录化学品数据 147579 条。"化学品电子手册"收集了常用化学品的中英文名称、分子式或结构式、物理性质、用途和制备方法等。CRC Handbook of Chemistry and Physics Online(www.hbcponline.com)提供了准确、可靠和最新的化学物理数据资源，还包括生物化学、环境、材料等领域的数据表。

在线百科全书是一类内容开放自由、可免费阅读的网络百科全书，知识体系相对准确，而且内容越来越丰富。百度百科(baike.baidu.com)是国内知名的中文知识性百科全书。国际著名的维基百科是全球最大的网络参考工具书，有 200 多种语言版本。

2.2 科技图书的主要功能与特点

科技图书包含的内容范围十分广泛，可以把它看成是"汇集知识的江河"。由于科技图书通常都是在作者对原始材料的选择、核对、鉴别和融会贯通的基础上撰写的，因此它是一种比较成熟的科技信息源，所提供的知识较为系统、全面，但是它所报道的信息比论文、专利等科技信息要晚一些。正是由于科技图书的这些特点，它具有如下作用：可以从科技图书中系统地掌握一门学科、一种方法的知识；与分散的科技论文或专利信息相比，从科技图书中获取知识要方便得多。

科技图书有多种分类方式，按其内容的系统性与完善性，主要有教科书、科技著作、工具书三大类(表 2-3)。如果能够有效地使用教科书、科技著作与工具书，就能使科学研究工作事半功倍。下面将从科技工作者新手(尤其是研究生、大学生)角度介绍如何利用科技图书。

表 2-3 科技图书的类别与特点

类别	内容特点	优缺点
教科书	是按教学大纲的要求编写的教学用书(又称课本、教材)。一般是对某学科现有知识和成果进行综合归纳和系统阐述，具有全面、系统、准确的特征	可以获得学科的基础知识和基本原理；信息较旧
科技著作	是对科学技术领域内某个学科或专题的文献总结。主要有科技专著、基础理论著作、应用技术著作、译著、论文集、科普读物等几类	内容更新、更精深；知识面较窄
工具书	是指广泛收集某一领域的知识材料，以特定形式组织编排，并提供一定检索方法的图书。包括百科全书、字典、词典、手册、年鉴、数据集、图谱集等	可以查阅可靠、系统的理化参数；属于相对较晚的科技情报

2.2.1 教科书及其利用

教科书是一门课程的核心教学材料。按照教学大纲要求编写的教科书又称课本或教材。

教科书一般是对某学科现有知识和成果进行综合归纳和系统阐述，较少做新的探索和提出一家之言，并具有全面、系统、准确的特征。其主要作用是：学生在学校获得系统知识、进行学习的主要材料，可以帮助学生掌握教师讲授的内容；同时，也便于学生预习、复习和完成作业。

从教科书中可以获得相关学科基础、系统的知识，这是开展科学研究的基石。在不同级别的教科书中，大学教科书内容较为专深，有较高的学术参考价值。例如，针对导电高分子材料这一研究前沿课题，需要从《高分子化学》《普通物理》《导电高分子材料》等教科书获得相关基础知识或系统知识。

需要指出的是：①根据研究课题的需要，可选择性阅读相关教科书的部分章节，而无须阅读全书；②教科书一般是对某学科现有知识和成果进行综合归纳和系统阐述，较少做新的探索，因此要获得前沿知识，需要阅读科技著作、综述论文或研究论文。

2.2.2 科技著作及其利用

科技著作属于学术著作。学术著作是指论述某个学科或专题的著作。学术著作主要有学术专著、基础理论著作、应用技术著作、译著、论文集、科普读物等几类。学术专著是指作者在某一学科领域内从事多年系统深入的研究，撰写的在理论上具有创新或实验上有重大发现的学术著作。基础理论著作是指作者在某一学科领域基础理论方面从事多年深入探索研究，借鉴国内外已有资料和前人成果，经过分析论证，撰写的具有理论创新的、对科学发展或培养科技人才有重要作用的系统性理论著作。应用技术著作是指作者把已有科学理论应用于生产实践的先进技术和经验，撰写的能促进产业进步并给社会带来较大经济效益的著作。

科技著作是指科学技术学术著作，是对科学技术领域内某个学科或专题的文献总结。与学术著作一样，科技著作主要有科技专著、基础理论著作、应用技术著作、译著、论文集、科普读物等。科技专著是指国内外科学专家所撰写的学术著作，是对科技成果进行理论分析和实践的总结。从内容来说，专著是对某一知识领域所做的探索，是新的学术研究成果。它属于一(学)派一家之言，并以本学科的研究人员及专家学者为主要读者对象。

需要指出的是，科技著作涵盖的知识面较窄，但更精深，对开展研究前了解该领域的专业知识很有帮助。由于科技著作中既有基础知识与背景资料，又有前沿成果，因此科技著作就如同阶梯，对于研究者开始某一个课题的研究具有很好的借鉴意义。例如，离子液体是指熔点在100℃下的由有机阳离子和有机(或无机)阴离子构成的离子型化合物，它是一类重要的绿色溶剂。如果拟开展离子液体方面的研究工作，可以查阅近年来出版的有关专著，如《离子液体——从理论基础到研究进展》(张星辰等编著)、《离子液体与绿色化学》(张锁江等编著)及《离子液体——性质、制备与应用》(邓友全编著)等。

2.2.3 工具书及其利用

工具书是指广泛收集某一领域(或某一方面)的知识材料，以特定形式组织编排，并提供一定检索方法，以便读者查找该领域(或方面)基本知识或解决疑难问题的图书。工具书是数据(或事实)检索工具，它是一类重在应用的图书。工具书按内容可分为综合性和专科性两大类。按功能可分为字典与词典、百科全书、年鉴、手册、数据集、图谱集、书目、名录、指南、表谱、地图集、传记辞典、地理辞典。

工具书是用特定的编制方法，将大量分散在原始文献中的知识、理论、数据和图表等用简明扼要的形式全面、系统地组织起来，供人们迅速查检资料和解决疑难问题。工具书是人们为达到某种研究目的、解决问题和查找特定资料而使用的工具，工具书的编写目的在于查阅资料，其本身不是阅读和研究的对象。另有一些书籍，既可供人们通读以获得信息，又汇集了各种准确的资料，而且索引完备，如资料汇编、学术论文集等，也可作为工具书使用，这些书籍有时被称为"边缘工具书"。工具书正文一般按照字序、分类、时间地点三种排列形式编排，还提供索引、参照系统，也会根据新成果出补编或新版。

随着网络技术的发展，越来越多的工具书可以通过网络阅读与下载。这些可以通过网络检索与阅读的图书资源可以归类为数据库资源。

另外，基于工具书的"查找"这个最重要的特点，一些机构组织开发出越来越多的"在线工具书"，如百度百科、维基百科等在线工具，有道词典、百度地图、高德地图等手机 APP，这些工具和 APP 正在改变着人们的生活、学习方式。

在科研、教学和生产过程中，人们通过查阅工具书可获取工作中需要的公式、数据、图表、分析方法、合成方法和各种生产工艺过程等资料。如果科技人员承接一个新的课题，接触到的是陌生的领域，那么必须首先了解有关专题的专业名词、术语、基本原理、方法和技术等基础知识，才能阅读原始文献，掌握该课题及领域的发展概况，进而开展课题研究工作。因此，了解、掌握并熟练地使用工具书，对科学研究人员具有十分重要的意义。也可将工具书比作黏合剂，有了基石、黏合剂，才能构筑通向科学研究的台阶。例如，要合成一种已知有机(或无机)化合物时，可以查找相关的合成手册，查阅到最简洁的合成路线、反应条件、纯化方法，从而迅速合成所需的化合物。也可通过理化参数(或光谱图)类手册，检索该化合物的熔点、沸点、折光率，检验其纯度，以及对照红外光谱、紫外光谱、核磁共振谱图等数据。

总之，从科技图书中获取较为系统的知识比从分散的科技期刊中获取要方便得多。但也要注意，科技图书所反映的方法与技术相对比较陈旧。如果想要得到最前沿的信息，还是需要借助科技论文(第 3 章)与专利(第 4 章)信息。

2.3 检索与获取图书信息的途径

随着信息技术的发展，图书资源已经不再局限于人们常说的印刷版图书，更多的电子图书(在线图书)不断涌现，获取图书资源的渠道也越来越多。

对于普通读者来说，图书是获得基础科技知识最重要的工具，获得图书资源可以先从检索图书的题录开始。虽然图书的题录不能提供完整的信息，但通过浏览这些题录，也可以窥见整本图书的全貌，同时还可帮助我们决定是否有必要获取整本图书。因此，下面首先介绍题录及其免费获得途径。

题录是指检索类刊物中描述文献外部特征(题名、著者、出处等)的条目，即将图书(或刊物中的论文)中的篇目按照一定的排检方法编样，供人们查找篇目的出处。题录的著录项通常包括：题名、著者(单位)、出处、出版时间与页码等。将一系列题录有序排列，即构成"目录"或"文献通报"。

绝大多数图书发行、收藏或销售单位都会免费提供图书的题录。图书发行单位指各类出版社。图书收藏单位指国内外各类传统图书馆与数字图书馆，如国家科技数字图书馆、中国知网等。图书销售单位主要指在线购书网站，如当当、京东，网上书店大部分提供内容简介(摘要)或目录。

对于已经购买了中国知网或数字图书资源的单位，读者可以免费在线阅读或直接下载图书的电子版。

2.3.1 通过图书馆查找与借阅图书

图书馆是搜集、整理、收藏图书资料的集大成者，它具有保存人类文化遗产、开发信息资源、参与社会教育等职能。

各高校、科研院所都拥有自己的图书馆，各省市也有图书馆，如中国国家图书馆、国家科学图书馆等都是免费开放的。人们可以通过图书馆查询、检索并借阅印刷版图书，也可以在线阅读电子版图书。

以中国国家图书馆为例，截至 2018 年 10 月，馆藏文献 3768.62 万册。通过数字资源门户 (www.nlc.cn) 及馆藏目录可查看具体某本图书是否被国家图书馆收藏及具体馆藏信息，而且图书馆也提供网上预约、续借等服务。

馆际互借是将不同图书馆的资源进行有效利用的重要途径。由于馆舍和经费的限制，任何一个图书馆都无法完全满足读者对文献的需求，通过图书馆之间的互借机制，就可以圆满地解决这一问题。对于本馆没有的文献，在本馆读者需要时，根据馆际互借制度、协议、办法和收费标准，从外馆借入；反之，在外馆向本馆提出馆际互借请求时，借出本馆所拥有的文献，满足外馆的文献需求。这种方式适用于返还式文献和复制-非返还式文献。当然，对于复制-非返还式文献也可以通过文献传递方式获取。

通过本校(本地区)图书馆，可以查询、检索并借阅印刷版图书，在线阅读电子版图书，也可以联系图书馆管理员通过馆际互借获得图书。大型图书馆的图书资源多、学科门类齐全。此外，通过图书馆获取图书资源的特点是免费或费用低。

作为图书资源的新兴载体，目前基于传统纸质版图书开发的电子图书发展得如火如荼。存放这些电子图书的图书馆称为电子图书馆或数字图书馆。例如，中国国家数字图书馆所提供的图书中，一般对图书的内容有详细的介绍，同时也有较为完整的题录和目录信息。

阅读完这些题录和目录信息后，如果觉得有必要获得完整的电子图书，就可以通过文献互助、馆际互借或扫描付费的方式获得所需文献。

2.3.2 通过出版机构检索图书

出版社通常会在网站上将已出版图书的目录进行详细罗列，同时开放部分试读内容，以便读者选购，而这也给读者提供了一个免费获取资源的途径。通过浏览目录，读者可以了解整本书的基本内容，如果适合自己阅读，可以到图书馆借阅，也可以购买，从而获取完整的资源。

科技领域的普通读者需要特别关注一些重要的国家级出版社，如科学出版社、高等教育出版社、化学工业出版社等；一些著名的高校出版社，如北京大学出版社、清华大学出版社等。这些出版社出版的图书几乎囊括了理工科专业所有的教科书、科技专著和工具书。如果英文水平较高，一些著名的国外出版商，如 Elsevier、Wiley 等也是不错的选择。

目前，国内外大型出版社都建有自己的网页，为读者提供图书目录或书目导航，而且大多数出版社单独建有网上图书馆，提供图书检索、网上购买服务，读者可以看到图书简介和目录。显然，通过网络是获取最新图书资讯和购买图书的捷径。这里罗列一些知名出版社名称与网址，以便读者能够快速利用。

(1) 科学出版社(www.sciencep.com)是全国最大的综合性科技出版机构，以科学、技术、教育、医学、人文为主要出版领域。

(2) 高等教育出版社(www.hep.edu.cn；www.hep.com.cn)是教育部直属的以出版高等教育、职业教育、成人及社会教育教学用书等教育类、专业类、科技类出版物为主的综合性大型出版社。

(3) 化学工业出版社(www.cip.com.cn)是出版科技图书、辞书、教材、电子出版物及专业期刊的中央级综合科技出版社，主要出版化学化工、材料、环境等专业图书。

(4) 人民教育出版社(www.pep.com.cn)是教育部直属的一家大型专业出版社，致力于基础教育教材和其他各级各类教材及教育图书的出版和发行。

(5) Elsevier Science(爱思唯尔)出版公司(www.elsevier.com)是一家专业从事全球科学与医学的信息分析公司，主要出版期刊与图书。

(6) John Wiley & Sons 出版公司(www.wiley.com，简称 Wiley 公司)是世界范围内科学、技术和医学(STM)类的领先出版商，主要出版科学、技术、医学类图书和期刊，专业和生活类图书，大学生、研究生等使用的教材和其他教育资料。Wiley 公司目前有 20000 余种书目和 400 多种期刊，每年出版约 2000 种各类印刷和电子形式的新书。

(7) Springer(施普林格)出版社(www.springer.com)每年出版 6500 余种科技图书和 2000 余种科技期刊。

此外，还有一些知名出版社，如 Taylor & Francis 出版集团(taylorandfrancis.com)，Begell House Inc.(www.begellhouse.com)，以及国外的一些专业学会机构，如美国化学会(American Chemical Society，ACS)(pubs.acs.org)，英国皇家化学会(Royal Society of Chemistry，RSC)(pubs.rsc.org)，美国物理联合会(American Institute of Physics，AIP)(www.aip.org)，美国物理学会(American Physical Society，APS)(store.aps.org/collections/books)，美国数学学会(American Mathematical Society，AMS)(www.ams.org)，美国地球物理学会(American Geophysical Union，AGU)(www.agu.org)，英国医学会(British Medical Association，BMA)(journals.bmj.com)等。

2.3.3 通过销售机构检索图书

书店(实体店、网店)是销售图书的重要渠道。目前，网购图书已经成为最重要的途径。

从大型图书销售网站几乎可以检索到所有国内正式出版的图书，以及一些进口图书的简介，包括图书的题录、目录，还提供部分试读内容。同时，这些网站一般会附上一些读者的评价，而这些评价往往是影响读者是否购买这些图书的主要因素。

一些知名图书销售商及其网址如下：当当网(book.dangdang.com)；北京图书大厦网络书店(www.bjbb.com.cn；www.bjbb.com)；中国图书网(www.bookschina.com)；文轩网(www.winxuan.com)；蔚蓝网(www.wl.cn)；互动出版网(www.china-pub.com)。

2.3.4 免费获取图书正文的主要途径

前面已经介绍了免费检索图书题录信息的途径，即通过数字图书馆、出版社网站、图书销售网站获得。获得图书题录(目录)信息以后，可以筛选出最有价值的图书，此时需要阅读图书正文，才能获得所需的知识。如何免费获取(或阅读)图书正文呢？这里简单介绍一些能免费阅读图书正文的主要途径。

1) 本地图书馆、书店

大多数高校都十分重视本校图书馆与学院资料室的建设，收藏具有本校、本院特色的图书、期刊等文献，并力所能及地征订数字资源。因此，要充分利用本校图书馆或本院（系）资料室的免费图书资源。除此之外，全国有各级公共图书馆3000多个，这些公共图书馆都是免费的，只需要读者去管理部门办理相关手续，就可以借书阅读。借助本校图书馆的"馆际互借证"，就可借阅本地区其他单位的图书。

在书店"蹭书"阅读，也是一个获得图书正文的途径，利用"书咖""书吧"等也可以阅读图书。当然，这些场所提供的图书大部分属于畅销书，专业书籍较少。

2) 数字图书馆

借助互联网，绝大多数图书馆开通了数字图书馆（或称电子图书馆），不但提供计算机端浏览器，还提供手机APP浏览器。这为读者提供了一条免费阅读图书正文的便捷途径，可以通过在线图书服务平台实现图书的检索、借阅、全文复印、下载等服务。

使用数字图书馆时，只需下载相应软件或APP（如移动图书馆APP）就可以开始阅读，而不必再进入图书馆阅读，可以大大节省时间，提高工作效率。主要的数字图书馆，如中国国家数字图书馆、中国科学院国家科学数字图书馆等，是目前可以提供这些数字资源的主要途径。关于这些数字资源的检索与使用方法将分别在后续章节中介绍。

3) 网络图书资源

在当今信息网络化、服务个性化的时代，网络资源丰富多彩。通过合理的途径，读者也可以从网络上免费获得完整的图书信息。除了图书馆已经构建的基于网络的图书服务平台外，各类机构组织也在开发网络图书资源。

2.3.5 免费阅读与下载电子版图书的网站

在互联网发展过程中，包括图书出版、收藏与销售在内诸多机构组织不断开发基于Internet图书资源。为了吸引读者，许多网站提供（部分内容或特定时段）免费阅读与下载电子版图书服务，这为读者免费获取电子版图书提供了便利条件。当然，涉及版权的图书资源需要使用正版图书。下面列举一些知名网站。

（1）科学文库（book.sciencereading.cn）：是科学出版社数字图书全文检索、在线浏览和下载借阅的平台。包括专著、教材、图集、报告、工具书、科普等，覆盖自然科学、工程与技术科学、医药科学、农业科学等一级学科。部分内容可免费阅读。

（2）WDL（世界数字图书馆）（www.wdl.org/zh）：由联合国教科文组织协办，在互联网上以多语种形式免费提供源于世界各地各文化的重要原始材料。

（3）Find-pdf-doc（www.findpdfdoc.com）：可免费搜索pdf、doc、ppt类型文档。

（4）FreeBookCentre（www.freebookcentre.net）：包含数千种免费在线科技类图书，供免费下载或在线浏览，图书类型包括计算机科学、医学等相关学科。

（5）The Online Books Page（onlinebooks.library.upenn.edu）：有超过300万本免费书籍。

另外，国内外的一些免费网站时有变动，如Booksee、Library Genesis、Sci-hub、Libgen、Download free ebooks、ebookvilla、ebook-engine、FreeComputerBooks等。

2.4 传统图书馆与数字图书馆

基于传统阅读（又称为纸质阅读）的传统图书馆具有藏品历史悠久、种类丰富、经典众多等优点，保存了人类各民族、各历史时期知识精华的各种信息。然而，传统图书馆藏品体积大、占用空间多、存储密度小也是不争的事实。科技工作者通常需要查找最成熟或最先进的技术或知识，而任何一个图书馆都难以收藏如此巨大的科技信息源。

为了充分挖掘所收藏的文献，并为不同读者提供力所能及的信息源，以中国国家图书馆为代表的各类传统图书馆持续建设其数字化平台，即数字图书馆。首先是将本馆收藏的纸质版图书、期刊等文献进行数字化处理，更新为电子文献；其次是征订数据库资源；最后是提供网络图书与其他种类资料的介绍与链接。数字图书馆提供的服务不仅方便、快捷，而且灵活多样，可在全球范围内寻找图书资源。

数字图书馆的阅读方式为数字媒介阅读或者称为电子式阅读。这里的"书"不再由纸张装订而成，而是由显示在屏幕的"页面"取代。"读书"也不局限于手捧一册，一页页翻阅，而是意味着在线阅读（或手机阅读、手持式阅读）。数字媒介阅读的优点在于快捷、信息丰富、具有可交互性。另外，纯数字图书馆收藏不经出版的"原创"图书，属于馆藏一大特色，吸引了不少年轻人在线阅读或下载阅读。

通俗地说，数字图书馆就是虚拟的、没有围墙的图书馆，数字图书馆的使用没有时空限制，可以随时随地实现跨库与智能检索。

现在，国内外图书馆都已提供了访问终端，其中有自由访问和限制访问两种。读者只要得到某一个图书馆的网址就可以上网访问该图书馆，查找自己需要的资料。大多数公共图书馆和大学图书馆的访问终端可以随时使用，也有些图书馆需要图书卡和口令才能访问，其主要目的是方便本单位的师生员工。

清华大学图书馆网页（www.lib.tsinghua.edu.cn/find/find_library.html）整理并列出了国内、外网上图书馆，以及国内外图书馆组织与学会，感兴趣的读者可以参阅。

2.4.1 国内主要图书馆及数字图书馆

（1）中国国家图书馆（www.nlc.cn）是国家总书库，详见2.4.3。

（2）中国科学院文献情报中心（www.las.ac.cn）即国家科学图书馆（图 2-1），立足中国科学院、面向全国，主要为自然科学、边缘交叉科学和高技术领域的科技自主创新提供文献信息

图 2-1　中国科学院文献情报中心网站首页

保障、战略情报研究服务、公共信息服务平台支撑和科学交流与传播服务。馆藏图书1145万余册(件)。开通中外文的电子期刊、会议录、学位论文、专利、科学引文索引和网络信息导航等类型的文献数据库。

(3) 国家科技图书文献中心(www.nstl.gov.cn)也称为国家科技数字图书馆(NSTL)，是一个基于网络环境的科技文献信息资源服务机构(图2-2)。NSTL可以提供文献检索与原文传递、联机公共目录查询、期刊目次浏览和专家咨询等服务，文献种类涵盖期刊、会议、学位论文、图书、标准、专利和报告等。NSTL部分数据库面向全国读者免费开通使用。

图 2-2　国家科技图书文献中心网站首页

(4) 中国高等教育文献保障系统(CALIS)(www.calis.edu.cn，图2-3)是教育部投资建设的面向所有高校图书馆的公共服务基础设施，通过构建基于互联网的"共建共享"云服务平台——中国高等教育数字图书馆，为各成员馆提供各类应用系统等，支持高校成员馆间的"文献、数据、设备、软件、知识、人员"等多层次共享。建成了CALIS联机编目体系、文献发现与获取体系、协同服务体系和应用软件云服务平台等为主干，各省级共建共享数字图书馆平台、各高校数字图书馆系统为分支和叶节点的分布式"中国高等教育数字图书馆"。目前注册成员馆逾1800家，覆盖除台湾省外中国31个省(自治区、直辖市)和港澳地区，成为全球最大的高校图书馆联盟。

图 2-3　中国高等教育文献保障系统网站首页

中国高等教育数字图书馆包括e读(www.yidu.edu.cn)、e得文献获取(www.yide.calis.edu.cn)等栏目。

还有一些知名高校或地方图书馆，如清华大学图书馆(www.lib.tsinghua.edu.cn)、北京大学图书馆(www.lib.pku.edu.cn)、中国科学技术大学图书馆(lib.ustc.edu.cn)、上海图书馆(www.libnet.sh.cn)。

2.4.2 国外主要数字图书馆

国外很多高校图书馆、组织协会网站都有大量图书资源，可以检索、浏览、在线阅读或下载。这里罗列一些中英文名称与网址。

(1) 美国国会图书馆(The Library of Congress)(www.loc.gov)。
(2) 英国不列颠(大英)图书馆(The British Library)(www.bl.uk)。
(3) 加拿大图书馆与档案馆(Library and Archives Canada)(www.bac-lac.gc.ca)。
(4) 澳大利亚国家图书馆(National Library of Australia)(www.nla.gov.au)。
(5) 日本国立国会图书馆(National Diet Library of Japan)(www.ndl.go.jp)。
(6) 哈佛大学图书馆(library.harvard.edu)。
(7) 麻省理工学院图书馆(Massachusetts Institute of Technology Library)(libraries.mit.edu)。
(8) 斯坦福大学图书馆(Stanford Libraries)(library.stanford.edu)。
(9) 耶鲁大学科学图书馆(Yale University Science Libraries)(www.library.yale.edu)。
(10) 剑桥大学图书馆(Cambridge University Library)(www.lib.cam.ac.uk)。
(11) 牛津大学图书馆(University of Oxford Libraries)(www.ox.ac.uk/research/libraries)。
(12) 新加坡国立大学图书馆(NUS Libraries)(libportal.nus.edu.sg/frontend/index)。
(13) 美国威斯康星大学麦迪逊分校化学图书馆(www.library.wisc.edu/chemistry)。
(14) 华盛顿大学图书馆(www.lib.washington.edu)。
(15) 美国研究图书馆协会(ARL)(www.arl.org)：包括美国和加拿大125家研究型图书馆。
(16) 联机计算机图书馆中心(Online Computer Library Center，OCLC)亚太区中文网(www.oclc.org/zhcn-asiapacific/about.html)：由全世界100多个国家的成千上万个成员图书馆组成，致力于携手合作提高信息的可获得性和可用性，支持推进前沿科学的发展和知识共享。

2.4.3 中国国家图书馆检索实例

中国国家图书馆(简称"国图")前身是北京图书馆，是综合性研究型图书馆，是国家总书库。现在馆藏居亚洲之首，居世界第3位，是我国联网最早的图书馆之一。中国国家数字图书馆(NDLC)也是我国成立较早的数字图书馆。

中国国家图书馆为注册读者提供涵盖图书、期刊、报纸、论文、古籍、工具书、音视频、数值事实、征集资源等多种类型的数字资源在线服务。读者注册后，便可通过中国国家图书馆门户网站获得丰富的数字资源服务。

下面以"贵金属"为检索词，练习检索相应的图书。

首先，进入中国国家图书馆首页(www.nlc.cn)[图2-4(a)]，在检索栏输入"贵金属"，选择"馆藏目录"后，点击"检索"[图2-4(b)]。进入"联机公共目录查询系统"，显示1000条"中文与特藏文"[图2-4(c)]。点击进入，进一步使用"正题名"缩小范围，发现有三种格式：学位论文(503)、专著(160)、期刊(4)[图2-4(d)]。点击"专著(160)"，就能逐页浏览馆藏"贵金属"相关的图书，获得题录信息[图2-4(e)]。也可以点击"文献索取"，请求文献传递服务。

建议读者在"国图"免费注册，成为注册用户，即可以在线全文阅读"国家图书馆自建特色资源库"和记录自己的读书笔记，访问"商业购买资源库"。例如，注册用户可以看到中文图书正文、博士论文正文的前24页(这是由于资源版权的限制)。

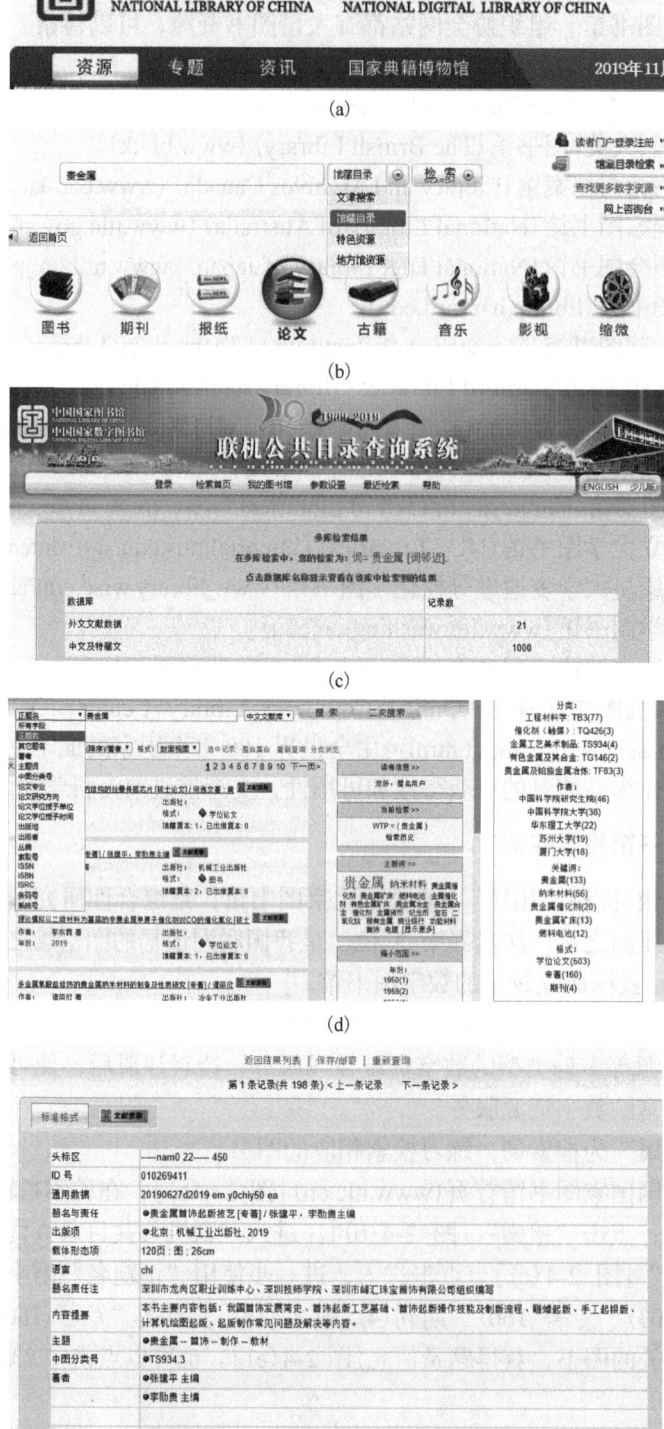

图 2-4 从中国国家图书馆网站检索图书

在中国国家图书馆主页免费注册后，登录中国国家数字图书馆读者门户(mylib.nlc.cn)，就会发现全新的界面(图2-5)。

图2-5 中国国家数字图书馆读者门户

总之，中国国家图书馆资源非常丰富，如果需要查找特定的文献，建议读者注册、登录后使用。

2.5 重要在线图书的检索与利用

数字图书具有快捷、信息丰富、可交互性等诸多优点，数字图书馆的使用没有时空限制，可以随时随地实现跨库与智能检索。因此，知名传统图书馆推出了数字图书馆，前面介绍的中国国家数字图书馆就是典型代表。

另外，以在线百科为代表的在线工具书，是直接以互联网为载体的新型图书形式，突破了传统图书馆及其衍生的数字图书馆对图书的定义，公众可以免费使用。这一类在线图书大有挑战传统图书的趋势。

2.5.1 数字图书馆的使用

数字图书馆的电子图书起初只能使用专用阅读器(可以免费下载安装)阅读。近年来，数字图书馆也开始提供网页直接阅读的模式，以方便读者使用。提供的搜索引擎的检索范围更加广泛，不但可以检索图书资源，还可对图书、期刊、学位论文、会议论文、报纸、专利等网络资源进行综合检索。这种检索工具具备多种功能，如多维分面聚类、智能辅助检索、立体引文分析、考镜学术源流、展示知识关联、揭示学术趋势等。其主要特点如下：

(1)检索结果[图2-6(a)]显示题录+摘要信息，并能看到"相关论著发文量趋势图"。

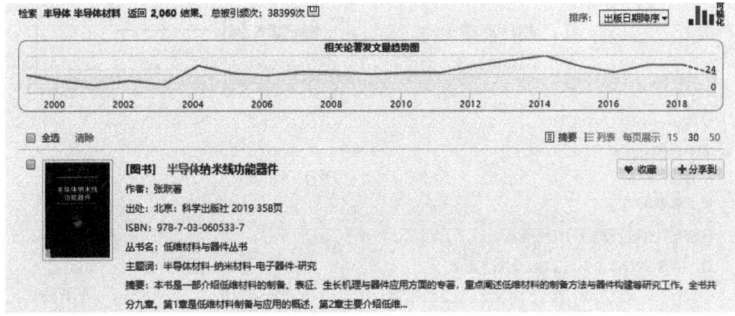

(a)

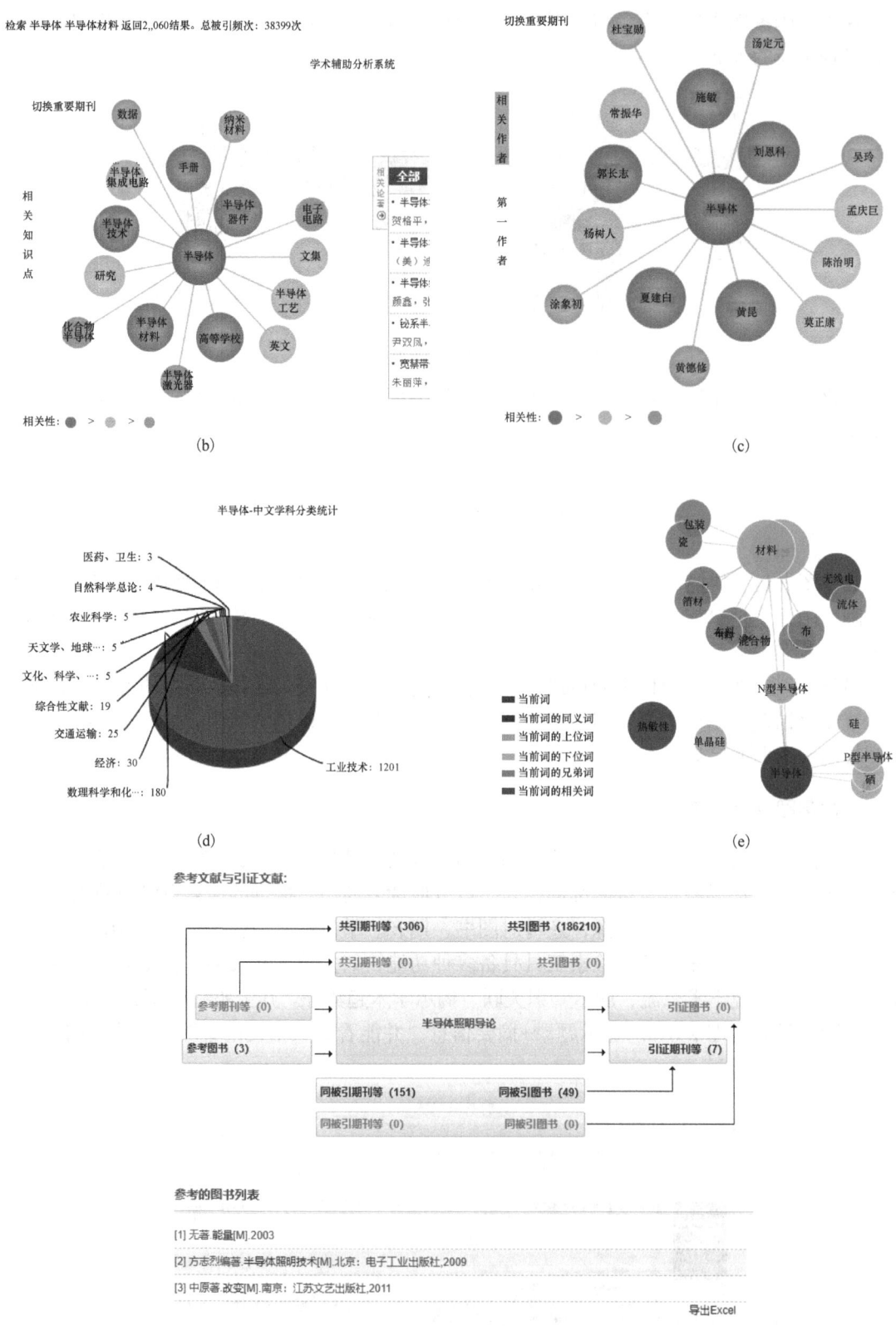

图 2-6 从某数字图书馆进行综合检索与对比分析实例

(2) 在检索结果页可以看到相关知识点[图 2-6(b)]、相关作者[图 2-6(c)]、相关学科[图 2-6(d)]、相关词汇[图 2-6(e)]等。

(3) 可以精炼结果。例如，限定在"检索馆藏电子资源"，找到的图书就可以阅读全文。另外，可实现图书与图书之间、期刊与期刊之间、图书与期刊之间，以及其他各类文献之间的相互参考、相互引证关系分析[图 2-6(f)]，并且可以显示该图书的全国馆藏信息。

需要注意的是，将部分有价值的纸质图书转换为电子图书后，必须取得版权拥有者同意后方可有偿使用，否则会引起版权纠纷。

2.5.2 在线百科全书

如前所述，工具书是为查找特定资料而使用的工具。目前，工具书不但以数据库的形式成为"数字图书"，还借助网络技术向"在线工具"发展。下面以"百度百科"为例，介绍在线百科全书的用途。

百度百科是依托搜索引擎"百度"建设的一个中文百科全书平台。百度百科中有中国科学技术协会与百度公司共同建设的"科学百科"，包含 19 万多条科学词条和 2000 多位科普专家。

以"食品防腐剂"作为关键词，看看从百度百科中能找到什么科技信息。

首先，进入百度百科（baike.baidu.com），键入"食品防腐剂"，点击"进入词条"进行搜索[图 2-7(a)]，找到"食品防腐剂"词条。该页面显示"概述、应具备的条件、作用机理、种类、使用注意事项、认识误区"等信息[图 2-7(b)]，最后还列出了"参考资料"。

图 2-7　百度百科检索"食品防腐剂"页面

其次，检查该词条内容的可靠性。从网页上可以看到：本词条由"科普中国"科学百科词条编写与应用工作项目审核；本词条认证专家为中国食品科学技术学会李兴峰教授等。因此，百度百科中有关"食品防腐剂"的知识可靠性较高。

最后，在百度百科检索界面点击"全站搜索"，会发现更多与防腐剂相关的百度百科词条，如防腐剂、天然防腐剂、防腐剂检测、食品添加剂等。

除百度百科外，中文在线百科还有互动百科、搜狗百科，内容既有交叉性又有互补性，使用非常方便。

如果要查英文百科，可以浏览以下网站：

(1) Wikipedia（维基百科）：是一个自由、免费、内容开放的网上互动式百科全书，汇聚了 200 多种语言的百科知识版本，总词条数目突破 1000 万个。其中，信息量最大是"英语维基百科"，占所有浏览量的一半以上。

(2) Encyclopedia Britannica（www.britannica.com）：是原来著名的印刷版《大不列颠大百科全书》的网络化服务。其中包含较大量的化学化工信息，并可以进行关键词搜索。

(3) Online Encyclopedia（encyclopedia.jrank.org）：在线百科全书，可免费访问和检索《大不列颠百科全书》(11 版) 的 4000 余篇文章。另外，该网站还给出了科学百科（Encyclopedia of Science）、美国工业百科（Encyclopedia of American Industries）等 12 个百科全书的链接网址，可登录相关网站进行百科知识检索。

2.5.3 专业在线工具书

一些专业类工具书已经通过网络公开成为免费的在线工具书。下面介绍几个知名的与科技相关的专业在线工具书网站。

(1) 大学数字图书馆国际合作计划（cadal.edu.cn）：即 CADAL 数字图书馆，提供便捷的全球可访问的图书浏览服务，已完成数百万册图书数字化。国内已经有 600 多所大学成为共建或共享大学。

(2) 工程科教图书知识服务系统（ebs.ckcest.cn/Engineering/index.jsp）：收集并免费开放大量资源，其中图书 49 万多本。收集整理了 CADAL 数字图书馆中的工程类图书，并采集了购书网站的图书元数据信息，全面覆盖各工程领域。抽取了工程类图书中工具书的知识元信息，包括词典、百科、手册、图谱等类型的工具书。收集整理了国内外工程领域的开放课程信息，涵盖计算机、医学、信息、设计、管理等各领域课程，数据来源于 Coursera、edX、MIT OCW、网易公开课等开放课程网站。抽取了工程类图书中的问答数据，为用户提供问答知识服务。

(3) NIST 标准参考数据库（www.nist.gov）：美国国家标准与技术研究所（National Institute of Standards and Technology，NIST）从事物理、生物和工程方面的基础和应用研究，以及测量技术和测试方法方面的研究，提供标准、标准参考数据及有关服务，在国际上享有很高的声誉。NIST 标准参考数据库包括 50 多个多用途数据库，根据学科可分为以下几类：分析化学（包括谱学）、原子和分子物理、生物技术、化学与晶体结构、化学动力学、工业流体与化工、材料性能、热力学与热化学，以及 NIST 的其他数据库，而且大部分数据库可以免费使用。典型数据库如下：

(i) NIST SRMs（www.nist.gov/srm）：提供 1300 个标准参考物质的表征与性能参数。

(ii) NIST SRD（www.nist.gov/srd）：提供 49 个免费的国家标准参考数据（Nation's Standard Reference Data，SRD）数据库、41 个付费 SRD 数据库。

(iii) NIST Chemistry WebBook（化学网络手册）（webbook.nist.gov/chemistry）：是在标准参考数据项目（The Standard Reference Data Program）下系列数据库中的一部分。提供的主要参考数据有：5000 多个化合物的热化学数据；8000 多个反应热化学数据；7500 多个化合物的光谱数据；10000 多个化合物的质谱数据；400 多个化合物的紫外-可见光谱数据；3000 多个化合物的振动和电子光谱(vibrational and electronic spectra)数据；14000 多个化合物的离子能量数据(ion energetics data)；16 种流体的热物理数据。

NIST Chemistry WebBook 检索方法如下：在 NIST 的主页面(www.nist.gov)可以直接搜索，也可以进入 webbook.nist.gov/chemistry，直接搜索信息。可利用不同方式进行检索，如分子式(Formula)检索、物质名称(Name)检索、IUPAC 编号(IUPAC identifier)检索、CAS 登记号(CAS registry number)检索、反应(Reaction)检索、作者(Author)检索、结构(Structure)检索等[图 2-8(a)]。当选择显示的结果信息较多时，搜索结果页面会很长。例如，在分子式(Formula)搜索方式中，使用分子式 C_2H_6O 为查询式，数据选择 Reaction(反应)、IR spectrum(红外光谱)、Mass spectrum(质谱)，点击 Search 后，得到 5 个化合物[图 2-8(b)]，包括 Ethanol(乙醇)、Dimethyl ether(二甲醚)及 3 种氘代乙醇。若要得到乙醇的详细资料，点击 Ethanol 超链接，即可显示详细的有关乙醇的资料。例如，点击 Mass spectrum 就可以看到它的质谱图[图 2-8(c)]。

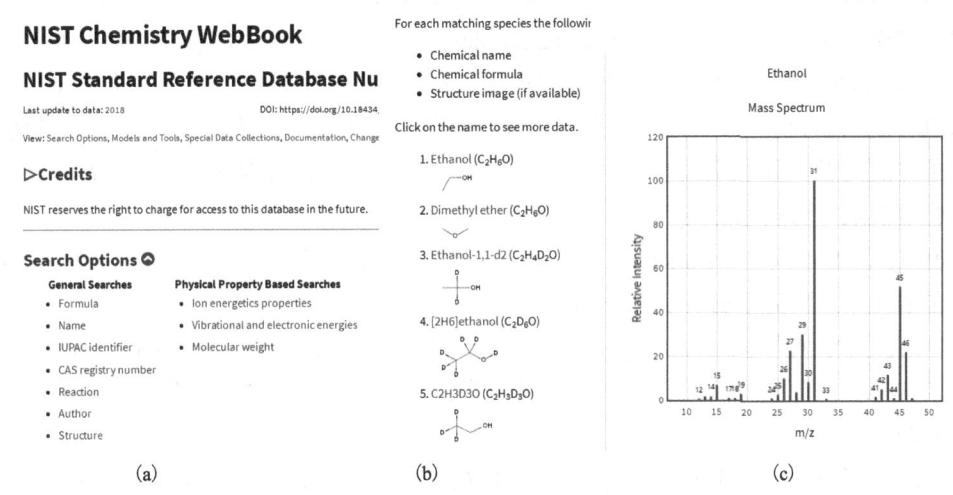

图 2-8　从 NIST 检索乙醇(Ethanol)的质谱图

(4) Organic Syntheses(www.orgsyn.org)：自 1921 年始，Organic Syntheses(有机合成)就为读者提供详细、可靠并经仔细核对的有机化合物合成方法，有些方法针对特殊化合物的制备，有些则具有普适性。每一种方法都比期刊所述更详尽，而且每一个反应和所有表征数据都由一位本书编委会成员在其实验室进行仔细核对以考察该方法的重复性。Organic Syntheses 所述方法都可以从期刊的单卷目录查找，也可以在数据库中导入结构或关键词查找。在线工具书 Organic Syntheses 可以免费使用(图 2-9)。

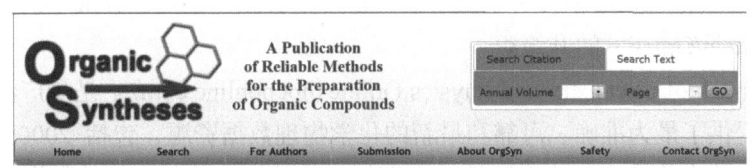

图 2-9　Organic Syntheses 网络版

(5) 物竞数据库(www.basechem.org)：免费的中文化学品信息库，完全突破了中英文在化学物质命名，化学品俗名、学名等方面的差异，所提供的数据全部中文化，更方便国内从事化学、化工、材料、生物、环境等化学相关行业的工作人员查询使用。目前已收录基础化学品 50000 多种、标准品及标准物质 2000 多种、检测试剂盒 500 多种，收集了化学品基础信息、国际编码体系、物性、毒理学、生态学、分子结构、计算化学、化学特性、制备合成、应用、表征图谱、安全等方面的数据，是目前国内综合性最强、最全面的化学品数据平台。

(6) 细胞生物学在线词典(www.cella.cn/search)：共收录细胞生物学、分子生物学、发育生物学、遗传学、免疫学等词汇 2000 余条，且在不断地补充之中。建议在使用前阅读"检索帮助"。

(7) 金字塔医学在线(www.jztyx.com)：收录医学领域专著、工具、休闲、健康、科普、兽医等专业图书和期刊约 12000 种，可在线阅读。

(8) Crystallography Open Database(www.crystallography.net)：晶体学开放数据库(COD)，收录超过 40 万条晶体结构，是开放方式的海量晶体结构数据库，包含有机化合物、无机化合物、金属有机化合物和矿物质的晶体结构。

(9) The Inorganic Crystal Structure Database(icsd.fiz-karlsruhe.de)：无机晶体结构数据库，由德国的 FIZ(Fachinformationszentrum Karlsruhe，卡尔斯鲁厄专业信息中心)和 The Gmelin Institute(盖墨林研究所)联合编辑，收集并提供到目前为止所有测定的除金属和合金以外不含 C—H 键的无机化合物晶体结构的信息，至今已收录超过 12.5 万条包含原子坐标位置的数据。目前有条件的高校，如北京大学、中山大学、华中科技大学、南方科技大学等都购买了相关的在线检索权限，可以通过校内 IP 直接使用。

(10) Merck Source(www.merckengage.com)：提供了四类医学参考工具书，包括卫生百科全书、医学词典、默克手册、非处方药指南。

(11) 英汉医学词典(esaurus.org)：涵盖中国大陆、香港和台湾不同区域术语别称，使用规范词汇及常用非规范别称，通过简、繁体及拼音并列，中英文双语音频发音检索常见的医学方面的名词。

(12) 医学词典(medical-dictionary.com)：是查找医学术语的一个免费资源，提供了全英文的医学名词的详细解释。

最后介绍几个知名但需要付费使用的在线工具书。

Dekker Encyclopedia of Nanoscience and Nanotechnology(Dekker 纳米科学与纳米技术百科全书网络版)(www.tandfonline.com/doi/book/10.1081/E-ENN)：可以直接输入检索词检索或按检索词的首字母浏览，能免费看到文章的摘要，订购用户可浏览全文。

Reaxys 数据库(www.reaxys.com)：由 Elsevier 公司出版，将原来世界知名工具书，如 Beilstein(贝尔斯坦)、Gmelin(盖墨林)，和化学相关专利数据库的内容整合为统一的资源，包含 2800 多万个反应、1800 多万种物质、400 多万条文献；也是世界最全的有机化学数据库(CrossFire Beilstein/Gmelin)的升级版。

CRC Handbook of Chemistry and Physics Online(hbcponline.com)：是最广泛认可的化学物理参考书。它提供了最为准确、可靠和最新的化学物理数据资源，包括 20000 多种常用的化合物，提供无机化合物和有机化合物性质方面的完整数据，并包含新的数据表和参考资源，保持与最新的研究同步。除此之外，还包括生物化学、环境、材料等领域的数据表。

通过本章的学习，我们认识了第一类信息源(图书资源)及其特点、检索方法、全文的获取途径。在互联网发达的今天，在线检索科技图书并获取所需要的科技信息已非常方便，并且获得图书的免费途径也越来越多。只要勤加练习，必定能快速、准确地检索到感兴趣的图书。需要注意的是，检索图书是为了阅读及学习知识，不要找到图书后就"束之于电脑"或"束之于手机"，一定要有目的地进行阅读、学习。

思 考 题

1. 科技图书有哪些分类方法？ISBN 的 13 位数字由哪几部分组成？
2. 教科书、科技著作、工具书各专注于哪类知识？有什么特点？从中可获取哪些信息？
3. 学术著作包括哪几种类型？
4. 举例说明可检索"材料的制备和物性"的工具书和检索平台。
5. 试列举三家出版科技类图书的国内出版商名称和网址。

实践练习题

1. 使用本单位征订的数字图书馆检索一部本专业图书，阅读并下载重要内容。
2. 通过百科类图书或网站，检索"汽车尾气"的组成与危害。
3. 练习在 NIST 网站查找化合物"苯酚"的生成焓、热容、相变热等物理化学数据。
4. 尝试在免费的图书网站下载一本关于"纳米材料"的英文专著。

第3章 科技论文

本章导读：以科技期刊论文为典型代表的科技论文属于十分重要的一次文献，是获取科技信息的重要渠道之一。阅读科技论文，可以获得当前研究的最新进展及具体方法。本章在介绍科技论文（期刊论文、会议论文、学位论文）结构组成、作用的基础上，总结了科技论文的检索与全文下载方法，并举例说明"中国知网"检索中文论文、WOS 检索国际高水平期刊论文的方法，以及免费获得科技论文的途径。

内容关键词：期刊论文、会议论文、学位论文、论文检索、全文下载。

通过第 2 章的介绍，我们已经了解到：科技图书作为科技信息源的第一大类型，读者可以从中获得学科基础和系统知识，查到可靠和系统的物质、材料参数。但是，科技图书的最大缺点就是方法与技术相对陈旧。

如果想要找到最新、最前沿的科学与技术知识，就需要从最近出版的科技论文，或者最近公开的专利中查找。形象地说，如果将科技图书中提供的知识看成是一条河，科技论文与专利所包含的知识就是这条河的源头与支流。本章我们一起了解"科技论文"这条知识之河最重要的源头与支流。

3.1 科技论文的三大类型与用途

3.1.1 科技论文的类型与特点

科技论文是科学技术人员对研究结果的科学记录，或者是对创新见解的科学总结。如果将这些科学记录或总结按照论文格式写作，形成电子（或印刷）文件，就是科技论文。

科技论文的写作目的是用于学术交流（发表、宣讲）或考核（取得学位、毕业、结业）。科技论文有期刊论文、会议论文、学位论文三大类（表 3-1）。论文在学术刊物上公开发表时就称为期刊论文，当用于学术会议交流时就称为会议论文，而当用于取得学士、硕士或博士学位时就称为学位论文。

表 3-1 科技论文的特点与用途

类型	写作目的	内容特点	检索用途
期刊论文	学术交流	前沿成果；知识点比较孤立、分散	能获取最新研究成果与进展
会议论文	学术交流	主要以摘要呈现的最新成果，内容相对简单	可以了解到最新动态
学位论文	取得学位	用于取得学士、硕士或博士学位。内容系统、完整，但可能有错误	可找到详细的研究背景、方法与技术

这三大类论文的基本结构组成是一样的，但是它们的内容与形式各具特色。期刊论文主要有两大类，一类是研究论文，另一类是综述论文。研究论文发表原始研究结果，内容最新颖，但主要展现的是一个知识点的研究结果；综述论文是对某领域中的一个知识点或阶段性

研究结果的总结，比科技著作新颖，但没有科技著作内容系统。会议论文主要以成果摘要的形式出现，一般只有一两页，能看到作者对某一个问题的研究结论。学位论文内容较多，如硕士学位论文大部分都有 3~5 章，内容既有综述，也有系统的研究成果。从成果的公开时间看，会议论文的内容要早于期刊论文，而学位论文的内容与期刊论文在时间上会有交错。学位论文的部分章节内容可以在学位论文公开前就在期刊上发表，而有些章节内容则可在以后陆续发表，甚至一直不发表。

当然，这三大类论文也有各自的缺点：会议论文内容过于简单，期刊论文知识点比较孤立、分散，而学位论文中错误相对较多。

正因为期刊论文、会议论文、学位论文的内容各具特色，它们的用途也有所不同：从期刊论文中能获取科学研究领域最前沿的成果与最新进展；从会议论文中可以了解到最新动态；而从学位论文中可以找到详细的研究背景、研究方法与技术。

3.1.2 科技期刊与期刊论文

期刊又称杂志(periodical，journal，magazine)，是指具有固定刊名、刊期、年卷(或年月)顺序编号，印刷成册的连续出版物。科技期刊则是以报道科学技术为主要内容的连续出版物，其主要特征有连续性、时效性、创新性、渗透性等。目前全世界约有 13 万种科技期刊，每年发表的论文有 500 多万篇。

作为学术期刊(academic journal，经过同行评审的期刊)的一种类型，科技期刊往往有年、卷(期)、页的标志，如 J. Am. Chem. Soc.，2005，127(45)，159。学术期刊展示了研究领域的成果，并起到公示的作用，其内容主要以原创研究、综述文章、书评等形式的文章为主。

科技期刊可按期刊内容、文章写作方式、载体形式、出版周期等多种方式分类(表 3-2)。按期刊内容可分为研究类、技术类、综述类、新闻类、检索类；按文章写作方式可分为著作类、译文类、文摘类；按载体形式可分为印刷型、缩微型、电子型、网络型。科技期刊始于出版者通过印刷版发行，随着互联网的普及，越来越多的科技期刊已经有网络版(network version)。另外，部分新型期刊只通过网络发行，称为网络电子期刊(electronic journal)，这类新型期刊从投稿、编辑出版、发行、订购、阅读乃至读者意见反馈的全过程都是在网络环境中进行的。

表 3-2 科技期刊主要类型

分类方式	按期刊内容分类	按文章写作方式分类	按载体形式分类	按出版周期分类
主要类型	研究类 技术类 综述类 新闻类 检索类	著作类 译文类 文摘类	印刷型 缩微型 电子型 网络型	定期期刊：周刊(weekly)、双周刊(biweekly)、月刊(monthly)、双月刊(bimonthly)、季刊(quarterly)、半年刊(biquarterly)、年刊(annually) 不定期期刊：有少数一年出版 5 期、20 期的期刊

科技期刊论文是在科技期刊上发表的用于交流(或公开)的书面(或电子版)文件，是对科学技术某一领域新成果的科学记录，或对某一类知识的创新见解(或新进展)的科学总结。

科技期刊论文是文献检索的最终目标之一。许多新成果、新观点、新方法往往首先在期刊上发表。事实上，我们需要检索的内容一般最终都要通过查阅科技期刊获得。在可利用的全部科技情报中,70%左右都是由科技期刊提供的。因此,科技期刊在科学交流中是十分重要的工具。

3.1.3 科技会议与会议论文

目前,绝大多数科技会议的参会者需要提前提交会议论文(详细摘要或全文),会议组织者经过审查后编辑整理、装订成册,为参会者提供论文集(印刷版或电子版)。在学术会议上,科技工作者宣读(口头报告)或展示(墙报)论文,讨论相关问题,交流经验与情况。因此,以会议论文为主的会议资料是一类重要的一次文献,代表某学科领域的最新成就,反映该学科领域的最新水平和发展趋势,所以会议信息是了解国际科技水平、动态及发展趋势的重要情报文献。许多学科中的重要发现,有很大一部分是在科技会议上作为首次公布的成果出现的。一次会议发表的科技论文数目不等,少则数十篇至数百篇,多则上千篇,其发表时间比科技期刊早,刊登量一般也比科技期刊大很多。

科技会议是科技交流的重要渠道,会议资料包括会议论文(conference papers)、会议程序(conference proceedings)及代表名单等文件。其中,会议论文是指在学术会议前(后)公开的论文预印本(preprint)或论文摘要(abstracts),是会议资料中最重要的一种。部分会议论文会在会议结束后编辑整理出版,包括会议上所做的学术报告、交流的论文及讨论问题的会议录等。

图 3-1 为会议论文的典型载体。图 3-1(a)是 2014 年 10 月 10~15 日在郑州召开的一个国际会议的论文集,论文集封面写着"BOOK OF ABSTRACTS",也就是摘要集。近年来,越来越多的学术会议不再提供纸质印刷版论文集,只提供电子版论文集,如光盘版[图 3-1(b)]、U盘版[图 3-1(c)]和网络版。

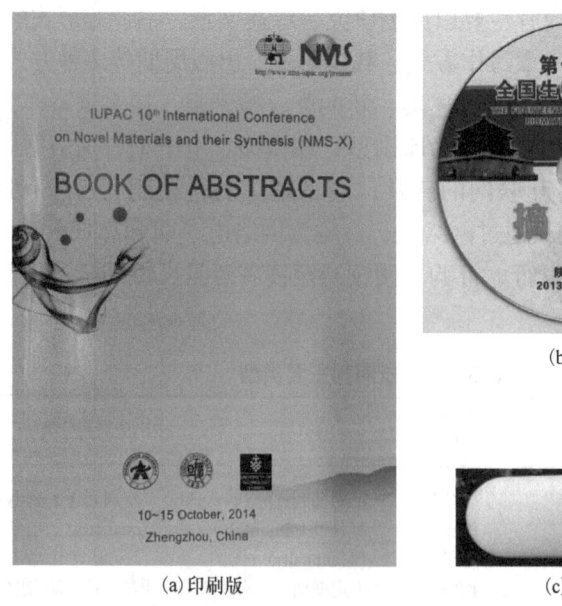
(a)印刷版

(b)光盘版

(c)U盘版

图 3-1　会议论文的典型载体(印刷版、光盘版、U盘版)

值得注意的是,由于会议信息以新、快为特点,许多会议论文数据的完整性、系统性、成熟性和可靠性不及科技报告和期刊论文。此外,会议文献出版的分散性和不规则性也给文献的收集带来了一定困难。

对于一名科技工作者而言，如果想让公众知道自己的研究成果（新发现或新技术），典型公开形式是期刊发表、会议交流和申请专利。需要说明的是，研究成果的公开次序有一定的时间顺序，不能随意混淆。对于科学发现，会议论文公开在先，期刊发表在后。对于技术发明，申请专利在先，学术会议交流在后，否则将无法申请专利。

3.1.4 专业资格获得与学位论文

学位论文是指作者为了获得专业资格学位所撰写的介绍其研究结果的文件。为了取得学士学位，需要完成学士论文，也是大学生常说的毕业论文；取得硕士学位，需要提交硕士论文；取得博士学位，则需要提交博士论文。

学位论文英文常有 Diss（dissertation，美国）标志，且有学位论文编号，如 Order No. DA 8328940 From *Diss. Abstr. Int. B* 1984, 44(8), 2428。英国与英联邦国家常用"thesis"指学位论文。

如前所述，常见的学位论文有学士论文、硕士论文和博士论文三种（封面见图 3-2）。学位论文是非卖品，不发行。因此，以往获取这类论文的手续也比较麻烦，不易为读者所利用。1984 年我国教育部规定，所有研究生的博士、硕士论文一律交中国科技情报研究所收藏，并提供学位论文的缩微胶片，因此硕博士论文现在已经可以通过网络及相关数据库查询。但学士论文（或称本科毕业论文）尚无此政策，现今仍难以获得。

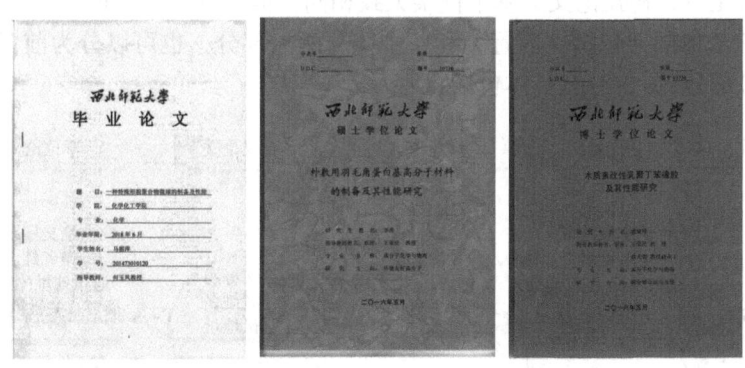

图 3-2 学位（学士、硕士、博士）论文封面

攻读研究生需要三年左右的时间，学位论文研究也需要比较长的时间。因此，到学位论文公开的时候，它的一部分内容已经申请了专利，或者已经通过会议公开或通过期刊发表，一部分内容则在以后发表，也有部分内容一直不发表。

学位论文内容详细，有具体的方法，有成功的结果，也有失败的经验。因此，学位论文特别有利于初学者（尤其是准备开展毕业论文工作的学生）入门学习。但是，由于绝大多数论文作者经验不足，在其学位论文中常会出现错误。

从内容来看，学位论文比期刊论文更为翔实，参考价值更高。学位论文大多比较详尽地总结前人的工作，再通过科学实验提出自己的观点，其中会根据自己的研究成果而有所侧重。某些学位论文参考了大量资料，进行了系统概括，数据资料也比较充分，可作为对某一特定问题的总结进行阅读。另一些学位论文则提出了新的论点、新的论据，虽然尚不成熟、不全面，有时甚至还不能作为定论，不过对科技工作者仍有重要的启发作用。

博士论文全文是不同于期刊或图书的一种高水平的全文资料，对于研究和跟踪世界最新科学前沿有重要作用。发达国家的许多学术机构和大学将其丰富的论文馆藏作为吸引高级学者和优秀研究生(硕士生和博士生)的一种非常宝贵的资源,这是其他形式的媒体(如期刊、图书)所不能替代的独特的学术资源。

期刊论文、会议论文、学位论文是科技论文的三种主要类型,其内容各具特色,并各有其优缺点。对于科技工作者而言,经常浏览科技论文是使自己的科研之树长青的重要途径;而对于刚开始接触科技工作的大学生而言,有效查阅科技论文能促使自己积极地进行独立思考,从而点燃智慧的火花,指导自己的研究工作入门进而步入正轨。因此,有必要了解科技论文的构成与特点,从而帮助我们迅速查阅文献,获得自己感兴趣的知识。

3.2 科技论文的构成与作用

基于写作目的而进行分类的科技论文三大类型(期刊论文、会议论文和学位论文)中,期刊论文是最重要的一类。科技期刊论文可按照不同分类标准划分为多种类型,这里主要按照报道内容将科技期刊论文简单地分为研究论文和综述论文两大类,对其进行主要讲解,至于会议论文和学位论文则与期刊论文有相似之处。

事实上,科技论文的编排格式是相对固定的,甚至有专门的国家标准来规范科技论文的结构组成。也就是说,科技论文的基本框架大致相同,但内容各具特色。

科技论文的基本框架包括"前置"和"主体"两大部分,也可以分为前置部分、正文部分、支撑(后置)部分(图 3-3)。具体包括:

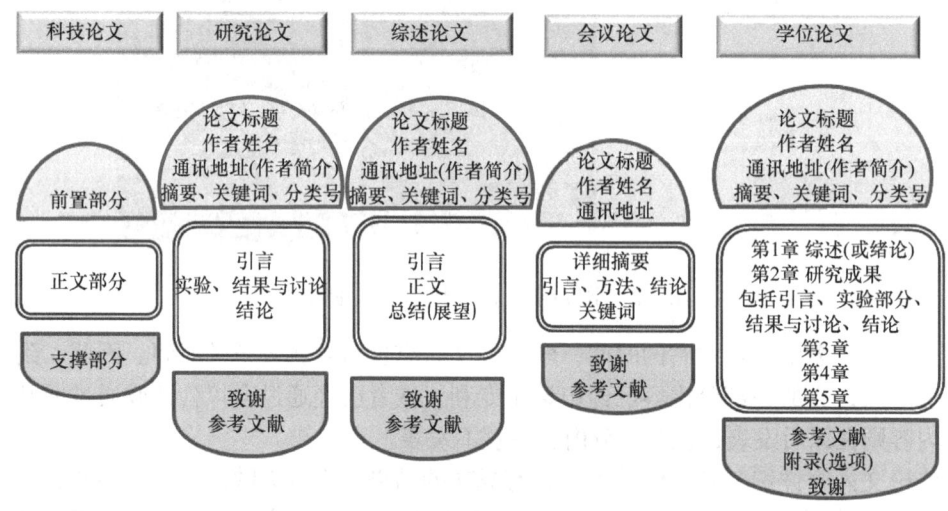

图 3-3 科技论文的构成

(1)前置部分:包括论文标题、作者姓名、通讯地址(作者单位、地址、邮政编码、电子邮箱、电话号码等),以及摘要、关键词、中图分类号或 DOI(digital object identifier,数字对象标识符)号、作者简介等。需要说明的是,前置部分的英文标题、作者、摘要、关键词等信息,在部分期刊中放在论文最后。

(2)正文部分:包括引言(前言)、正文(包括图、表)、结论。期刊研究论文、综述论文及会议论文的正文部分差异较大。其中,会议论文中一般是将摘要拓展为详细摘要,与关键词一起组成正文部分。

(3) 支撑(后置)部分：包括致谢、参考文献、附录等。致谢(acknowledgement)主要是感谢提供了经费支持的项目，或者某人或单位提供的帮助。致谢有时在结论的后面，有时前移到第 1 页的页脚，或在作者通讯地址之后。参考文献(reference)是指作者阅读过的与论文课题相关的信息源，附在论文后，对论文起支撑作用。近年来，在线公开的许多高水平期刊为了节省版面，提供免费的在线附录 SI(全称为 supplementary information、supplementary materials 或 supporting information)，论文正文中提供了 SI 链接。

显然，科技论文的基本框架看起来并不复杂。为了进一步深入了解科技论文，下面将通过具体实例剖析研究论文、综述论文、会议论文、学位论文的构成，认识科技论文的构成与作用。

3.2.1 研究论文的构成与作用

这里以一篇研究论文为例，作者为"朱永峰，何玉凤，王荣民*，李岩，宋鹏飞"，标题为"白蛋白锌卟啉结合体光解水产氢性能"，发表在《科学通报》，2011 年，第 56 卷，第 17 期，第 1360-1366 页。这是一篇实验性研究论文，其各部分组成如表 3-3 所示(注：为重点呈现各部分内容，表格中使用省略号代替部分内容，建议对照原文阅读)。

表 3-3 研究论文组成结构实例

各部分	内容	阅读用途
论文标题	白蛋白锌卟啉结合体光解水产氢性能	
作者	朱永峰，何玉凤，王荣民*，李岩，宋鹏飞	
单位，地址	西北师范大学化学化工学院，兰州 730070 *联系人，E-mail: wangrm@nwnu.edu.cn	
注释致谢	2010-11-01 收稿，2011-01-14 接受；国家自然科学基金(20964002)资助项目	
摘要	将难溶性的锌卟啉(ZnTpHPP)与牛血清白蛋白(BSA)结合，制得一类新型水溶性生物高分子金属卟啉配合物(BSA-ZnTpHPP)。通过紫外可见光谱……对 BSA-ZnTpHPP 的结构进行了表征，发现二者以配位键结合……考察了 BSA-ZnTpHPP 的光敏感性，发现 BSA-ZnTpHPP 在光照条件下易变成三重激发态，可以将电子转移给甲基紫精(MV^{2+})。以三乙醇胺(TEOA)为电子体，甲基紫精(MV^{2+})为电子中继体……考察了 BSA-ZnTpHPP 的光诱导水解产氢性能，结果表明，这类水溶性生物高分子金属卟啉光敏剂具有良好的光解水产氢性能。	
关键词	生物高分子；光敏剂；金属卟啉；白蛋白；电子转移反应；产氢	
引言	能源和环境是困扰当今及未来人类发展的关键问题，传统的化石能源不可再生，同时对环境造成很大的污染。在新型能源中，氢能[1]因具有无污染、碳的零排放、可再生等特点，被普遍认为是一种最有吸引力的替代能源[2]。在诸多制氢方法中，以太阳光为能源的光解水产氢体系是一种能量消耗较少，成本较低且无碳排放的高效产氢技术[3-5]。在此体系中光敏剂的选择至关重要。典型的光敏剂有金属络合物与半导体材料两大类……金属卟啉也是一种优良的光敏剂[13]……在模拟生物电子转移反应的光解水产氢体系中，金属卟啉作为光敏剂表现出优异的性能。然而，在水相中进行的光诱导电子转移反应体系，使用的金属卟啉光敏剂需要在水中可溶。而大部分人工合成的金属卟啉难溶于水，将其应用于光解水产氢体系中需要有机溶剂或采用胶束，使得金属卟啉在电子转移反应中的应用受到很大限制。 　　来源相对丰富且稳定性良好的水溶性白蛋白常被用作天然高分子载体，其内部空腔可以与许多化合物结合[21]。将金属卟啉分子与白蛋白结合后，所得白蛋白金属卟啉结合体在水中有较好的溶解性[22]，从而在水溶液中金属卟啉能更好地发挥其功能特性[23]。本文将合成的水难溶性金属卟啉，即中位-四(4-羟基苯基)卟啉锌配合物(ZnTpHPP)与水溶性牛血清白蛋白(BSA)结合，制得了一类新型的水溶性生物高分子光敏剂，并将其应用于光解水产氢体系。	背景

续表

各部分	内容	阅读用途

实验部分	1 实验部分
	1.1 试剂与仪器
	  牛血清白蛋白(BSA, M_w=67000, 上海伯奥生物科技有限公司, AR); 吡咯(国药集团化学试剂有限公司, 使用前新蒸); ……
	  透析膜(MWCO: 3500, 三光纯叶株式会社)使用前需处理; Agilent 8453 型紫外-可见分光光度计; ……
	1.2 锌卟啉配合物的合成
	  中位-四(4-羟基苯基)卟啉配体(H_2TpHPP)按文献方法[23]合成。
	1.3 BSA-ZnTpHPP 的制备
	  分别配制 BSA/PBS 与 ZnTpHPP/EtOH 溶液。在结合瓶中制备牛血清白蛋白与锌卟啉的结合体, 即在 1 mL ZnTpHPP/EtOH 溶液中加入一定量的 BSA/PBS 溶液, 使 ZnTpHPP 与 BSA 的分子数比为 5:1, 避光条件下……可分别得到锌卟啉/牛血清白蛋白结合比例不同的 BSA-锌卟啉结合体(BSA-ZnTpHPP-n, n=1, 3, 10)。
	  ⋮
	1.5 BSA-ZnTpHPP 的光解水产氢性能
	  (1) BSA-ZnTpHPP 的光敏性。以 TEOA 为还原剂, BSA-ZnTpHPP 为光敏剂, 采用荧光法考察甲基紫精(MV^{2+})对 BSA-ZnTpHPP 的……电子转移情况。
	  (2) BSA-ZnTpHPP 光解水产氢性能。以 BSA-ZnTpHPP 为光敏剂……用 450 W 高压汞灯作为光源, 每间隔一定时间, 用气体进样器抽取反应器中的气体, 并进行气相色谱分析, 测定 H_2 的含量。
		具体方法

结果与讨论	2.1 BSA-ZnTpHPP 的表征
	  首先考察了 ZnTpHPP 结合量对 BSA-ZnTpHPP 结合体溶解性的影响。即将不同配比的 ZnTpHPP 与 BSA 结合……其中, 锌卟啉与 BSA 以低比例结合时(BSA-ZnTpHPP-n, n=1, 3)较为稳定, 能室温静置(避光)较长时间。其次, 分别用 UV-Vis, CD, Native-PAGE 考察了 ZnTpHPP 与 BSA 的结合方式。
	  (1) 紫外可见光谱(UV-Vis)……
	  (2) 圆二色谱……
	  (3) 非变性聚丙烯酰胺凝胶电泳……
	2.2 BSA-ZnTpHPP 的光解水产氢性能
	  ⋮	

结论	将易合成但水难溶性的锌卟啉(ZnTpHPP)与生物高分子 BSA 结合, 制得了一类新的水溶性生物高分子光敏剂。白蛋白结合少量锌卟啉不会改变蛋白的二级结构、水溶性与稳定性; 这类生物高分子金属卟啉光敏剂具有良好的光解水产氢性能, 在光照 5 h 后体系产氢率达到 1.73 mL H_2/L, 光敏剂转化数达到 7.7。研究结果为太阳能的利用提供了新型的水溶性光敏剂, 从而拓宽了光敏剂的选择范围。	
参考文献	[1] Navarro R M, Pena M A, Fierro J L G. Hydrogen production reactions from carbon feedstocks: fossil fuels and biomass. Chem Rev, 2007, 107: 3952-3991 [23] Wang R M, Song J F, He Y F, et al. Conjugation of chitooligosaccharide-5-fluorouracil with bovine serum albumin. Chin Chem Lett, 2006, 17: 1495-1498 [24] 王荣民, 朱永峰, 何玉凤, 等. 金属卟啉蛋白质结合体的结构与功能. 化学进展, 2010, 22: 1952-1963 ⋮	相关方法
Title	Albumin/zinc porphyrin conjugates for photosensitized reduction of water to hydrogen	
Authors	Zhu Yongfeng, He Yufeng, Wang Rongmin*, Li Yan, Song Pengfei	
Address	College of Chemistry and Chemical Engineering, Northwest Normal University, Lanzhou, 730070, China	
Abstract	A novel water soluble biopolymer metalloporphyrin complex (BSA-ZnTpHPP) was prepared ⋯ The BSA-ZnTpHPP/MV^{2+}/TEOA/colloidal Pt system was applied to photosensitized reduction of water for preparation of hydrogen. The water-soluble biopolymer metallporphyrin complex was an excellent biopolymer photosensitizer.	
Keywords	biopolymer; photosensitizer; metalloporphyrins; albumin; photoinduced electron transfer reaction; hydrogen production	

资料来源: 朱永峰, 何玉凤, 王荣民, 李岩, 宋鹏飞. 白蛋白锌卟啉结合体光解水产氢性能. 科学通报, 2011, 56(17): 1360-1366.

该研究论文包括前置部分、正文部分、支撑(后置)部分。

(1)前置部分：第1页有论文标题、作者姓名、通讯地址、摘要、关键词，这属于前置部分。在论文最后一页有英文的"标题、作者、通讯地址、摘要、关键词"，还有DOI号，这也属于前置部分的内容。

(2)正文部分：第1～2页有"引言和实验部分"。引言中简单说明了课题研究意义和课题研究内容；实验部分首先说明了所使用的原材料(或试剂)、仪器，然后说明了所采用的研究方法。在"结果与讨论"(第2～5页)中给出了典型的结果，涉及产物的表征与性能测试，并用图、表对结果进行了对比分析。最后是"结论"(第5页)。

(3)支撑(后置)部分：第5～6页是参考文献。在第1页摘要前，有论文经费来源"教育部新世纪优秀人才支持计划"、"国家自然科学基金"等资助项目，这是"致谢"，属于前移的支撑部分。

不难看出，研究论文前置部分的英文信息、支撑部分的致谢信息，位置并不完全固定。

再回溯至第1页的"页眉"和"页脚"，页眉有期刊名称"科学通报"、出版年、卷(期)和起止页码等信息，页脚是英文引用格式，也就是英文"题录"。

剖析该研究论文，可以获得如下有价值的知识：研究背景与意义，试剂、仪器与方法，典型的结果及结论。对于不同阶段或水平的读者，所关注研究论文的侧重点也有所不同。例如，对于刚接触科学研究的新手，一般只关注标题、前言与结论即可，也可以从摘要中获得所需信息；对于正在该领域进行科学研究(实验)的研究生或科研人员，就需要关注实验部分、结果讨论等更加详细的信息；对于准备撰写研究论文的人员，不但要关注上述内容，还要学习其表达方式、绘图方式、文献著录格式等。

3.2.2 综述论文的构成与作用

综述的特点就是综合叙述。研究人员在论文撰写或进行研究工作前，以检索获得的科技信息源为素材，运用逻辑的、数学的或直觉的方法，对已获得的知识进行分析、综合归纳，从中找出共同性的或具有发展趋向性的特征和规律，并在此基础上提出自己的意见、观点、建议或方案，最后编写出信息分析研究成果的综述或评论，即综述论文。

综述论文的基本构成与研究论文一样，也由前置部分、正文部分和支撑(后置)部分三大块组成。与研究论文不同的地方在于正文部分：综述论文的正文中没有"实验部分、结果与讨论"，只有"正文"。另外，综述论文的结论常写为"总结与展望"。这主要是因为研究论文的对象是一种材料(或方法)，可以给出具体的研究结果；而综述论文的对象是一类或几类材料(或方法)，只能给出概况与进展。

下面以一篇综述论文为例：翟文中，何玉凤，王斌，熊玉兵，宋鹏飞，王荣民. 2017. 聚合物Janus微粒材料的制备与应用, 化学进展, 29(1): 127-136。综述论文的组成结构见表3-4(注：为了节省版面，内容有删减)。

表 3-4 综述论文组成结构实例

各部分	内容	用途
论文标题	聚合物Janus微粒材料的制备与应用*	
作者	翟文中, 何玉凤**, 王斌, 熊玉兵, 宋鹏飞, 王荣民**	
单位, 地址	生态环境相关高分子材料教育部重点实验室, 西北师范大学化学化工学院, 兰州 730070	
联系方式(脚注)	** Corresponding author e-mail: heyufeng@nwnu.edu.cn; wangrm@nwnu.edu.cn	

续表

各部分	内容	用途
摘要	聚合物Janus微粒是指具有各向异性微观结构的微/纳米聚合物粒子。因在乳液稳定……等领域有重要的应用价值，聚合物Janus微粒材料的可控制备和应用研究已成为新型多功能和智能高分子材料研究的前沿领域。本文首先……预计天然和多功能型聚合物Janus微粒的制备和应用研究将会是未来发展的趋势。	
关键词	智能高分子微球；多功能聚合物；Janus材料；各向异性微粒；可控微观结构	
分类与编号	中图分类号：O631，TB324　　文献标识码：A　　文章编号：1005-281X(2017)-01-0127-10 DOI：10.7536/PC160807（页眉）	
英文标题	Fabrication and Applications of Polymeric Janus Particles	
作者 （单位，地址）	Zhai Wenzhong, He yufeng, Wang Bin, Xiong Yubin, Song Pengfei, Wang Rongmin (Key Lab. Eco-Environment-Related Polymer Materials of Ministry of Education, College of Chemistry & Chemical Engineering, Northwest Normal University, Lanzhou 730070, China)	
摘要	Abstract: Polymeric Janus micro/nano-particles, which have anisotropic microstructures, can be widely applied in many fields, such as stabilizing emulsions, polymer mixing, controllable self-assembly, bio-medicines, heterogeneous catalysis and functional coatings. Therefore, the research on controlled fabrication and applications of polymeric Janus particles has been paid active attention in region of … The fabrication and applications of natural and multifunctional polymeric Janus particles are predicted finally as the development trends in the future.	
关键词	Keywords: smart polymer microspheres; multifunctional polymers; Janus materials; anisotropic particles; controllable microstructures	
引言	1　引言 　　"Janus"源自古罗马的双面神，1991年De Gennes教授首次用其形象地描述表面具有不同化学组成或极性的结构非对称性粒子[1]。Janus粒子主要指表面具有两种及两种以上独特物化性质的纳米粒子（Nanoparticles）。可控的各向异性使Janus粒子具有特殊的物理化学性质，这使其在乳液稳定……等领域具有潜在的应用价值[3]…… 　　目前，聚合物Janus微粒的典型形貌有球型或胶囊型、雪人型或哑铃型、半树莓型…… 　　尽管已有部分文献综述了Janus粒子的制备、性质和应用[2-8]，但……本文则详细介绍和讨论近年来有关聚合物Janus微粒……的最新进展，并对可能的发展趋势进行了展望。	背景
正文	2　制备方法 　　1985年，Lee等[21]首次通过种子乳液聚合法制备了聚苯乙烯/聚甲基丙烯酸甲酯(PS/PMMA)Janus粒子。自此，聚合物Janus微粒的合成技术迅速发展，出现了表面选择性修饰法、微流体法、自组装法、种子聚合及其相互结合法、大分子合成等方法[22-24]。 2.1　表面选择性修饰法…… 2.2　微流体合成技术…… 2.3　自组装法…… 2.4　种子聚合法 　　种子聚合法主要分为种子分散聚合[53]和种子乳液聚合[54]……我们[58]发现，种子乳液聚合法可简单高效制备具有可控形貌的两亲性聚合物Janus微粒（图5）。 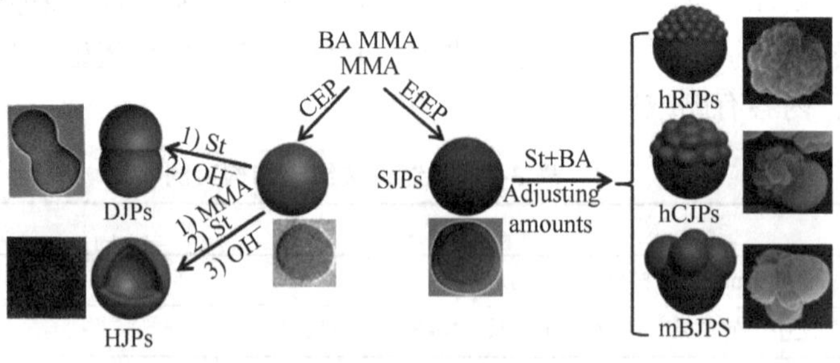 图5　种子乳液聚合法制备可控聚合物Janus微粒 Fig. 5　Polymeric Janus particles with controllable morphologies from seed emulsion polymerization	系列知识

续表

各部分	内容	用途
正文	2.5 其他制备方法…… 2.6 大分子 Janus 微粒…… 3 环境响应类型 3.1 pH 响应性…… 3.2 温度响应性…… 3.3 离子强度响应性…… 3.4 光响应性…… 3.5 其他响应性…… 4 应用 4.1 固体表面活性剂…… 4.2 可控组装基元…… 4.3 生物医药…… 4.4 Janus 薄膜…… 4.5 其他应用 ……此外，聚合物 Janus 微粒还可作为吸附剂[106]、微反应器[107]，并能用于制备超疏水涂层[16]等。	
结论	5 结论 　　聚合物 Janus 微粒具有的多功能组分、各向异性表面性质和微观形貌、多种环境响应性使其在表面活性剂和药物控释等众多领域具有独特优势。通过合理的设计，人们已经能够可控制备具有期望尺寸、性质、形貌、组分的聚合物 Janus 微粒。Pickering 乳液修饰法和种子聚合法适合于大量制备亚微米聚合物，是最可能实现工业应用的方法。可控/活性聚合法和微流体技术则能够更好地控制微粒结构；自组装法适于制备纳米级的多层级聚合物微粒。目前，聚合物 Janus 微粒的研究主要是合成聚合物。含有天然组分和纯天然环境友好型聚合物 Janus 材料的制备还较少，其制备和应用将会是未来发展的趋势之一。其次，如何实现纳米级聚合物 Janus 粒子结构的精确控制及大量制备仍然是急需解决的问题。而聚合物结构-性质-应用的相互关系还需进一步研究。总之，通过对聚合物 Janus 微粒改性方法的创新，将有助于制备具有新型功能的聚合物 Janus 材料，并拓宽其应用领域。	
参考文献	[1] de Gennes P G. Angew. Chem Int Ed, 1992, 31: 842. [2] Lattuada M, Hatton T A. Nano Today, 2011, 6: 286. ⋮ [58] Li C, Wu Z M, He Y F, Song P F, Zhai W Z, Wang R M. J. Colloid Interf Sci, 2014, 426: 39. ⋮ [107] Zhao L, Zhu L, Chen Y, Wang Q, Li J, Zhang C, Liang F, Qu X, Yang Z. Chem Commun, 2013, 49: 6161.	相关知识
致谢 (首页脚注)	*国家自然科学基金项目(No. 21263024, 21364012)资助 The work was supported by the National Natural Science Foundation of China (Grant No. 21263024, 21364012)	

资料来源：翟文中，何玉凤，王斌，熊玉兵，宋鹏飞，王荣民. 聚合物 Janus 微粒材料的制备与应用. 化学进展, 2017, 29(1): 127-136。

该综述论文包括以下内容：

(1)前置部分：第 1~2 页，有论文标题、作者姓名、通讯地址、摘要、关键词。作者通讯方式以脚注形式提供，并提供了论文"标题、作者、通讯地址、摘要、关键词"的英文版，也就是前置部分的英文版，其目的是便于国际检索工具收录该中文论文，从而让国外读者了解该论文。

(2)正文部分：第 2~9 页，在目录后，首先是"1. 引言"，简单说明了该领域的发展状况与本文的重点所在；然后，从制备方法、环境响应类型及应用三个角度进行了翔实的总结；最后是"5. 结论"，指出了优势、缺点及发展趋势。

(3)支撑(后置)部分：第 9~11 页是参考文献，提供了 107 篇文献。综述论文的其中一个特点就是参考文献数量比研究论文多。致谢(基金资助)在第 1 页作为脚注呈现，另外还提供了分类、编号及 DOI 号。

显然，研究论文与综述论文的构成基本相同，只是在正文部分有所不同。打个比方，如果研究论文是在酿造美酒，综述论文就是在勾调美酒。需要注意的是，"勾调美酒"绝不能是"勾兑假酒"！论文绝不能造假！

由于综述来源于最新研究论文、专利、科技报告等一次文献，是作者对最新研究成果的总结，因此既可以从中获得比教材、科技图书更新的知识体系，又避免了研究论文内容的散乱性。读者可以根据自己的需要进行阅读或取舍相关部分内容。

3.2.3 会议论文的构成与作用

会议论文的构成与研究论文相似，也包括前置部分、正文部分、支撑(后置)部分。但是，前置部分的"摘要与关键词"后移到正文部分，并将摘要适当扩充为详细的摘要。因此，会议论文的正文部分十分简洁。

下面仍然通过具体实例进行简单分析。会议论文的组成结构见表 3-5，可以看出有论文标题、作者、通讯地址、关键词、详细摘要、致谢及参考文献。详细摘要就是正文部分，只有三段，包括引言、方法与结论。从页眉与页脚还能看到会议信息与页码。从会议论文中，可以看到主要方法与重要结论，了解到最新的研究动态。

表 3-5 会议论文组成结构实例

各部分	内容
论文标题	Preparation and properties of edible zein-based composite nanoparticles
作者	Jie Liu, Siyao Lv, Yu-Feng He*, Fei Pei, Rong-Min Wang*
单位，地址	Key Lab. Eco-Environment-Related Polymer Materials of Ministry of Education, Institute of Polymer, Northwest Normal University, Lanzhou 730070, China E-mail: wangrm@nwnu.edu.cn
关键词	Keywords: zein-based composites; zein nanoparticles; $CaCO_3$; edible drug carrier
正文部分	In past decades, more and more proteins are applied to prepare drug delivery carriers as they are generally considered safer than synthetic polymers [1]. Zein is a kind of edible gliadin. Due to its inherent biodegradability and biocompatibility, zein nanoparticles were successfully applied as a carrier for controllable release for drugs and dietary supplements[2]. Owing to the nontoxicity and edibility of $CaCO_3$, it is used in a wide range of fields. In this paper, an edible Zein/$CaCO_3$ composite nanoparticles (nanoZCa) has been prepared, and applied to controlling release drug. Adopting solvent-nonsolvent precipitation method, nanoZCa composite nanoparticles were successfully prepared. FT-IR, SEM and DLS were used to characterize ZCa composite nanoparticles. It demonstrates that nanoZCa are near sphere particles, particle size and shape could be controlled by Zein/$CaCO_3$ mass ratio. And most of particle sizes are from 50-150 nm. Using RB as water-soluble model drug, drug carry and release behaviors of nanoZCa were investigated. Being compared with the zein nanoparticles, the encapsulation efficiency of nanoZCa were enhanced obviously, which got to 75.7%. The release ratio of RB in RB@nanoZCa could be controlled by pH value and the content of $CaCO_3$. These properties made Zein/$CaCO_3$ composite nanoparticles become a promising candidate in drug delivery system.
参考文献	[1] X Yin, F Li, Y He, Y Wang, R M Wang. Study on effective extraction of chicken feather keratins and their films for controlling drug release. Biomater Sci, 2013, 1, 528-536. [2] H Xu, Q Jiang, N Reddy, Y Q Yang. Hollow nanoparticles from zein for potential medical applications. J Mater Chem, 2011, 21, 18227-18235.
致谢	The project was supported by the NSFC (No. 21364012, 21263024), PCSIRT (IRT1177) and Res Fund for Postgraduate Tutors in Inst Higher Edu Gansu Prov China (1201-15).

资料来源：Liu J, Lv S Y, He Y F, Pei F, Wang R M. Preparation and properties of edible zein-based composite nanoparticles. IUPAC 10th International Conference on Novel Materials and their Synthesis (NMS-X), 10-15 October, 2014, Zhengzhou, China. B11.

3.2.4 学位论文的构成与作用

学位论文的构成与研究论文也十分相似，同样包括前置部分、正文部分和支撑（后置）部分。但是，学位论文的各部分都很详细。表 3-6 为本科毕业论文（学士学位论文）组成结构实例，其题录为：刘亮，高分子改性柚皮粉及其吸附性能研究，西北师范大学本科毕业论文，兰州，2016。

表 3-6　本科毕业论文组成结构实例

封面	目录
西北师范大学 毕　业　论　文 题　　目：高分子改性柚皮粉及其吸附性能研究 学　　院：化学化工学院 专　　业：化学工程与工艺 毕业年限：2016 年 6 月 学生姓名：刘亮 学　　号：2012xxxx0123 指导教师：王荣民（教授）	论文题目：高分子改性柚皮粉及其吸附性能研究 **目　录** 摘要 .... 1 Abstract .... 2 1　前言 .... 2 　1.1　柚皮来源与应用 .... 4 　1.2　柚皮吸附剂制备与应用 .... 5 　1.3　选题意义与课题设计 .... 5 2　实验部分 .... 6 　2.1　实验试剂与仪器 .... 6 　2.2　柚皮的预处理 .... 7 　2.3　聚甲基丙烯酸改性柚皮粉（PP-PMAA）的制备 ... 7 　2.4　聚甲基丙烯酸改性柚皮粉（PP-PMAA）的表征 ... 8 　2.5　PP-PMAA 对含 MB 模拟废水的吸附 .... 8 　2.6　PP-PMAA 对含 Cu^{2+} 模拟废水的吸附 ..... 9 3　结果与讨论 .... 9 　3.1　聚甲基丙烯酸改性柚皮粉（PP-PMAA）的制备条件 ... 9 　3.2　红外分析 .... 11 　3.3　高分子改性柚皮粉的吸附性能 .... 11 　　3.3.1　PPY-PMAA 吸附 MB 性能 .... 11 　　3.3.2　PPY-PMAA 对重金属离子的吸附研究 ... 13 4　结论 .... 14 参考文献 .... 14 致　谢 17

该学位论文中、英文摘要各有一页，关键词在摘要之后。正文部分对前言、实验部分、结果与讨论、结论进行了分述。例如，实验部分详细列出了原材料与试剂名称、纯度与生产商，给出了详细的制备与表征方法；结果与讨论中，对不同条件下的产品进行对比分析；结论部分，在总结研究成果的基础上提出发展方向。支撑（后置）部分：参考文献列在各章的后面。最后是致谢，对论文工作中提供过帮助的单位和个人表示感谢。

硕士、博士学位论文的正文部分通常分为 3~6 章，其中第 1 章是综述，其余各章是研究正文。

如前所述，学位论文特别有利于初学者（尤其是准备开展毕业论文工作的学生）入门学习，但要注意学位论文中可能会出现错误。

3.3　核心期刊与影响因子

科技期刊种类繁多，刊载文献的数量庞大。目前全世界科技期刊超过 10 万种，每年发表论文约 500 万篇。国内科技期刊也已有 5300 多种。但是，价值较高的文献资料的分布是不均衡的。从读者的角度来说，认识期刊类型不但有利于选择性阅读，也有利于将自己的研究成果发表在适当的期刊。

3.3.1 科技期刊的主要种类

传统印刷型科技期刊根据内容特点可以分为如下五大类：

(1) 原始论文期刊(primary journal)：刊载原始研究成果的期刊，主要发表研究论文，属于一次文献。例如，*Nature*、*Science*、《科学通报》、《中国科学》等。

(2) 快报、简报类期刊(communications, letters and notes)：为了使最紧迫问题和新开拓领域的研究论文迅速与读者见面而出版的"快报"和"简报"之类的期刊。例如，*Chem Commun*、*Tetrahedron Lett*、*Chin Chem Lett*、*Phys Rev Lett*、*Appl Phys Lett*、*Opt Lett*、*Opt Express*、*Chin Phys Lett*、*Biochem Biophys Res Commun*、*Protein Peptide Lett*。部分原始论文期刊中会增设"简报"、"快报"或"快讯"(express, letters, notes and communications)专栏。

(3) 综述类期刊(review journal)：专门刊载综述(或述评)性文章的期刊。它是针对某一学科、专业或课题，收集某一特定时期内有关的原始文献再加以分析、综合，评论其成就和进展，并提出评价和建议。阅读综述论文，可以花较少的时间和精力了解有关学科领域的近期进展情况，并从所引用的参考文献追溯所需的原始文献。例如，*Chem Rev*、*Chem Soc Rev*、*Rev Mod Phys*、*Phys Rep*、*Rep Prog Phys*、*Adv Phys*、*Annu Rev Ecol Evol S*、《化学进展》、《国家科学评论》、《物理学进展》、《物理》等。此外，有些原始论文期刊上也刊载学术水平很高的综述性文章。

(4) 新闻类期刊(news journal)：主要报道有关工业、技术新闻和经济新闻，包括技术动态、生产管理、新产品、新技术及商品价格、市场销售等。阅读这类期刊可以实时了解和掌握相关的技术经济动态。具有代表性的新闻类期刊有：*Chem Ind*、*Chem Week*、*Chem Eng News*、*Phys Today*、《中国科学报》等。

(5) 文摘和检索类期刊(abstracting and indexing journal)：用来报道、累积和查找文献线索的工具，包括文摘、题录、索引和目录等，是在原始文献的基础上编辑出版的二次文献。利用文摘和检索类期刊，既可以检索新的信息，也可以进行回溯检索，如美国《化学文摘》(CA)、我国《全国报刊索引》(自然科学技术版)等。在印刷版时代，文摘和检索类期刊的发行为该领域的读者快速查找有价值文献提供了便利。随着网络的普及，大部分文摘和检索类期刊的功能被搜索引擎与专业检索工具替代，部分检索工具升级为在线检索工具，因此文摘和检索类期刊的种类大幅度减少。

3.3.2 国际核心期刊索引体系——SCI 与 EI

在众多科技期刊中，具有较高价值的文献资料的分布并不均衡。价值较高的文献集中在少部分期刊中，这些期刊是各学科的重点期刊，即核心期刊。核心期刊是期刊中学术水平较高的刊物，是进行刊物评价而非具体学术评价的工具。大部分单位在职称评定、取得博士论文答辩资格、申报科研项目、科研机构或高等院校学术水平评估等工作中，都以在核心期刊上的论文发表情况作为重要的评价指标。

核心期刊是由适当的评价体系筛选出来的。目前，国际知名的两种核心期刊类型就是大家所熟知的 SCI 与 EI。

1) SCI 原理与用途

绝大多数科学发现（基础研究）成果是通过发表论文公开的。但对于为数众多的基础研究成果，在短期内如何客观评判各自的价值所在？这一问题很难有客观标准。目前，国际上比较客观的是引文索引（citation index），其中比较知名的是美国《科学引文索引》（*Science Citation Index*，SCI），这也是一种重要的文献检索与分类工具。

引文索引是对所有被他人引用过的文献建立索引。有了引文索引，就可以通过一个作者或一篇文献，检索到该作者或文献的参考文献；也可以检索到与该作者引用相同参考文献的文献，即相关文献，从而扩大检索范围，而且检索到的文献一般都是内容密切相关的文献。

由于被引用次数体现所发表论文被他人阅读和利用的程度，因此世界各国均将被 SCI 收录的论文数作为大学或研究所在基础研究方面实力评价的一个重要指标。中国科学技术信息研究所（www.istic.ac.cn）也定期发布中国大学和研究所被 SCI 收录的论文数和"排行榜"，但需要注意的是，它只代表了大学和研究所在"基础研究方面"的实力。

虽然 SCI 是一个相对客观的评价工具，但也有一些自身缺陷，因此不能完全依赖其评价个人或单位的实力。

2) SCI 与期刊影响因子

美国科学信息研究所（Institute for Scientific Information，ISI）是世界著名的文献情报机构，编辑出版多种索引，其中三个最重要的索引分别如下：

(1)《科学引文索引》（SCI）：创刊于 1961 年，主要考察文献间的联系，即通过文献的参考文献将不同的文献联系起来，由此建立一个数据库，揭示文献之间的关系，并提供即时前瞻与回溯进展的方法，因此是一种重要的检索工具。以前 SCI 数据库有 3000 多种期刊，目前拓展为 SCIE（SCI-Expanded），收录了 6000 多种期刊，学科覆盖 150 多个领域。

(2)《社会科学引文索引》（*Social Sciences Citation Index*，SSCI）。

(3)《艺术和人文科学引文索引》（*Art & Humanities Citation Index*，A&HCI）。

影响因子（impact factor，IF）是《期刊引证报告》（*Journal Citation Reports*，JCR）中期刊的影响因子，是指该刊前两年发表的文献在统计当年的总被引次数除以该刊在前两年内发表的文献总数。一种刊物的影响因子越高，即其刊载的文献被引用率越高，一方面说明这些文献报道的研究成果影响力大，另一方面也反映该刊物的学术水平高。因此，JCR 因其大量的期刊统计数据及计算的影响因子等指数而成为一种期刊评价工具。目前，每年都会公布上一年度的 JCR 数据，用户可直接进入相关数据库查阅。部分网站（如 https://scijournal.org/）也提供年度影响因子供读者查询。

3)《工程索引》

《工程索引》（*The Engineering Index*，EI）由美国工程信息公司（The Engineering Information Inc.）编辑出版。作为世界范围的工程文献检索体系，EI 以收录工业技术领域（应用学科）的论文为主，更关注各国工程技术类期刊及论文。EI 是综合性的检索工具，报道的内容比较广泛，对新学科和边缘学科反应迅速。

《工程索引》名为索引（index），实为文摘（abstract），主要报道工程技术信息，内容涵盖化工、农业、生物工程、环境、燃料工程、石油、冶金、矿产、核能、宇航工程、汽车与机车、控制工程、电工与电子以及软件科学等领域。

Engineering Village（EV）即"工程村"网络版，是一个综合工程信息检索平台，有多个数据库支持。EV 以核心数据库 EI Compendex Web 为主，并提供与世界范围内大量数据库的链接,在世界范围内收集、筛选、组织工程类型的网络信息资源。EI Compendex Web 是 EI 网络版的核心数据库,收录文献的内容涉及工程技术的所有学科,其中化工和工艺类的期刊文献最多,约占 15%。国内部分高校与科研院所可免费检索。

利用 EV 检索平台检索工程技术文献的具体方法详见第 7 章。

3.3.3 SCI 期刊影响因子与 SCI 期刊分区

不同学科之间的 SCI 期刊影响因子差异较大,期刊影响因子在不同学科之间可比性很差。因此,中国科学院文献情报中心组织相关学科资深专家,基于当年 SCI 期刊的影响因子、总被引频次(CI)及最近两年的期刊被引频次(IFCI)三个评价指标,利用 JCR 数据进行统计计算,结合该期刊在本学科的影响度,依据 3 年平均影响因子划分分区,将各学科的全部 SCI 期刊分为 1、2、3 和 4 区四个等级,其中 1 区为最高区。分区与影响因子一样是动态的。

分区包括大类分区和小类分区:大类分区是将期刊按照自定义的 13 个学科所做的分区,大类分区包括 top 期刊;而小类分区是将期刊按照 JCR 已有学科分类体系所做的分区。

分区法确定的国际一流期刊都具有较高的影响因子和被引频次,可以为科研部门鉴定科技成果、评价研究水平提供定量的参考依据。按 SCI 期刊分区表对 SCI 论文进行评价已被国内部分高校采纳。值得注意的是,评价科研成果,更重要的是以同行专家评审意见为基础,不能简单地根据是否发表在国际一流期刊上确定其研究质量。

部分知名核心期刊(SCI 收录)影响因子(IF)及分区等信息见表 3-7。目前,部分网站可免费查询 SCI 期刊最新影响因子,如 LetPub(www.letpub.com.cn)、MedSci(www.medsci.cn/sci)、impact factor(impactfactor.cn)。

表 3-7 SCI 收录的部分科技期刊 2019 年影响因子和分区

刊名缩写	英/中文刊名(ISSN)(说明)	IF	分区
Nature	*Nature*/自然(0028-0836)	43.070	1
Science	*Science*/科学(0036-8075)	41.037	1
Chem Rev	*Chemical Reviews*/化学评论(0009-2665)	54.301	1
Chem Soc Rev	*Chemical Society Reviews*/化学会评论(0306-0012)	40.443	1
Prog Polym Sci	*Progress in Polymer Science*/聚合物科学进展(0079-6700)	24.505	1
Acc Chem Res	*Accounts of Chemical Research*/化学研究述评(0001-4842)	21.661	1
Energ Environ Sci	*Energy & Environmental Science*/能源环境科学(1754-5692)	33.250	1
Nat Chem	*Nature Chemistry*/自然化学(1755-4330)	23.193	1
Annu Rev Phys Chem	*Annual Review of Physical Chemistry*/物理化学年度评论(0066-426X)	11.982	1
Coordin Chem Rev	*Coordination Chemistry Reviews*/配位化学评论(0010-8545)	13.476	1
J Am Chem Soc	*Journal of the American Chemical Society*/美国化学会志(0002-7863)	14.695	1
Angew Chem Int Ed	*Angewandte Chemie International Edition*(*in English*)/应用化学国际版(1433-7851)	12.257	1
Nat Prod Rep	*Natural Product Reports*/天然产物报告(0265-0568)	11.876	1
Chem Mater	*Chemistry of Materials*/材料化学(0897-4756)	10.159	1

续表

刊名缩写	英/中文刊名(ISSN)(说明)	IF	分区
Green Chem	Green Chemistry/绿色化学(1463-9262)	9.405	1
Chem Commun	Chemical Communications/化学通讯(1359-7345)	6.164	1
J Catal	Journal of Catalysis/催化杂志(0021-9517)	7.723	1
Biomacromolecules	Biomacromolecules/生物大分子(1525-7797)	5.667	2
Chem-Eur J	Chemistry-A European Journal/欧洲化学(0947-6539)	5.16	2
Prog Surf Sci	Progress in Surface Science/表面科学进展(0079-6816)	8.762	1
J Med Chem	Journal of Medicinal Chemistry/医药化学杂志(0022-2623)	6.054	2
ChemPhysChem	ChemPhysChem/化学物理化学(1439-4235)	3.077	3
Food Chem	Food Chemistry/食品化学(0308-8146)	5.399	2
Eur J Med Chem	European Journal of Medicinal Chemistry/欧洲药物化学(0223-5234)	4.833	2
J Nat Prod	Journal of Nature Product/天然产物杂志(0163-3864)	4.257	2
Tetrahedron	Tetrahedron/四面体(0040-4020)	2.379	3
Appl Clay Sci	Applied Clay Science/应用黏土科学(0169-1317)	3.89	2
Med Chem	Medicinal Chemistry/药物化学(1573-4064)	2.53	4
Anal Lett	Analytical Letters/分析快报(0003-2719)	1.248	4
J Chem Educ	Journal of Chemistry Education/化学教育杂志(0021-9584)	1.763	4
Sci Chin Chem	Science China Chemistry/中国科学：化学(英文版)(1674-7291)(《中国科学》系列见注1)	6.085	2
Sci Bull	Science Bulletin/科学通报(英文版)(2095-9273)(2015年之前名称Chinese Science Bulletin，ISSN 1001-6538)	6.277	3
Acta Chim Sinica	Acta Chimica Sinica/化学学报(中文版)(0567-7351)	2.463	3
Chin J Chem Phys	Chinese Journal of Chemical Physics/化学物理学报(1674-0068)	0.791	4
Chin J Chem	Chinese Journal of Chemistry/中国化学(1001-604X)	2.376	4
Acta Polym Sin	Acta Polymerica Sinica/高分子学报(中文版)(1000-3304)	1.405	4
Chin Chem Lett	Chinese Chemical Letters/中国化学快报(英文版)(1001-8417)	3.839	3
J Environ Sci-China	Journal of Environmental Sciences-China/环境科学学报(英文版)(1001-0742)	3.556	3
J Inorg Mater	Journal of Inorganic Materials/无机材料学报(英文版)(1000-324X)	0.635	4
J Mater Sci Techn	Journal of Materials Science & Technology/材料科学技术学报(英文版)(双月刊1005-0302)	5.04	2
J Rare Earth	Journal of Rare Earths/中国稀土学报(英文版)(双月刊1002-0721)	2.846	3
Prog Biochem Biophys	Progress in Biochemistry and Biophysics/生物化学与生物物理进展(中文版)(1000-3282)	0.219	4
Prog Chem	Progress in Chemistry/化学进展(中文版)(1005-281X)	0.862	4

续表

刊名缩写	英/中文刊名(ISSN)(说明)	IF	分区
Rare Metals	Rare Metals/稀有金属(英文版)(1001-0521)	1.785	4
Rev Mod Phys	Review of Modern Physics/现代物理学评论(0034-6861)	36.367	1
Nat Phys	Nature Physics/自然物理(1745-2473)	22.454	1
Nat Photons	Nature Photonics/自然光子学(1749-4885)	37.852	1
Phys Rev Lett	Physical Review Letters/物理评论快报(0031-9007)	8.462	1
Phys Rev X	Physical Review X/物理学评论 X 辑(2160-3308)	12.789	1
Phys Rev A	Physical Review A/物理学评论 A 辑(2469-9926),主要关于原子、分子和光学物理学等领域(其他专辑见注 2)	2.925	2
Adv Phys	Advances in Physics/物理学进展(0001-8732)	21.636	1
Phys Rep	Physics Reports/物理学报告(0370-1573)	17.123	1
Appl Phys Rev	Applied Physics Reviews/应用物理评论(1931-9401)	13.609	2
Astron Astrophys Rev	Astronomy and Astrophysics Review/天文学和天体物理学评论(0935-4956)	8.222	1
Astrophys J	Astrophysical Journal/天体物理学杂志(0004-637X)	5.533	1
J Phys	Journal of Physics A/物理学报 A 辑(1751-8113) 还有 B 辑、凝聚态物质、应用物理学、原子核和粒子物理学	1.865	3
New J Phys	New Journal of Physics/新物理学杂志(1367-2630)	3.786	2
Phys Plasmas	Physics of Plasmas/等离子体物理学(1070-664X)	2.115	3
Appl Phys Lett	Applied Physics Letters/应用物理快报(0003-6951)	3.411	2
Comput Phys Commun	Computer Physics Communications/计算物理通讯(0010-4655)	3.936	3
Mol Phys	Molecular Physics/分子物理学(0026-8976)	1.870	3
Chin Phys Lett	Chinese Physics Letters/中国物理快报(0256-307X)	0.800	4
Chin Phys B	Chinese Physics B/中国物理 B 辑(1674-1056)	1.223	4
Acta Phys Sin-Ch Ed	Acta Physica Sinica/物理学报(中文版)(1000-3290)	0.845	4
Lancet	Lancet/柳叶刀(0140-6736)	59.102	1
Lancet Oncol	Lancet Oncology/柳叶刀肿瘤学(1470-2045)	35.386	1
Nat Biotechnol	Nature Biotechnology/自然生物技术(1087-0156)	31.864	1
Immunity	Immunity/免疫(1074-7613)	21.522	1
Biotechnol Adv	Biotechnology Advances/生物技术进展(0734-9750)	12.831	1
Brain	Brain/大脑(0006-8950)	11.814	1
Annu Rev Ecol Evol S	Annual Review of Ecology Evolution and Systematics/生态学、进化和系统学年度评论(1543-592X)	10.878	1
Rice	Rice/水稻(1939-8425)	3.513	1
Acta Biomater	Acta Biomaterialia/生物材料学报(1742-7061)	6.638	1

续表

刊名缩写	英/中文刊名(ISSN)(说明)	IF	分区
Biol Fert Soils	Biology and Fertility of Soils/土壤生物学与肥力(0178-2762)	4.829	1
Plant Dis	Plant Disease/植物病害(0191-2917)	3.583	1
Appl Microbiol Biot	Applied Microbiology and Biotechnology/应用微生物学与生物技术(0175-7598)	3.67	2
Biochem J	Biochemical Journal/生物化学杂志(0264-6021)	4.331	2
ACS Chem Biol	ACS Chemical Biology/ACS化学生物学(1554-8929)	4.374	2
Biochem Bioph Res Co	Biochemical and Biophysical Research Communications/生物化学和生物物理研究通讯(0006-291X)	2.705	3
World J Microb Biot	World Journal of Microbiology & Biotechnology/世界微生物学与生物技术杂志(0959-3993)	2.652	3
Biosci Biotech Bioch	Bioscience Biotechnology and Biochemistry/生物科学、生物技术和生物化学(0916-8451)	1.297	4
Protein Peptide Lett	Protein and Peptide Letters/蛋白质和肽快报(0929-8665)	1.168	4
Cryosphere	Cryosphere/冰冻圈(1994-0416)	4.79	1
J Climate	Journal of Climate/气候杂志(0894-8755)	4.805	1
Earth-Sci Rev	Earth-Science Reviews/地球科学评论(0012-8252)	9.53	1
Water Resour Res	Water Resources Research/水资源研究(0043-1397)	4.142	1
Earth Syst Sci Data	Earth System Science Data/地球系统科学数据(1866-3508)	10.951	1
Quaternary Sci Rev	Quaternary Science Reviews/第四纪科学评论(0277-3791)	4.641	1
Atmos Chem Phys	Atmospheric Chemistry and Physics/大气化学和物理学(1680-7316)	5.668	1
Hydrol Earth Syst Sc	Hydrology and Earth System Sciences/水文学与地球系统科学(1027-5606)	4.936	1
Front Ecol Environ	Frontiers in Ecology and the Environment/生态与环境前沿(1540-9295)	10.935	1
ISME J	ISME Journal/国际微生物生态学会杂志(1751-7362)	9.493	1
Global Change Biol	Global Change Biology/全球变化生物学(1354-1013)	8.880	1
Ecol Lett	Ecology Letters/生态学快报(1461-023X)	8.699	1
Remote Sens Environ	Remote Sensing of Environment/环境遥感(0034-4257)	8.218	1
Environ Int	Environment International/国际环境(0160-4120)	7.943	1
Water Res	Water Research/水研究(0043-1354)	7.913	1
Environ Sci Techn	Environmental Science & Technology/环境科学与技术(0013-936X)	7.149	1
J Clean Prod	Journal of Cleaner Production/清洁生产杂志(0959-6526)	6.395	1
Funct Ecol	Functional Ecology/功能生态学(0269-8463)	5.037	1
J Ecol	Journal of Ecology/生态学杂志(0022-0477)	5.687	1
Global Ecol Biogeogr	Global Ecology and Biogeography/全球生态学与生物地理学(1466-822X)	5.667	1
Catena	Catena/土壤植被连续体(0341-8162)	3.851	2

续表

刊名缩写	英/中文刊名(ISSN)(说明)	IF	分区
Atmos Res	Atmospheric Research/大气研究(0169-8095)	4.114	2
J Hydrol	Journal of Hydrology/水文学杂志(0022-1694)	4.405	2
Gisci Remote Sens	Giscience & Remote Sensing/地理信息科学与遥感(1548-1603)	3.588	2
Nat Resour Res	Natural Resources Research/自然资源研究(1520-7439)	2.000	2
Global Planet Change	Global and Planetary Change/地球与行星变化(0921-8181)	4.100	2
J Hydrometeorol	Journal of Hydrometeorology/水文气象学杂志(1525-755X)	4.158	2
Int J Climatol	International Journal of Climatology/国际气候学杂志(0899-8418)	3.601	2
Earth Surf Proc Land	Earth Surface Processes and Landforms/地表过程与地貌(0917-9337)	3.598	2
Environ Sci Tech Let	Environmental Science & Technology Letters/环境科学与技术快报(2328-8930)	6.934	2
Environ Pollut	Environmental Pollution/环境污染(0269-7491)	5.714	2
Global Biogeochem Cy	Global Biogeochemical Cycles/全球生物地球化学循环(0886-6236)	5.733	2
Sci Total Environ	Science of The Total Environment/总体环境科学(0048-9697)	5.589	2
Ecosyst Serv	Ecosystem Services/生态系统服务(2212-0416)	5.572	2
Environ Res	Environmental Research/环境研究(0013-9351)	5.026	2
J Environ Manage	Journal of Environmental Management/环境管理杂志(0301-4797)	4.865	2
Ecosystems	Ecosystems/生态系统(1432-9840)	4.555	2
Ecol Indic	Ecological Indicators/生态因子(1470-160X)	4.490	2
Landscape Ecol	Landscape Ecology/景观生态学(0921-2973)	4.349	2
Ecology	Ecology/生态学(0012-9658)	4.285	2
Atmos Environ	Atmospheric Environment/大气环境(1352-2310)	4.012	2
Agr Ecosyst Environ	Agriculture Ecosystems & Environment/农业生态系统与环境(0167-8809)	3.954	2
J Biogeogr	Journal of Biogeography/生物地理学杂志(0305-0270)	3.884	2
Oikos	Oikos(0030-1299)	3.468	2
Biogeochemistry	Biogeochemistry/生物地球化学(0168-2563)	3.406	2
Adv Math	Advances in Mathematics/数学进展(1090-2082)	1.58	2
Ann Math	Annals of Mathematics/数学年刊(0003-486X)	4.74	1
J Am Math Soc	Journal of the American Mathematical Society/美国数学会期刊(0894-0347)	4.91	1
Acta Math	Acta Mathematica/数学学报(0001-5962)	3.00	1
Invent Math	Inventiones Mathematicae/数学发明(0020-9910)	3.11	1

注：1.《中国科学》有不同学科系列（如生命科学、化学、数学、地球科学、物理学力学天文学、材料、信息科学、技术科学），同一学科有英文版、中文版。例如，Science China Chemistry(ISSN：1674-7291) IF 为 6.085；《中国科学：化学》(ISSN：1674-7224)。

2. Physical Review A(ISSN：2469-9926)，原子、分子和光学物理学等领域；Physical Review B(ISSN：2469-9950)，凝聚态物质与材料物理学领域；Physical Review C(ISSN：2469-9985)，主要关于核物理学领域；Physical Review D(ISSN：2470-0010)，粒子、场、重力与宇宙学领域；Physical Review E(ISSN：2470-0045)，主要关于统计、非线性和软物质物理学领域。Physical Review Accelerators and Beams/物理评论之加速器和束流(ISSN：2469-9888)；Physical Review Physics Education Research/物理评论之物理教育研究(ISSN：2469-9896)；Physical Review Applied/物理评论之应用(ISSN：2331-7019)；Physical Review Fluids/物理评论之流体(ISSN：2469-990X)；Physical Review Materials/物理评论之材料(ISSN：2475-9953)。

3.3.4 国内核心期刊认定

对于国内出版期刊而言，其核心期刊的认定是在1988年由中国科学院文献情报中心组织专家首次进行评议的，其后变化较大。目前国内比较权威的有以下几种版本：

(1) 中国科学引文数据库(Chinese Science Citation Database, CSCD)创建于1989年，收录我国数学、物理、化学、天文学、地学、生物学、农林科学、医药卫生、工程技术和环境科学等领域出版的中英文科技核心期刊和优秀期刊千余种，由中国科学院文献情报中心建立，分为核心库(C)和扩展库(E)。年增长论文记录20余万条，引文记录250余万条。中国科学引文数据库是Web of Knowledge平台上第一个非英文语种的数据库，实现了与Web of Science的跨库检索。

(2)《中文核心期刊要目总览》(简称《要目总览》)由北京大学图书馆联合289家单位编辑出版。每四年出版一次，目前出版到第八版。经过定量评价和定性评审，从我国正在出版的中文期刊中评选出1983种核心期刊，分属七大编74个学科类目。可以查询学科核心期刊，还可以检索正在出版的学科专业期刊。

(3)《中国科技期刊引证报告》(限理工科期刊)由中国科技信息研究所每年出版一次。该所每年第四季度面向全国大专院校和科研院所发布上一年的科研论文排名，排名包括SCI、EI、CPCI-S分别收录的论文量和中国期刊发表论文量等指标，分为核心版及扩刊版，其核心版选用的是中国科技论文统计源期刊。

3.3.5 期刊水平的评判与高质量论文的筛选

世界的科技期刊有10余万种，每年发表的论文达数百万篇，论文质量也参差不齐，造成检索某一主题时文献的筛选和甄别十分困难。如何评判期刊的水平和筛选高质量论文？国际上常用SCI影响因子区分期刊的水平。期刊的影响因子越高，其刊载的论文水平越高。读者可以根据不同学科(分区)和影响因子，选择该学科高水平论文。

近年来，谷歌推出了谷歌学术指标(Google Scholar Metric)，开始冲击影响因子的地位。谷歌学术指标为$h5$指数($h5$-index)，即指某一期刊在过去5年间发表的h篇文章每篇至少都被引用过N次，这里N就是$h5$指数。例如，排名最高的 *Nature*，在2010~2014年$h5$指数为377，表明这期间 *Nature* 共有377篇文章引用数不低于377次。与影响因子相比，谷歌学术指标有其优越性，可显示出版物综合整体实力，而不会像影响因子那样容易受一篇高引用文章的影响。而且，谷歌学术(Google Scholar)具有可免费检索的优点。

一般情况下，高水平期刊上发表的论文质量较高，因为影响因子越高的期刊，其投稿率就越高，审稿也越严格。也有一些论文尽管发表在影响因子较低的期刊上，但是如果受到广泛关注(高引用率)，证明其论文质量也较高。

如果是同一期刊上发表的不同论文，又如何进行比较？这需要使用论文被引用次数，也就是论文发表以后，他人阅读后在其发表论文时作为参考文献引用的次数。引用次数越多，说明论文成果关注度越高、影响力越大。

显然，期刊水平和论文质量都有高有低，读者要经常浏览，善于总结，才能更加快速、准确地获得自己感兴趣的文献信息。

3.4 科技论文的检索与全文下载途径

科技论文的检索是指获得论文题录，主要包括标题、作者(单位与通讯地址)、期刊(或会议、机构)名称、发表时间、页码，以及摘要、关键词等信息。科技论文全文是指其原始的论文全部信息，不但包括题录信息，还有正文部分与支撑部分。

三大类科技论文(包括期刊论文、会议论文和学位论文)的检索与下载方式既有相同之处，也有不同之处，下面分别介绍。

3.4.1 科技论文检索策略

目前，全球出版的期刊种类数量巨大，科技期刊超过 10 万种，其中科技类核心(SCI)期刊有 6000 余种。从这些浩瀚的期刊源中检索所需论文，必须学习适当的方法。

科技论文的检索有两个侧重点：

(1)检索主题是不是有成果？有哪些成果？如果只是想要解决这一问题，只需了解总体概况。在这一层次上，只需获得题录信息就可以满足要求。

(2)检索目标的具体方法。此时需要下载、阅读全文，方可获得具体方法、技术，以及成功与失败的经验。

基于这两个不同的侧重点进行科技论文检索，就能在有限的资源与时间内，既能获得主题领域的概况，又能获得具体方法。

3.4.2 通过期刊出版机构的网站检索与下载期刊论文

出版期刊的机构主要有两大类：

(1)以营利为目的的出版集团、出版社等出版商。

(2)以促进学术交流为目的的专业学会与协会组织。

目前，绝大多数期刊出版机构都建立了期刊网站，并在期刊网站免费提供题录信息。大部分情况下，下载全文需要付费，部分卷(期)也可以免费下载全文。读者可以通过这些网站免费检索标题、摘要等信息(题录+摘要)，也可以免费下载或购买单篇论文。

一些知名出版集团及其所提供的全文数据库如下：

(1) ScienceDirect 全文数据库(www.sciencedirect.com)：由 Elsevier 公司出版，收录 2000 余种电子期刊，内容涉及数学、物理、化学、生命科学等学科。

(2) SpringerLink 期刊全文数据库(www.springerlink.com)：是德国施普林格出版集团(Springer-Verlag)研发的在线全文电子期刊数据库，收录化学等多学科全文电子学术期刊。

(3) Wiley Online Library 全文数据库(www.wileyonlinelibrary.com)：由 John Wiley & Sons 公司主办的涉及医学、材料科学、化学与化工等多学科的综合出版物网站。

许多国家的学会、协会也出版科技期刊，尤其是欧美发达国家，出版的期刊论文水平很高。他们出版的期刊论文一般都可以通过网络免费检索。一些知名专业学会与协会组织介绍如下。

(1)美国化学会(American Chemical Society)：出版物主页网址为 pubs.acs.org，包括美国化学会公开出版的主要刊物，学科内容覆盖化学相关的多个领域。

(2) 英国皇家化学学会(Royal Society of Chemistry)：欧洲最大的化学科学组织，出版物主页网址为 pubs.rsc.org，现有期刊 34 种，其中有部分世界一流的化学期刊。

(3) 美国物理联合会(American Institute of Physics，AIP)：出版物主页网址为 aip.scitation.org，出版物占全球物理学界研究文献四分之一以上的内容，期刊已成为物理学相关文献的核心，出版 15 种物理及相关学科的学术期刊和 AIP 会议论文集系列。

(4) 美国物理学会(American Physical Society，APS)：是世界上最具声望的物理学专业学会之一，出版物主页网址为 www.aps.org/publications，出版物理评论系列期刊 13 种。

(5) 美国光学学会(The Optical Society of America，OSA)：是光学领域权威的国际性学术组织，出版物主页网址为 www.osa.org/en-us/publications，除了光学和光子学领域，还为物理学、生物学、医学、电气工程、通信、天文学、气象学、材料科学、机械工程和计算等诸多领域的专家学者提供高水准的信息服务。

(6) 英国皇家物理学会(Institute of Physics，IOP)：是国际性的学术协会，出版物主页网址为 iopscience.iop.org/journalList，出版学科包括：应用物理、计算机科学、凝聚态和材料科学、物理总论、高能和核能物理、数学和应用数学、数学物理、测量科学和传感器、医学和生物学、光学、原子和分子物理、物理教育学、等离子物理、天文学等，出版物包括 80 余种期刊、270 余种图书、科学新闻等。

中国的学科分会也出版期刊。例如，中国物理学会(www.cps-net.org.cn)主办的刊物有 11 种，所属分支机构主办的刊物有 11 种；中国光学学会(www.cncos.org)主办刊物 8 种：《光学学报》《中国激光》《红外与毫米波学报》《光子学报》《光谱学与光谱分析》《中国激光医学杂志》《光机电信息》和 *Chin Opt Lett*。

绝大部分传统期刊的网络版需要付费阅读或下载全文。随着网络的发展，只在网络上编辑和发行的电子期刊大部分免费，而且免费检索和下载全文的开放访问(open access)期刊资源越来越多。近年来，越来越多的传统期刊为作者提供了开放访问选项，即为了扩大论文内容的影响力，作者付费后读者可免费阅读。因此，读者也可以免费阅读知名期刊的部分论文。

(1) 开放访问资源图书馆(open access library，OALib)(www.oalib.com)提供的开源论文超过 200 万篇，涵盖所有学科。所有文章均可免费下载。

(2) 开放访问期刊目录(directory of open access journals，DOAJ)(doaj.org)可免费检索和下载全文的网上电子期刊资源，已收录 10000 余种期刊，化学化工期刊有近 150 种，已成为开放访问活动中最有影响的热点网站之一。

(3) Highwire(highwire.stanford.edu)提供全文免费服务，由美国斯坦福大学图书馆创立，是全球最大的学术文献出版商之一。

3.4.3 通过图书馆与全文数据库网站检索与下载全文

最初只供读者在馆内使用文献的图书馆，其服务正逐步拓展到文献复制、外借、馆际互借、参考咨询、文献检索等诸多方面。随着互联网技术的发展，图书馆的功能有了质的飞跃，读者不但能够从本单位的图书馆网页使用其购买的数据库检索与下载全文，还可以利用网络图书馆检索科技论文。

通过网络检索和下载电子期刊论文的途径有：

(1) 中国知网 CNKI(www.cnki.net)：中国知识资源总库，是世界上全文信息量规模最大的"数字图书馆"，详见 3.5 节。

(2) 电子图书馆：我国许多高校单独或合作购买了 Elsevier(ScienceDirect)、Springer 系统的电子期刊全文数据库，校园网用户可以免费检索、阅览和下载全文。

(3) 中国科学院国家科学数字图书馆(CSDL)：提供中外文电子期刊、会议录、学位论文、专利、科学引文索引和网络信息导航等类型的文献数据库 169 个，内容涉及数学、物理、化学、生命科学、资源环境、工程技术等。CSDL 用户利用其跨库检索引擎可直接查询上百个全文、文摘和馆藏目录数据库，并获取电子版全文；利用其文献传递系统与国家科技图书文献中心网络服务系统，用户可在 48 h 内获得 18000 种西文期刊的全文传递服务；CSDL 的随易通(电子钥匙)服务，使用户在任何地点上网，均可查询所在单位购买开通的数据库。

国内绝大多数高校、科研单位的图书馆和省级图书馆订购了科技相关检索工具与全文数据库。因此，读者首先需要了解本单位订购的资源，这些资源对个人来说是可以免费使用的，要充分利用这些资源。同时，许多图书馆也订购了印刷版期刊，这些都可以阅读、复印。此外，还可以借助高校图书馆的馆际互借服务免费借阅和复印其他单位的图书、期刊论文。

文献检索与全文下载也可借助高校图书馆的馆际互借与文献传递服务获取免费文献资料。例如，通过以下途径：

(1) 读秀(www.duxiu.com)是一个学术搜索引擎及文献资料服务平台，由海量全文数据及资料基本信息组成的超大型数据库；收录了 430 多万种中文图书、10 亿页全文资料。

(2) 百链云图书馆(www.blyun.com)是一种查找学术资源的新途径。目前与 600 多家图书馆 OPAC 系统、电子书、中外文期刊、外文数据库系统集成，内容包括中外文纸质、电子版本的书、报、刊、标准、专利、论文、视频、网页等各种载体。

3.4.4 通过检索工具网站查找论文题录

经过多年发展，部分传统检索工具已经实现了网络化(如 CA、SCI、EI)，也出现了新型网络化数据库(如 CNKI、Scopus)。但是，一般这些检索工具都需要付费才能使用。国内一些科研院所订购了使用权，本单位的读者可免费使用。当然，Internet 上也有一些可以使用的免费检索工具。一些知名的学科综合检索工具数据库有：

(1) WOS 数据库(webofscience.com)：Web of Science 是以科学引文索引(SCI)为基础开发的网络检索工具数据库，详见 3.6 节。

(2) EV 数据库(www.ei.org)：检索平台 Engineering Village 是基于工程索引(EI)开发的工程类综合数据库。

(3) ProQuest CSA(www.proquest.com)：原《剑桥科学文摘》(*Cambridge Scientific Abstracts*，CSA)，覆盖生物、工程、环境科学、材料科学及社会科学等 100 多个主题数据库。

(4) Ingentaconnect Complete(www.ingentaconnect.com)：收录 16000 多种出版物的 510 余万篇引文，学科覆盖化学、工程技术等领域。

(5) 万方数字化期刊(www.wanfangdata.com.cn)：万方数据资源系统收录十多个科技门类的数千种期刊。

(6) 全国报刊索引(自然科学技术版)：国内特大型文献数据库之一，也是印刷版检索中文期刊论文最重要的检索工具，其缺点是只提供题录，因此大部分功能已经被 CNKI 替代。

(7) SciFinder Scholar 数据库：美国《化学文摘》(CA)的网络版数据库，是世界最大的化学文摘库，也是目前世界上应用最广泛、最重要的化学化工及相关学科的检索工具。CA 已收文献量占世界化学化工总文献量的 98%，网络版收录内容比纸质版更广泛，功能更强大。具体内容详见第 7 章。

部分著名搜索引擎中也包含学术搜索，可以用来免费检索期刊论文。例如，①学科综合检索工具，如 Google 学术、Bing 学术、百度学术等，其中百度学术号称有 12 亿文献全文链接，能提供国内外科技期刊论文的"题录+摘要"信息；②学科专业免费检索工具，如 PubMed、PubChem。这些免费检索工具的优点是能免费找到期刊论文的"题录+摘要"信息，但是结果不全面。上述免费检索工具的具体使用方法将在第 7 章详细介绍。

还有一些免费检索摘要或下载全文的检索工具，典型网站有：

(1) 期刊界(www.alljournals.cn)：可免费检索中文期刊论文。

(2) The Free Library(www.thefreelibrary.com)：免费图书馆，提供传统文献的全文版本。近年来，已经扩展到数百种核心期刊，包括科技、社会科学、商业与工业、通信、健康、法律政策等诸多领域的自 1984 年至今的数百万篇中外论文。

(3) Freefullpdf(www.freefullpdf.com)：可获得图书、论文、专利等全文。有两周免费试用期，包含如下学科：life sciences、health sciences、physics sciences、mathematics、social sciences & humanities。

(4) Genamics JournalSeek(journalseek.net)：是最大的完全分类数据库，可通过 Internet 免费搜索期刊信息。

(5) Article Finder(www.infotrieve.com)：可免费检索图书、论文信息，通过该机构付费获得全文。

3.4.5 会议论文的检索与下载

查找科技会议、检索与获取会议论文的途径有两种：

(1) 会议网站：可免费获得一些会议主题信息。会议信息可以通过搜索引擎找到，也可以通过学会、协会等组织网站找到。例如，浏览"中国化学会"主页，就能找到化学相关的国内外会议，通过链接就能找到会议主题等信息，如"全国环境化学大会""农业化学"。

(2) 在线检索工具与数据库：可检索国内外已经召开的会议论文题录或全文。例如，在"中国知网"能找到国内、国际会议的论文题录或全文；通过 Web of Science 能检索重要国际会议论文题录。检索实例将在后面具体介绍。

3.4.6 学位论文的检索与下载

检索公开的学位论文主要有三种途径：

(1) 搜索引擎：免费搜索，如百度、bing、google 等，能找到一些网站公开的学位论文。

(2) 学位论文全文数据库：如果读者所在单位已经购买该资源，个人即可免费查阅。例如，通过中国知网的"博硕士数据库"，可以查询国内公开的博士、硕士学位论文；通过 ProQuest 学位论文数据库，可以查找欧美上千所大学的上百万篇学位论文。

(3) 数字图书馆资源：例如，从中国国家数字图书馆的数字资源中能查找国内外学位论文数据库，以及"国图"的馆藏学位论文。

3.4.7 免费获取科技论文全文的途径

科技论文免费检索与下载方法有三个层次、五种方法(图 3-4)。目前，绝大多数科技类期刊都有网络版，因此可以通过相关网页免费浏览"题录(标题、作者等)+摘要"信息，也可以通过免费检索工具获得"题录+摘要"。

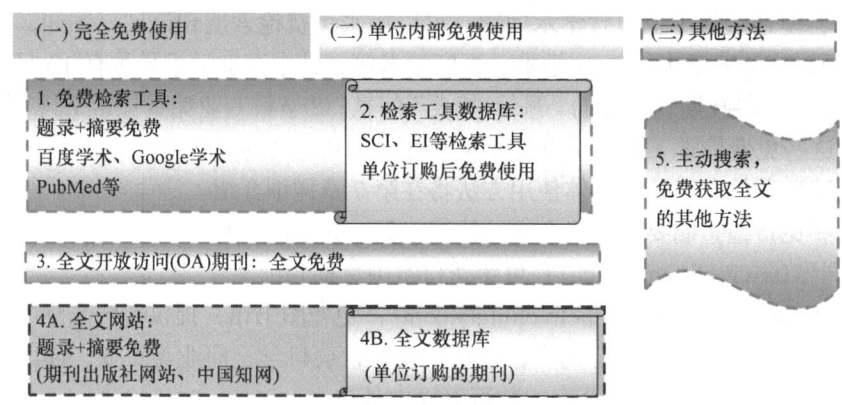

图 3-4 科技论文免费检索与下载的途径

对于需要获取全文的读者来说，从是否能够免费阅览与下载的角度来看，科技期刊可以分为免费期刊与付费期刊。免费期刊就是指读者能够完全免费阅读与下载全文。近年来，开放访问期刊越来越多，这类期刊论文可免费阅读和下载。付费期刊一般通过出版社的网页可以免费阅读论文的"题录+摘要"，但不能下载全文，只有在单位付费订阅后，个人才能"免费"阅读与下载全文。需要指出的是，大部分期刊数据库的全文获取需要付费，本单位订购后方可下载。

从检索与下载全文的角度来看，共有三个免费层次：①通过网络可以直接免费浏览与下载；②单位付费订购，个人通过账户登录免费检索与下载；③通过其他合法途径免费获取全文。

下面对科技论文免费检索与下载的五种方法中的"5. 主动搜索，免费获取全文的其他方法"做一简单说明。

（1）利用专业论坛的求助功能：例如，创建于 2001 年且影响力很强的"小木虫"学术科研互动社区（muchong.com），会员主要是来自国内各大高校、科研院所的博士和硕士研究生、企业研发人员，成为聚集众多科研工作者的学术资源、经验交流平台。有需要的读者可通过求助功能在该站点获得全文或相关信息。

（2）向作者索取全文：当通过检索工具检索到文献作者信息后，可直接向作者索取全文电子版，也可以通过 ResearchGate（www.researchgate.net）检索作者与论文信息，然后直接通过网站索取。当然，向文献作者索取文献过程中需注意措辞和礼貌用语。

3.5 中国知网及其检索科技论文实例

3.5.1 中国知网简介

1998 年，世界银行《1998 年度世界发展报告》提出国家知识基础设施（national knowledge infrastructure，NKI）的概念。1999 年我国开始建设中国知识基础设施工程（CNKI），称为中国期刊网，以收录期刊论文为主。中国知网是我国自主开发的数字图书馆技术，已建成世界上全文信息量规模最大的"CNKI 数字图书馆"。

中国知网从提供论文（包括期刊论文、博士与硕士论文、会议论文、报纸）伊始，现在已拓展到图书、专利、标准、科技报告及政府文件等多种科技信息源,还从国内拓展到海外文献资源。目前,中国知网已经收录了 95%以上正式出版的中文学术资源,是使用频次最高的检索和下载学术资源的网站。

中国知网的所有用户都可免费阅读文摘。目前,国内大多数单位购买了其网络使用权,高校、科研院所和企事业单位的科研工作者都可以免费使用。对于通过公众网上网的用户,可通过购卡、在线充值等手段支付下载全文的费用。

中国知网拥有一些重要的数据库:①中国学术期刊网络出版总库:收录国内学术期刊 8000 余种;②中国博士学位论文全文数据库;③中国优秀硕士学位论文全文数据库;④中国重要会议论文全文数据库:重点收录 1999 年以来国内外学术会议论文集;⑤中国学术辑刊全文数据库:是目前国内唯一的学术辑刊全文数据库,共收录国内出版的重要学术辑刊 561 种,累积文献总量 18 万多篇;⑥国家科技成果数据库(知网版):主要收录正式登记的中国科技成果 46 万多项;⑦国际学术文献总库:包括 12 个国外数据库,收录文献题录共 31 万多条;⑧中国专利全文数据库(知网版):包含发明专利、实用新型专利、外观设计专利三个子库。

3.5.2 中国知网检索与下载全文实例

下面举例说明从中国知网检索与下载科技论文的方法。计划的检索目标是查找"食品防腐剂"的相关科技论文信息,计划使用的主题词分别是:"防腐剂""食品防腐剂""食品添加剂",科技信息源范围是科技论文,也就是期刊论文、学位论文、会议论文。

首先,在浏览器的地址栏键入网址(www.cnki.net),进入中国知网首页[图 3-5(a)]。首页有三大检索栏目:一是文献检索;二是知识元检索;三是引文检索。在"文献检索"栏目中,包括学术期刊、博硕、会议、报纸、年鉴、专利、标准、成果,以及图书、政府文件、科技报告等。

在"文献检索"栏目,先键入检索词"防腐剂";然后把检索范围限定在科技论文,也就是学术期刊、博硕、会议;再点击"主题",有"主题、关键词、篇名、全文、作者、单位"等选项,可以分别选择,选择"主题",点击检索框右边放大镜形状的检索符号,开始检索。

检索结果如图 3-5(b)所示,共找到 23000 多条论文信息。这些检索结果是按照"相关度"排序的,还可以按照发表时间、被引次数或下载次数排序。从该界面还能看到主题是"防腐剂"的论文信息有 7700 多条。浏览该界面信息可以看出,防腐剂至少包括食品防腐剂、木材防腐剂,有博硕论文、会议论文与期刊论文。

(a)

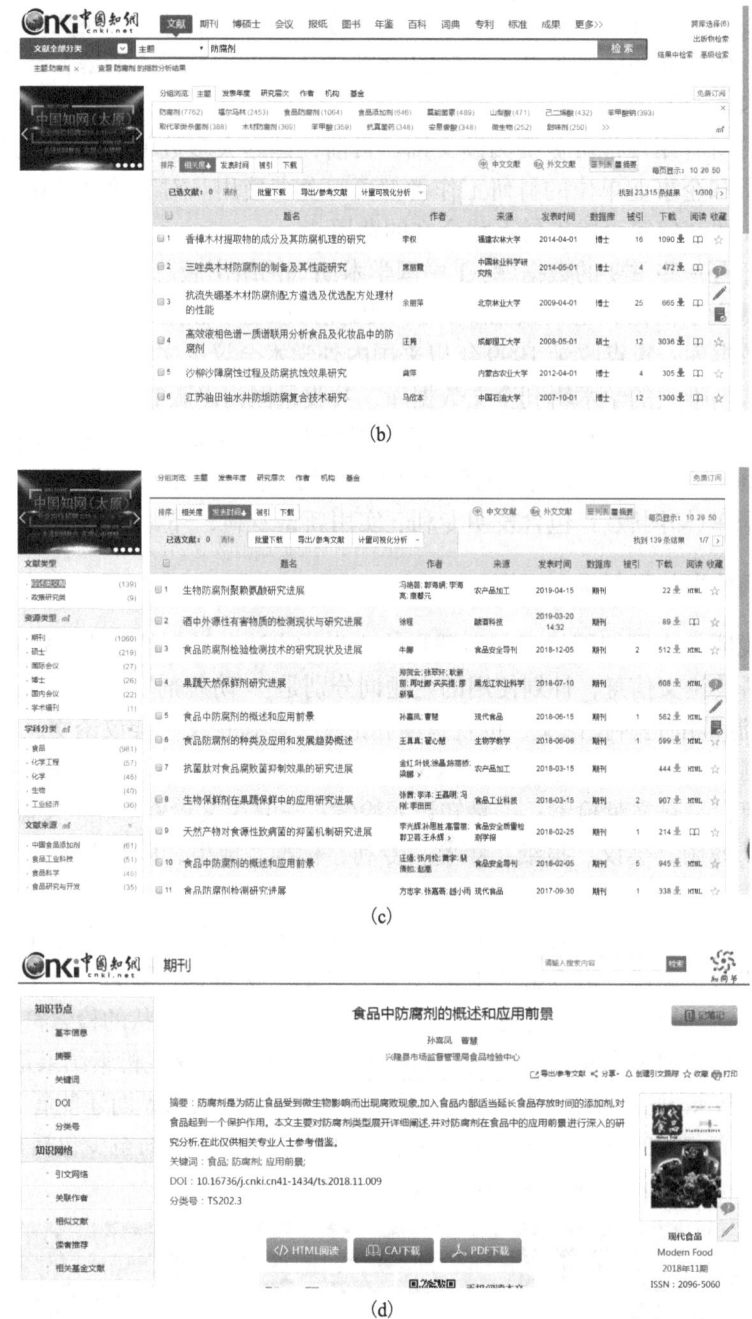

图 3-5 中国知网检索实例

为了缩小范围，更换检索词，使用"食品防腐剂"检索，检索结果有 1700 多条，其中包括许多英文论文。为了只获得中文文献，点击"中文文献"，结果减少到 1300 多条。在该界面左栏还能筛选"学科分类""资源类型""文献类型"等。从"学科分类"中可以看出，食品防腐剂涉及食品、化学工业、化学、工业经济等领域。

如果只想了解食品防腐剂的基本情况，可以点击左栏"文献类型"的"综述类文献"[图 3-5(c)]，只找到 139 条结果。选择第 5 条记录，标题是"食品中防腐剂的概述和应用前景",能看到作者、期刊名称、发表时间及被引与下载次数。

点击第 5 条记录的标题,就能看到该综述论文的"题录+摘要"信息[图 3-5(d)],以及参考文献、相关文献等信息。如果本地图书馆订阅了相关数据库,这篇论文就有 3 种阅读方式:HTML 阅读、CAJ 下载、PDF 下载。

如果想保存该综述论文全文,建议使用 PDF 下载方式,下载论文全文的 PDF 版本,它与印刷版论文完全一致。如果选择"CAJ 下载",可能需要下载、安装"CAJ 全文浏览器",才能打开下载的文件。

经过近 20 年的发展,中国知网的功能越来越强大,更多用途将在第 7 章进行介绍。

3.6 WOS 收录范围与检索实例

3.6.1 WOS、WOK 简介

美国科学信息研究所(ISI)出版的《科学引文索引》(SCI)收录了国际高水平期刊论文及摘要。Web of Science(WOS)数据库是 Web of Knowledge(WOK)平台(www.isiknowledge.com)的一个数据库。WOK、WOS、SCI 之间的关系见图 3-6。

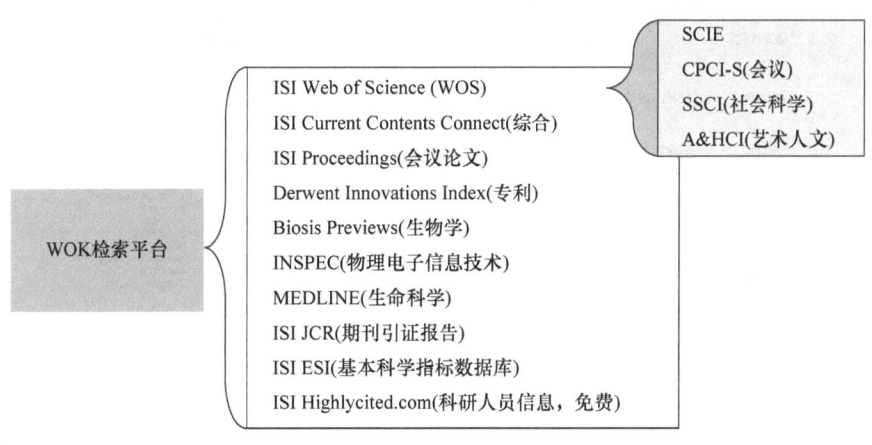

图 3-6 WOK、WOS、SCI 之间的关系

WOS 收录各学科领域中最权威的期刊论文、会议论文的编目信息、作者、摘要、参考文献等资料,是研究信息领域内最全面综合的多学科文献资料数据库。其中,科学引文索引数据库(SCIE)、会议论文引用索引-科学(CPCI-S: Conference Proceedings Citation Index-Science)最为重要。

3.6.2 利用 WOS 检索期刊与会议论文实例

下面举例说明通过 WOS 检索高水平期刊论文与会议论文的方法,并在检索结果中了解筛选与精炼的方法。设置检索目标为"智能材料",检索侧重点为"刺激响应性高分子材料",准备三个层次的检索关键词(英文),检索词 1 为"smart"和"materials",检索词 2 为"polymer"和"stimuli-responsive",检索词 3 为"temperature-sensitive"和"pH sensitive"。

通过单位或个人账户登录 Web of Science[图 3-7(a)]。首先，选择数据库中最核心的两个数据库：SCIE（高水平期刊论文）和 CPCI-S（高水平会议论文）。然后，选择"高级检索"，使用字段标识 TS（主题检索），键入"TS=(smart AND material*)"，这里*（星号）表示 material 和 materials 两个单词都包括在内。时间跨度是所有年份，也就是从 1900 年至今。最后，点击"检索"按钮。

"检索结果"界面如图 3-7(b)所示，结果有 17898 条，自动按照"日期"降序排列。由于检索结果太多，难以获取重要信息，因此在左边"精炼检索结果"栏目中添加检索词 2：polymer* AND stimuli-responsive，点击检索符号。

精炼检索后，显示 588 条结果。把排序方式从"日期"更换为"被引频次"，检索主题显示"更多内容"。这时出现新的检索界面[图 3-7(c)]，能看到"主题词和精炼主题词""时间跨度"、"索引数据库"等信息。检索结果按照被引用的频次排列，能看到每一篇论文的"题录信息"和"被引频次"。例如，第 1 篇论文，被引频次是 3029 次，是"高被引论文"，说明这篇论文影响力很大。点击第 1 篇论文标题，继续浏览。

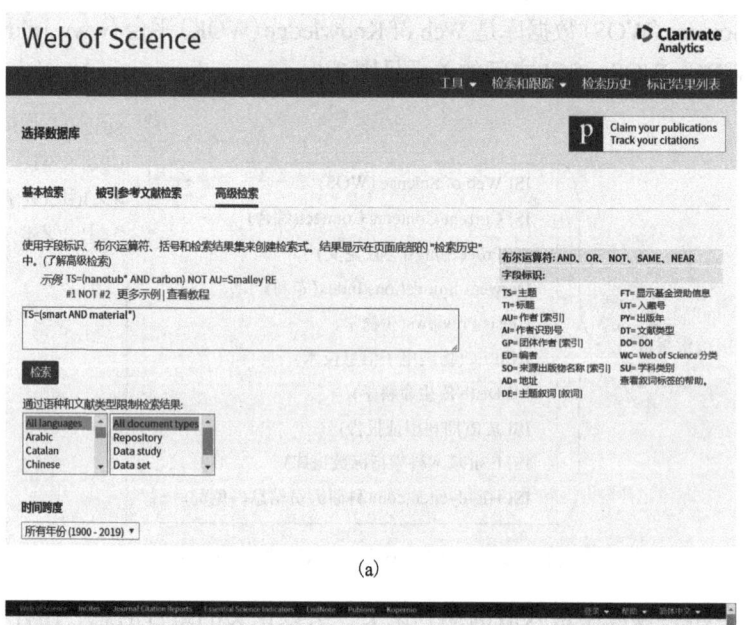

(a)

(b)

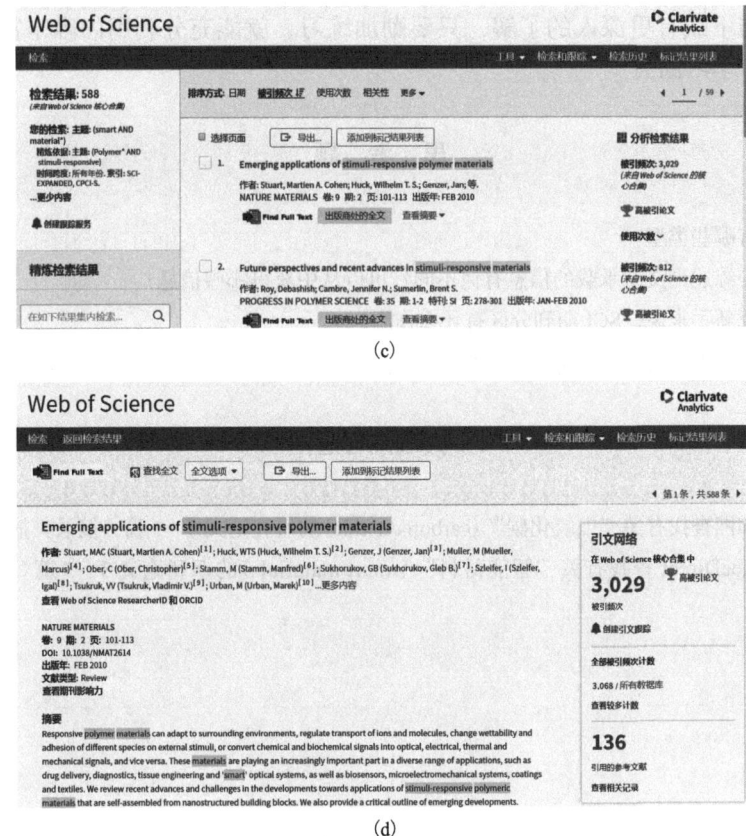

图 3-7　WOS 检索实例

点击第 1 篇论文的标题后[图 3-7(d)]，会显示论文的标题、作者、期刊名称、年、卷(期)、页码。滑动鼠标，可以继续看到摘要、关键词、通讯作者地址、电子邮箱、致谢，以及出版商、期刊信息、类别，最后是参考文献。因此，通过 WOS 能看到期刊论文中除正文与附录之外的其他详细信息。

滑动鼠标，回到该页面最上方，如果左上角的按钮"Find Full Text"字体清晰，说明能打开原文。点击"Find Full Text"，会弹出新的界面，此时就能下载全文。

结束该科技论文的阅读与下载后，可以点击"返回检索结果"，继续浏览其他论文。

值得注意的是，在已经获得的检索结果的界面左栏中有多种精炼检索结果的方法，典型的方法有"出版年""Web of Science 类别""文献类型""机构""作者"等。例如，选择"类别"后，点击"分析检索结果"，就会显示检索结果在不同学科的分布，该结果是按照"可视化图像树状图"显示的，也可以更换为"按照柱状图显示"。结果显示，所检索的主题在"高分子科学领域"的记录最多，还分布在化学、物理、材料、生物等领域，说明这是一个学科交叉前沿领域。

显然，WOS 是一种检索国际高水平论文的检索工具。但是，WOS 也有其缺点：一是有些单位没有订购该数据库，个人就无法使用；二是 WOS 也只能检索少部分高水平期刊与会议论文，并不能囊括全部，还有大量的科技论文需要采用其他方法才能获得。

如前所述，科技论文是我们从知识之河中获取知识的重要源头与支流。对于科技工作者来说，可以从科技论文中获取最新、最前沿的科学与技术知识。通过本章的学习，我们对科技论文的检索与下载有更深入的了解，只要勤加练习，就能充分利用内容丰富的科技论文，为自己的科研、学习助力。

思 考 题

1. 科技期刊有哪些类型？
2. 研究论文与综述论文所承载的信息有何不同？可以从中获得哪些信息？
3. 对科学研究新手来说，SCI 期刊分区有什么作用？
4. 列举一些免费下载科技论文全文的途径。

实践练习题

1. 通过中国知网查找有关"二氧化碳"（carbon dioxide）的研究论文 3～5 篇，摘录其摘要。
2. 通过 ScienceDirect 查找有关"智能材料"（smart materials）的期刊论文 3～5 篇。

第 4 章 专 利 信 息

本章导读：专利制度保障了人类文明的持续发展，可以看作是现代科技发展的推进器。在当今互联网时代，在线检索与免费获得专利知识十分便利。本章首先介绍专利基础知识，其次从发明人角度介绍如何申请专利、保护知识产权，最后介绍专利信息检索与免费获取全文的方法与途径。在学习如何免费获得专利知识的基础上，还需要了解如何通过申请专利保护自己的知识产权。

内容关键词：知识产权、发明创造、专利技术、专利申请、专利信息、专利检索。

对于科技工作者来说，"科技论文"与"专利"是获取最新科技成果的两种最重要的科技信息源。科学技术的发展推动着人类社会的进步，专利制度则保障了人类文明的持续发展。事实上，发明创造是科技工作者的重要任务，而每一位科技工作者都希望自己的研究成果能够得到应用和推广，为社会做出贡献。当然，在推广研究成果获得社会效益的同时，个人也可以获得相应的经济效益。作为发明人，想要使自己的实用性成果有效公开并获取效益，应注意如下问题：①学会从图书、论文、专利等科技信息源中检索相关知识与技术，确保自己的成果具有创新性与新颖性；②将自主成果以专利说明书的形式公开，申请专利权，获得保护。因此，专利的检索和申请都十分重要。科技工作者不但要学会从图书、期刊中获取信息，还需要学会专利信息的检索与利用。

以前(印刷版时代)，专利信息的查找比较困难，人们对专利的利用也并不能令人满意。调查结果表明，各专业科技人员利用专利的情况为：化学化工 48.4%，电子电气 17.4%，机械 19.4%，其他 14.8%。据统计，欧洲每年大约浪费 200 亿美元的投资；若能应用好专利信息，将节约 40%的科研开发经费，而且少花 60%的研究开发时间。在我国，进入 21 世纪以来，国家开始重视专利保护与专利技术的推广，科学技术部把"专利战略"列为中国科技发展的三大战略之一，专利的申请和查询利用越来越重要。

随着网络技术的发展，专利数据库越来越丰富，可以通过网络检索各种专利信息，这解决了以往专利尤其是较新专利难以获得的问题。本章在对专利信息进行简单介绍的基础上，通过实例重点介绍专利申请和专利信息检索方法，以期对读者在专利申请和专利信息获取方面有所助益。

4.1 知识产权与专利知识

专利(patent)一词来源于拉丁语 litterae patentes，意为公开的信件或公共文献。现在，专利则是政府授予个人或法人(单位)的一种权利，该权利一旦过期就可以被任何人使用。专利是科学发现的重要组成部分，无论从事技术发明，还是致力于科学研究，专利信息都是学术研究不可或缺的组成部分。

根据经济合作与发展组织(Organization for Economic Co-operation and Development, OECD)统计，全世界每年科技出版物中约有 1/4 为专利。90%以上的发明曾以专利形式发表,但其中80%不再以任何其他形式发表,换言之,这些专利信息不可能从其他的途径获得,因此查询和利用专利信息就显得尤为重要。

知识产权作为一个众所周知的重要概念,与专利是密不可分的。知识产权是指人们就其智力创造的成果所依法享有的专有权利。既然知识产权和专利都是一种权利,二者之间又有怎样的联系?下面详细辨析知识产权与专利之间的关系。

4.1.1 知识产权与专利权

广义的知识产权包括一切人类智力创造的成果,狭义的知识产权则包括工业产权和版权两部分,而工业产权主要包括专利权和商标权(图4-1)。专利权包括发明专利、实用新型专利、外观设计专利;商标权包括商标、服务标记、货源标记、厂商名称、原产地名称等;其他工业产权有电路布图设计、植物新品种、地理标志、禁止不正当竞争、服务标记等。版权则包括著作权和邻接权,其中著作权包括科技、文学及艺术作品;邻接权又称作品传播者权,包括表演者权利、录音录像制作、广播电视制作、制图、技术绘图等。

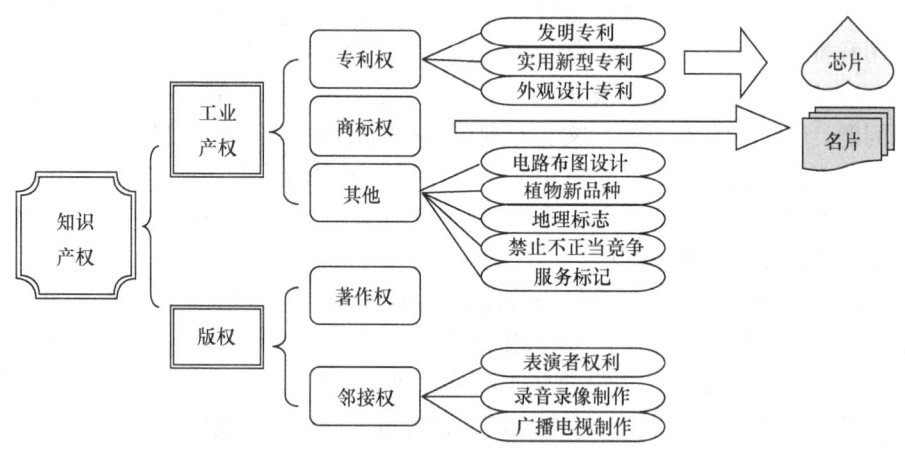

图4-1 知识产权主要类型

与有形资产权相比,知识产权具有无形性、专有性、地域性、时间性等特点。例如,在很长一段时间内,中国企业必须支付昂贵的费用,才能完成在其他国家的专利申请和商标注册,这就很好地说明了知识产权的地域性特点。

由此可见,专利权是依法享有的专有权利。专利权和常说的专利没有区别。事实上,专利是对专利权的简称。通俗地说,专利是受法律规范保护的发明创造,它是指一项发明创造向国家审批机关提出专利申请,经依法审查合格后向专利申请人授予的在规定时间内对该项发明创造享有的专有权。

专利权具有排他性、时间性、区域性等特点。其中,排他性(独占性)指专利权人对其发明享有的制造、使用、销售的权利;时间性指专利权只在法律规定的时间内有效;区域性指专利权在某个地区获得,则其只在一定的区域范围内有效。

专利权人的权利包括:①自己实施专利的权利;②专利权人转让其专利所有权的权利;③专利权人许可他人实施其专利的权利;④禁止他人未经许可实施其专利的权利;⑤标明专利标记和专利号的权利;⑥专利权人有从专利实施中获取经济效益的权利;⑦专利权人享有署名权;⑧专利权人有请求法律保护的权利。专利权人的义务是缴纳专利年费。

如果他人要使用该项专利，应取得专利权人的同意，并付给一定报酬；如果他人侵权，则要受到法律的追究。待保护期满后，专利即从个人占有变为公有，成为社会公共财产，可以推进科学技术的进一步发展。专利按其类型的不同，各国都规定有一定的保护年限。专利也和其他财产一样，可以自由转让或买卖。

4.1.2 专利制度及其作用

专利制度是依照专利法的规定，通过授予发明创造专利权保护专利权人的独占使用权，并以此换取专利权人将发明创造的内容公之于众，以促进发明创造的推广应用，推动科技进步和经济发展的一种法律制度。它是科技进步和商品经济发达的产物。专利制度一般具有受到法律监护、接受科学审查、必须公开通报、可以国际交流等四项基本特征。

1) 专利制度发展历史

威尼斯共和国（现意大利）是第一个建立专利制度的国家，第一件有记载的专利是 1416 年批准的关于有色玻璃的制造。英国是近代专利制度的鼻祖，它在 1623 年制定了专利法，1852 年正式成立专利局。美国、法国、俄国（现俄罗斯）、印度、德国、日本等国相继于 1790 年、1791 年、1814 年、1859 年、1877 年、1885 年实行了专利制度。中国历史上第一部专利法典于 1944 年 5 月 29 日由中华民国政府公布，1949 年 1 月 1 日实施，现仅在台湾省适用。中华人民共和国于 1985 年 4 月 1 日开始实施专利法，建立了专利制度。

目前，世界有 160 多个国家和地区实施专利制度，有 100 多个国家公布专利申请说明书和正式批准的专利说明书。

专利技术的内容以专利说明书为载体向世界公开通报。目前，世界已积累专利 2000 多万件，每年以大于 100 万件的速度递增。当然，由于保护时效一般不超过 20 年，因此大部分专利已经失效。但作为技术情报，专利仍然蕴藏着很大的应用价值。

2) 专利制度的贡献——科技进步的推进器

在商品经济社会，由于技术封锁，对需要进行交换的商品生产来说，这是十分不利的。专利制度在一定程度上为解决这个问题创造了条件，这就是向全社会公开技术，然后通过法律保护专利权。专利经过科学审查，就打上合格标记，这样为专利技术这个"无形商品"进入市场开了"绿灯"。

专利制度是国家利用法律和经济手段，保证和鼓励发明创造，推动技术进步的管理制度。专利制度能够调动各方面人员从事技术发明的积极性。一项创造发明获得专利权以后，能促进产品在竞争中处于十分明显的有利地位。世界上许多实现专利制度国家的经验都证明，专利制度强有力地促进了本国的技术发明发展，调动了广大科技人员探索先进、尖端、适用技术的积极性，为国家带来了巨大的社会效益和经济效益。

从人类社会的角度看，专利制度的实施极大地促进了人类科学技术的发展，是人类社会进步的推进器。

4.1.3 专利技术与专利信息

一方面，专利从法律角度可以理解为专利权，是受法律规范保护的发明创造。另一方面，"专利"概念也可以从技术角度和文献信息角度来理解。从技术角度理解，专利是指"专利技术"，是"被保护的技术发明"；从文献信息角度理解，专利则是指"专利信息"，通常所说的查找"专利"就是检索（查找）专利文献信息。

专利信息是指以专利为主要内容，经分解、加工、标引、统计、分析、整合和转化等信息化手段处理，并通过各种信息化方式传播而形成的与专利有关的各种信息的总称。狭义的专利信息指"专利说明书"，广义的专利信息是各国专利局及国际专利组织在审批过程中产生的官方文件及其出版物的总称。

公开出版的专利信息主要有：专利说明书、专利公报、专利文摘、专利索引、专利分类表等。中国专利公报有《发明专利公报》《实用新型专利公报》《外观设计专利公报》，每周出版一次。中国专利说明书有《发明专利申请公开说明书》《发明专利申请审定说明书》《发明专利说明书》《实用新型专利申请说明书》《实用新型专利说明书》。

1) 专利说明书

在专利申请过程中的不同阶段，有不同的专利信息反映获得专利权的程度，主要有以下几种类型：专利申请说明书、公开说明书、审定说明书、授权说明书（公告说明书）。其中，专利申请说明书未经实质（专利性）审查，也尚未授予专利权。公开说明书只进行初步形式审查。授权说明书已审查过专利性并授权，说明已经获得专利权。目前，国家知识产权局公布两种专利说明书：申请公开说明书和授权说明书。

专利说明书具有三重作用：第一，具有法律文件作用，公开宣称专利技术归谁所有。第二，具有"商品样品"的作用，专利说明书必须达到有关专业人员阅读后就能实施的程度。第三，具有科技信息传播的作用。专利是公开得最及时、最可靠的技术信息，是进行技术发明的重要参考对象。

2) 同族专利与优先权项

同族专利是指同一个发明为了在不同国家都得到保护，在这些国家分别申请的一系列内容相同或基本相同的专利。由于同族专利（或相同专利）都具有相同的优先权（priority）项，因此通过优先权项可以方便、快捷地检索出有关同一发明的全部相同专利或同族专利。在同族专利中，可以选用自己熟悉的文种查阅所需专利信息。同族专利还可以用来了解某项发明专利垄断国际市场的范围等情况。同族专利还有助于了解一项发明技术从萌芽阶段到不断改进、发展，直至逐步完善的发展过程。

如果申请人就同一项发明向不同国家申请专利，这样产生的专利信息就会附加一些内容，即基本专利、相同专利、非法定相同专利等。

专利申请人就其发明创造第一次在某国提出专利申请后，在法定期限内，又在其他国家就相同主题的发明创造提出专利申请，根据有关法律规定，其在申请以后以第一次专利申请的日期作为申请日，专利申请人依法享有的这种权利就是优先权。专利优先权的目的在于防止在其他国家有抄袭此商标者抢先提出申请，取得注册的可能。优先权分为外国优先权和本国优先权。同一发明专利或实用新型专利在一个国家申请，只要时间间隔不超过一定期限，则后来向其他国家就相同主题提出申请时，申请日期按最早的时间算。

3) 专利信息的特点和内容构成

专利信息是具有法律规范意义的科技信息，体现专利制度的法律保护和公开功能，同时也是集科技、法律、经济信息为一体的经过标准化的信息资源。专利信息的特点有：①数量庞大，内容广泛；②反映最新科技信息；③著录规范，便于交流；④经审查的专利技术内容可靠。

一般专利信息（专利说明书）通常包含三部分：

（1）题录部分：包括专利信息号（如专利号、公开号、公告号）、专利国别、专利申请号、专利申请日期、国际专利分类号、本国专利分类号、发明名称、申请人、发明人、受让人(专利权人)。

(2) 说明书正文:是关于发明内容的详细介绍,一般包括序言、发明细节叙述、权利要求三部分。序言通常是关于发明技术水平及产生背景的报告,其后是发明的详细描述,并结合实例进行说明,权利要求一般放在正文的最后,但也有在正文的开始部分。

(3) 附图:用于解释或说明发明内容或原理,一般放在说明书的最后。

4.1.4 专利组织机构

世界知识产权组织(World Intellectual Property Organization, WIPO)于1970年成立,它是一个促进各国在知识产权方面进行合作的国际组织,总部设在日内瓦,现有192个成员国。中国于1980年加入WIPO。

我国加入WIPO之后,先后出台了《中华人民共和国商标法》《中华人民共和国专利法》《中华人民共和国著作权法》,知识产权的相关制度也日趋完善。显然,从法律角度来看,知识产权的具体体现就是对专利、版权和商标等的保护。

大学生、研究生撰写毕业论文时,有一个必经环节,即毕业论文"查重"环节,需要在"中国知网"大学生论文检测系统(check.cnki.net/pmlc)等平台完成(图 4-2)。这就与知识产权保护有关。建议读者闲暇之余浏览国家知识产权局、国家工商总局、国家版权局的官方网页,就能发现中国的知识产权事业发展如火如荼。然而,在中国知识产权事业快速发展的同时,相关的侵权、纠纷、诉讼数量也与日俱增。

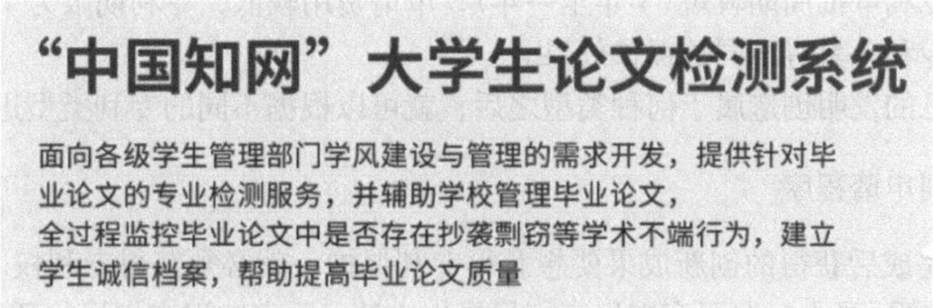

"中国知网"大学生论文检测系统

面向各级学生管理部门学风建设与管理的需求开发,提供针对毕业论文的专业检测服务,并辅助学校管理毕业论文,全过程监控毕业论文中是否存在抄袭剽窃等学术不端行为,建立学生诚信档案,帮助提高毕业论文质量

图4-2 论文检测系统页面实例

4.2 创造发明与专利申请

4.2.1 发明专利要素

专利是受法律规范保护的发明创造。发明创造必须符合专利法规定的条件,才能被授予专利权。授予专利权的发明和实用新型应当具备新颖性、创造性、实用性。授予专利权的外观设计应当具有新颖性、创造性、实用性和美感。简言之,无论哪种专利,都需要具备"三性",即新颖性、创造性和实用性。

新颖性是指在专利申请日以前,该项发明是前所未有的,未被公众所知的。

创造性是指比现有的技术水平先进,具有独创性,比以往的技术有显著的进步。

实用性是指申请专利的发明创造能够制造或使用,并且能够产生积极效果。

在满足上述"三性"的条件下,就可以将自己的发明创造进行不同类型的专利申请,申请成功后则可对自己的专利进行法律保护。专利法中明确规定，有资格申请和获得专利权的是：①非职务发明创造的发明人或设计人；②职务发明人或设计人所属的单位；③协作或者委托完成发明创造的单位；④在中国没有经常居所或营业所的外国人、外国企业或者外国其他组织(必须符合一定条件)。

将创新成果申请专利后，若发现有人侵权，又该如何判定呢？事实上，判定是否构成专利侵权，既不是以被告的产品与专利权人生产的产品进行比较，也不是以被告的产品与专利文件中所示的产品进行比较，而是看被告的产品是否落入专利权利要求的保护范围之中。因此，一项权利要求所述的往往不是一种具体产品，而是具有该权利要求所述技术特征的一系列产品。也就是说，技术特征是判定是否侵权的重要依据。对未经专利权人许可的侵权行为，专利权人或者利害关系人可以请求专利管理机关进行处理，也可直接向人民法院起诉。侵犯专利权的诉讼时效为 2 年。

4.2.2 中国专利类型及其特点

中国专利类型一般分为三类：发明、实用新型和外观设计。

发明：是指对产品、方法或者其改进所提出的新的技术方案。

实用新型：是指对产品的形状、构造或者其结合所提出的适于实用的新的技术方案。

外观设计：是指对产品的形状、图案或者其结合以及色彩与形状、图案的结合所作出的富有美感并适于工业应用的新设计。

发明专利审批周期长(3~5 年)，审查严格，申请费用高，但专利权期限为 20 年；实用新型及外观设计专利审批周期较短(半年至一年)，申请费用较低，专利期限为 10 年；同一件产品申请不同的专利，具有不同的保护效果。

在明确自己的发明创造属于何种类型之后，就可以根据不同的专利类型进行专利申请。

4.2.3 中国专利申请程序

发明创造完成后获得的创新成果要想获得专利保护，就必须获得专利权。想要获得专利权，需要按照流程(图 4-3)向国家知识产权局提出申请，国家知识产权局收到发明专利的申请

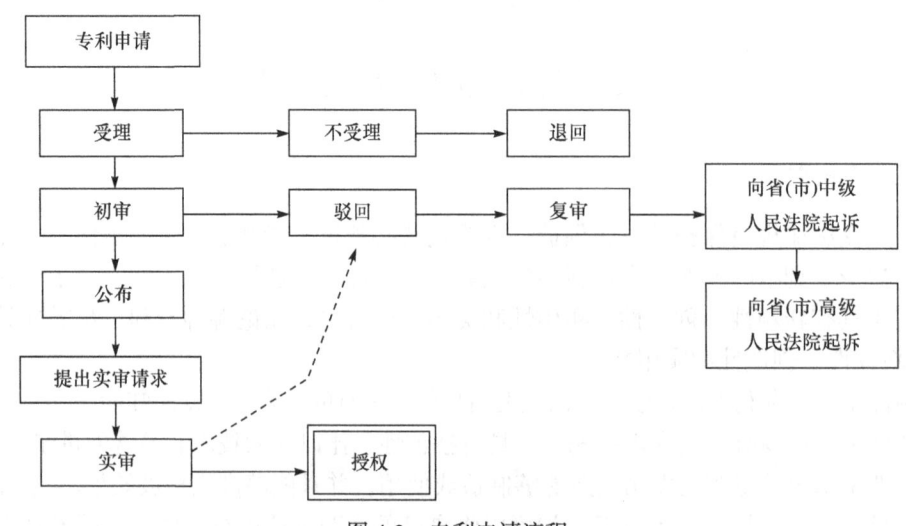

图 4-3 专利申请流程

详细审批流程请参阅国家知识产权局网页

后，经初步审查认为符合专利法要求的自申请日起一定时间后公布。专利申请自申请日起三年内国家知识产权局可以根据申请人随时提出的请求，对其申请进行实质审查，经实质审查没有发现驳回理由的，国家知识产权局应当做出授予专利权的决定，发给专利权证书，并予以登记和公告。

在我国，发明人完成一件发明创造后，需要向专利代理机构（专利事务所）提供专利申请书相关材料，代理人按照专利法的要求撰写、修改专利申请文件，然后上报国家知识产权局。国家知识产权局受理后即向申请人发出受理通知书，到此即完成全部申报程序，后续的审查程序则由代理机构完成。当代理人对国家知识产权局发出的审查意见通知不能准确答复时，即通知申请人，由申请人和代理人共同完成审查意见的答复，直至授予专利权。当然，发明人需要向代理人支付一定的代理费用。

那么，如何撰写专利申请书？一般来说，专利申请书需要包含以下内容：①发明（或实用新型）的名称，简单明了地反映技术内容，该名称一经确定，各项文件及以后的文件均要一致；②所属技术问题领域；③现有技术，同时指出现有技术的不足；④发明目的；⑤发明内容；⑥发明效果（或优点）；⑦必要时提供现有技术附图，一般附图中不要出现文字；⑧实施例，列举实施上述内容的实例。实施例的描述包括：构成、作用和效果。必要时可列举多个实施例。

在实际撰写专利申请书过程中，只需要提供研究成果的核心技术。该核心技术可以按照研究论文的格式写作，提交给专利代理人，专利代理人会按照专利要求修改成专利申请书。

4.2.4 不给予专利的情况

需要注意的是，并非所有满足"三性"原则的发明创造都可以申请我国专利，专利法规定了若干不给予专利的情况：

（1）对违反法律、社会公德或者妨害公共利益的发明创造，不授予专利权（我国专利法第五条），如助长人们饮用酒精饮料的发明、赌博用的玩具、吸毒工具、会爆炸的保险柜、刑罚工具、撬锁工具等。

（2）出于国家利益不能公布的发明。例如，罗斯福与丘吉尔之间的秘密通话装置，在1941年申请后，到1976年才获批准，整整封锁了35年；军事工业的发明不授予专利；原子能工业的发明也不受专利保护，由于原子能的和平利用与军事用途一般很难分开，所以不予批准。

我国专利法第二十五条规定下列各项不授予专利权：①科学发现；②智力活动的规则和方法；③疾病的诊断和治疗方法；④动物和植物品种；⑤用原子核变换方法获得的物质；⑥对平面印刷品的图案、色彩或者二者的结合作出的主要起标识作用的设计。

4.2.5 申请国外专利

由于涉及国家利益，因此中国单位或个人将其在国内完成的发明创造申请国外专利时，应首先向国家知识产权局申请专利，并按专业系统，经国家有关部门同意后，委托指定的涉外专利代理机构办理。

4.2.6 专利说明书的构成与作用

下面以国家发明专利"一类棉用黄染料及其合成和废水处理方法"（授权公告号：CN106543075B）为例剖析专利说明书的构成，并了解从专利说明书中都能获得哪些信息。

该发明专利授权说明书可以从国家知识产权局网站免费下载，共12页。第1页是封面(图4-4)，该页面分为上、中、下三栏。上栏有"中华人民共和国国家知识产权局"及相应二维码，接着是"发明专利""授权公告号""授权公告日"。中栏有申请号、申请日、同一申请的已公布的文献号、申请公布号、申请公布日、专利权人及地址、发明人、专利代理机构及代理人、Int. Cl.(internationally class，国际专利分类号)、对比文件。中栏下边有一行小字：权利要求书1页，说明书4页，附图6页。这简要说明了该专利说明书的结构组成。下栏是发明名称和摘要，摘要对这一发明创造的核心内容做了简要介绍。

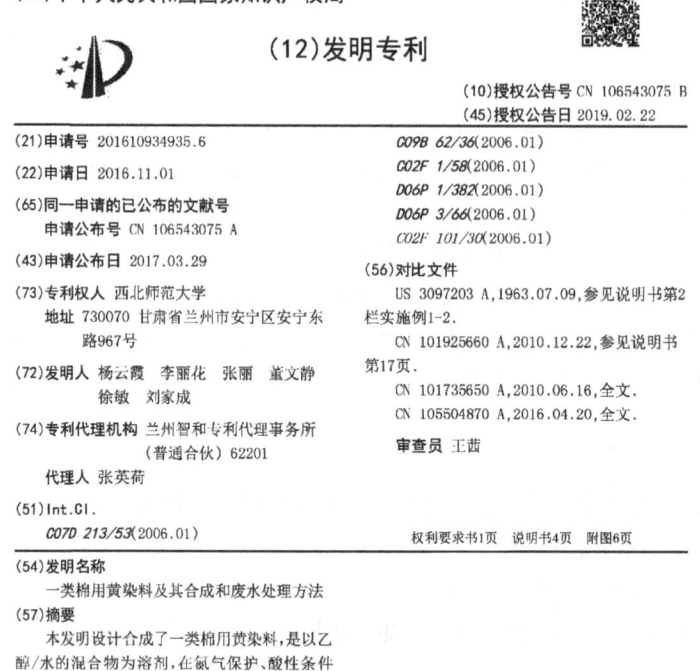

图4-4　中国发明专利(授权说明书)首页实例

第2页是完整的权利要求书，能看到该染料的分子结构式和合成步骤以及合成方法的特征。第3~6页是说明书正文，包括发明名称、技术领域、背景技术、发明内容(包括发明目的)、附图说明以及具体实施方式，在具体实施方式中则给出两个实施例，每个实施例中都包含染料的制备、合成、染色性能和染料废水处理的研究说明。第7~12页是所有的说明书附图。

显然，发明专利说明书可以清楚、完整地叙述发明内容，介绍发明过程，说明发明技术的先进性、新颖性。在阅读完这份发明专利说明书后，可以了解到这种棉用黄染料的结构、合成路线、染色性能，并了解到染色后的染料废水可采用盐析法回收染料，大大降低了对环境的污染，为染料废水的处理提供了新方法。

如前所述，虽然专利说明书的格式要求有点特殊，但是撰写起来并不困难，只要将核心材料以论文形式提交给专利事务所，专利代理人会根据专利的格式要求对专利进行修改，我们只需要和专利代理人进行沟通就可以完成专利申请书的撰写工作。换言之，只要学会怎样把自己的核心材料以论文形式表现出来即可，而如何进行论文写作将在后续章节中详细介绍。

如果读者想对专利说明书进行深入了解，建议免费下载几份专利说明书阅读，就能了解专利说明书的结构组成，判断出这项专利的利用价值。

4.3 专利信息检索与全文免费获取

对于读者而言，专利信息中最有价值的是专利说明书。因此，专利信息检索就是指查找专利题录+摘要，专利全文指的是专利说明书。在过去印刷版时代，普通用户可以通过检索工具查找专利的题录+摘要，但是要获得原文十分困难。在当今互联网时代，各国政府的知识产权部门通过互联网将绝大部分"专利说明书"在线公开。因此，普通用户不但可以通过在线检索工具检索专利题录+摘要，还可以从不同国家的知识产权部门网站在线检索与免费下载专利全文——专利说明书。

4.3.1 专利信息检索与下载的主要渠道

通过互联网可以查询到有关专利的各种信息，如专利知识，各种专利法律法规，专利申请步骤，专利审批程序，专利权的终止、维持、撤销等，各地代理机构、涉外代理机构也可以下载专利申请相关各类表格。常见的一些重要的专利信息检索与全文下载的网站如下：

(1) 政府机构网站：如中华人民共和国国家知识产权局(www.sipo.gov.cn)。

(2) 专业检索网站：如中国知识产权网(www.cnipr.com)是知识产权出版社有限责任公司主办的知识产权信息与服务网站；中国专利信息网(www.patent.com.cn)国家知识产权局专利检索咨询中心是目前国内科技及知识产权领域提供专利信息检索、专利事务咨询、专利及科技文献翻译、非专利文献加工等服务的权威机构；中国专利信息中心(www.cnpat.com.cn)也提供相关信息检索服务。

(3) 服务机构网站：如中国专利保护协会(www.ppac.org.cn)，主要在知识产权领域实现政府与企业之间的桥梁、纽带作用。

(4) 分类法相关网站：如 WIPO 提供专利分类手册和关键词索引，以及国际专利分类法(International Patents Classification，IPC)(www.wipo.int/classifications/ipc/en)、USPTO 分类手册(www.uspto.gov/web/offices/pac/clasdefs/index.html)、叙词表与专业词汇(www.thesaurus.com)。

(5) 综合检索工具：如中国知网也可以检索专利信息。

4.3.2 专利信息检索基本方法

专利检索分为基本检索、专家检索两大类型。基本检索是指根据检索工具的特点和功能划分的专利检索种类，包括主题检索、名称检索、号码检索等。专家检索则是指按检索人通过检索要达到的目的划分的专利检索种类，包括专利技术信息检索、新颖性检索、专利性检索、侵权检索、专利法律状态检索、同族专利检索、技术引进检索等。

专利信息的检索方法因检索目的差异而有所不同：

(1) 为解决技术攻关中的难题而查找参考信息时，应选择专利技术信息追溯检索。追溯检索可以找到前人在同一技术领域解决难题的具体方案。

(2) 为开发新产品、新技术而查找技术信息或专利项目作为参考时，可选择专利技术信息的追溯检索或基本检索方法中的名称检索。

(3) 当人们开发出新产品、准备投放市场时，为避免新产品侵犯他人的专利权，应选择防止侵权检索。

(4) 当人们有了发明构思或获得新的发明创造,为保护自身的利益准备申请专利时,为保证能够获得专利权,应选择新颖性检索。

(5) 当人们进行技术贸易、引进专利技术时,应进行专利有效性检索或技术引进检索。专利有效性检索可以为引进技术的单位提供引进的专利技术是否是有效专利的信息;而技术引进检索不仅提供专利有效性信息,还可提供用以判断引进技术水平的信息。

(6) 在企业竞争中,及时了解对手的情况是非常必要的。为此,应选择专利申请人、专利权人、专利受让人检索,随时做到知己知彼。

总之,作为参考文献用的专利信息,其检索字段与图书、科技论文既有相同之处,也有不同点。专利信息检索中,不但可以使用"发明名称""关键词""发明人"检索,还可以通过"申请号""公开号""专利号"检索。当然,专利信息的检索策略和步骤与其他科技信息相似。

4.3.3 中国专利的检索与全文下载

检索中国专利有多种途径,典型检索工具有《中国专利公报》《中国专利索引》《中国专利文摘数据库》等专业检索工具,也可以通过中国知网等综合检索工具检索,还可以从国家知识产权局网站直接检索与下载。下面重点介绍国家知识产权局网站及其专利检索的方法。

国家知识产权局网站提供以我国专利信息为主的专利检索系统,免费提供 1985 年以来公布的全部中国专利信息,包括发明、实用新型和外观设计三种专利的著录项目及摘要,并可免费浏览各种说明书全文及外观设计图形。

在开始检索之前,可准备好主题词(如染料)、发明人(如杨云霞),或者专利权人、申请号等检索用关键词。典型检索方法如下。

(1) 进入国家知识产权局网站(www.sipo.gov.cn)[图 4-5(a)]。在"专利栏目"[图 4-5(b)]中点击"专利检索",进入"专利检索及分析"平台的"常规检索"界面[图 4-5(c)]。页面左上角提示"免费注册",已注册可直接点击"登录",输入用户名、密码后左上角显示账户名。

(2) "常规检索"的检索栏可自动识别发明名称、发明人、申请号等检索要素[图 4-5(d)]。在"高级检索"中,以表格的形式提供不同检索要素[图 4-5(e)],而且提供专利类型、专利国家与地区的筛选。

(3) 输入发明名称"染料"、发明人"杨云霞",范围筛选"中国发明申请",点击"生成检索式"后继续点击"检索",可得到 3 条记录[图 4-5(f)],第一条就是前述的国家发明专利"一类棉用黄染料及其合成和废水处理方法"(授权公告号:CN106543075B),进一步可以浏览全文文本或全文图像。

(a)　　　　　　　　　　(b)

图 4-5 专利检索过程实例

一项发明专利从申请到批准共有 4 个号码(表 4-1),一项实用新型或外观设计专利从申请到批准则均有 3 个号码。这些专利号码的含义简介如下：①申请号,专利申请时,专利管理部门给的号码；②公开号，发明专利申请经形式审查合格后，公开其申请说明书时给的号码，只有发明专利有此号码；③授权公告号，发明专利经实质审查合格后，公布其审定说明书时给的号码，只有发明专利有此号码；④公告号，实用新型或外观设计专利申请经形式审查合格后，公开其申请说明书时给的号码，发明专利无此号；⑤专利号，专利申请经审查合格后，专利管理部门授权时给的号码。一项发明创造被授予专利权后，申请号即变为专利号，并在专利号前冠以 ZL 两个汉语拼音字母。

表 4-1　中国专利号码及含义（1993 年以后）

专利类型	号码类型	实例	含义			
发明专利	申请号	200810231728.X	2008 年代	1 发明	02317828. 流水号	X 计算机校验号
	公开号	CN101367912A	A 公开			
	授权公告号	CN101367912B	B 审定			
	专利号	ZL200810231728.X				
实用新型专利	申请号	93215139.X	2 实新			
	公告号	CN2045678Y	Y 公告			
	专利号	ZL93215139.X				
外观设计专利	申请号	93321154.3	3 外设			
	公告号	CN3003022D	D 公告			
	专利号	ZL93321154.3				

显然，检索专利有多种方式，不但可以用关键词、发明人，还可用申请号、公告号等。专利检索的具体方式要根据自己的检索目标而定，有的放矢，才能达到事半功倍的效果。

上述实例只对国家知识产权局网站的专利检索进行了初步介绍。读者只有经过自主实践练习、自己摸索，才可熟能生巧。更多检索知识也可观看国家知识产权局网站"专利检索及分析"栏目下的在线培训视频。

读者还可以访问中国专利信息中心（www.cnpat.com.cn），使用专利之星检索系统，注册之后同样可以进行专利检索及下载。另外，香港（www.ipd.gov.hk）、台湾（www.tipo.gov.tw）的专利信息可通过相应网站检索。

通过国家知识产权局网站和专利之星检索系统，也可以检索我国以外的其他国家与地区的专利信息。

4.3.4　美国专利的检索与全文下载

多年来，美国专利数量位居全球第一，日本紧随其后，美国和日本是世界上拥有有效专利数量最多的两个国家。然而，近年来，我国的专利申请数量快速增加，现在已居世界首位。当然，作为科技最发达国家之一的美国，专利是其前沿科学技术的重要信息源。因此，学会美国专利的检索与全文下载，对开展创新研究有重要的参考价值。下面仍然以具体实例讲解如何进行美国专利的检索与下载。

美国专利商标局（The US Patent and Trademark Office，USPTO）是向公众提供全方位的专利信息服务的重要政府网站，通过该网站可以初步认识美国专利。

美国专利类型有发明（utility）专利、设计（design）专利、植物（plant）专利、再公告（reissue）

专利、再审查(reexamination certification)专利、防卫性公告(defensive)、依法注册的发明(SIR)等。美国专利数据库则有专利授权(issued patent)数据库、专利申请公布(published applications)数据库、专利申请信息检索(patent application information retrieval，PAIR)数据库、专利权转让数据库(patent assignment database)、专利分类表(patent classification)数据库、基因序列专利数据库(publication site for issued and published sequence，PSIPS)、外观专利(design patent)数据检索等。

根据检索目标，需要准备好英文检索词，如"yellow dye"(关键词)。

进入美国专利商标局网站(www.uspto.gov)[图 4-6(a)]，点击"Patents"下的"PatFT"，进入"USPTO PATENT FULL-TEXT AND IMAGES DATABASE"(美国专利商标局专利全文与影像数据库)。该检索页面[图4-6(b)]十分简洁，通过上方矩形框，可以切换到"Quick"(快速检索)、"Advanced"(高级检索)、"Pat Num"(专利号检索)，下方用红色字体对注意事项进行了简单说明。例如，1790～1975 年的专利只能使用颁证日期、专利号和美国专利分类号进行查找。

(d)

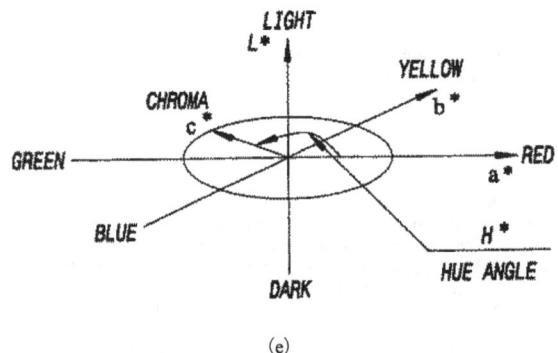

(e)

图 4-6 美国专利检索实例

在"Term 1"中键入"yellow dye","Field 1"中选择"Title",然后点击"Search"进行

检索，可以看到共检索到 77 条记录[图 4-6(c)]。从这 77 条记录中选择一条自己认为有价值的专利，如"8 Inkjet ink having yellow dye mixture，PAT.NO.7,040,746"，点击进入，就能看到该专利的文本格式版本[图 4-6(d)]。点击该页面上方"Images"，可以通过图像版[图 4-6(e)]浏览该专利全文。也可以逐页下载全文。

当检索结果太多，难以逐条阅读进行筛选时，就需要设法缩小范围。此时，有多种方法可以精炼检索结果：①最方便、常用的检索方式是将多种关键词进行组合，但是这种方式有时候容易遗漏掉某些专利；②限定关键词位置；③限定发明时间、发明人、分类号码等字段。表 4-2 显示了 USPTO 检索字段的字段代码及字段名称与中文含义。

表 4-2　USPTO 检索字段的字段代码及字段名称与中文含义

代码	英文全称	中文名称	代码	英文全称	中文名称
PN	patent number	专利号	IN	inventor name	发明人姓名
ISD	issue date	公布日期	IC	inventor city	发明人所在城市
TTL	title	标题	IS	inventor state	发明人所在州
ABST	abstract	摘要	ICN	inventor country	发明人所在国家
ACLM	claim(s)	权利要求	LREP	attorney or agent	律师或代理人
SPEC	description/specification	说明书	AN	assignee name	受让人姓名
CCL	current US classification	当前美国分类	AC	assignee city	受让人所在城市
ICL	international classification	国际分类	AS	assignee state	受让人所在州
APN	application serial number	申请序列号	ACN	assignee country	受让人所在国家
APD	application date	申请日期	EXP	primary examiner	主要审查员
PARN	parent case information	母案申请信息	EXA	assistant examiner	助理审查员
RLAP	related US App. data	相关国内申请	REF	US references	US 参考文献
REIS	reissue data	再版数据	FREF	foreign references	外国参考文献
PRIR	foreign priority	国外优先权	OREF	other references	其他参考文献
PCT	PCT information	PCT 信息	GOVT	government interest	政府利益
APT	application type	申请类型	DN	document number	文件号码

为了能够准确检索专利，美国专利商标局也介绍了收录专利分类，点击"Patents"下拉菜单的"learn about patent classification"，进入"Classification Standards and Development"页面，该页面根据读者对检索内容分类的了解程度提供相应检索方式。相当数量的发明专利在保护期满之前就已失效。据统计，因未付年费而提前失效的专利占当年批准量的 52%。《美国专利和商标局公报》为因未付年费而提前失效的美国专利新辟了一个专栏：notice of expiration of patents due to failure to pay maintenance fee(因未付年费而提前失效的专利通知)。

4.3.5　其他国家专利的检索与下载

日本是专利大国，因此对日本专利的检索与利用也非常重要。日本特许厅(JPO)(www.jpo.go.jp)专利检索英文入口(www.jpo.go.jp/e)提供了日本专利的英文检索入口，方便不懂日文的人员进行检索。如果精通日文，使用日文进行检索是最好的选择。该英文入口提供

1976年以来的日本公开特许(也就是发明申请公开)英文文摘数据库,并自1993年开始包括法律状态信息。英文检索结果可以链接到计算机翻译的专利公报全文,如果需要看日文原始专利信息,只需要点击日文按钮,便可以获得gif图片格式的说明书。

欧洲专利数据库属于欧洲专利局(European Patent Office,EPO)(www.epo.org),其专利检索网站(worldwide.espacenet.com)有欧洲各国专利局主页地址(表 4-3)。欧洲专利数据库除了能检索阅读欧洲专利外,还可检索美国、日本、PCT 等 50 多个国家和专利组织的专利,并能免费获取 20 多个国家的专利。专利为 pdf 格式,可按页下载。该专利数据库的最大特点是可以查询同族专利(同一个专利在不同国家申请的专利),因此可以很方便地找到非英文专利的英文文本,便于克服语言障碍。

表 4-3 欧洲主要国家专利局主页地址

国家	网址	支持语言
爱尔兰(Ireland)	ie.espacenet.com	英语(English)
爱沙尼亚(Estonia)	ee.espacenet.com	爱沙尼亚语(Estonian)
奥地利(Austria)	at.espacenet.com	德语(German)
保加利亚(Bulgaria)	bg.espacenet.com	保加利亚语(Bulgarian)
丹麦(Denmark)	dk.espacenet.com	丹麦语(Danish)
德国(Germany)	de.espacenet.com	德语(German)
法国(France)	fr.espacenet.com	法语(French)
芬兰(Finland)	fi.espacenet.com	芬兰语(Finnish)
荷兰(Netherlands)	nl.espacenet.com	荷兰语(Dutch)
捷克(Czech)	cz.espacenet.com	捷克语、英语(Czech, English)
卢森堡(Luxembourg)	lu.espacenet.com	法语(French)
罗马尼亚(Romania)	ro.espacenet.com	罗马尼亚语(Romanian)
葡萄牙(Portugal)	pt.espacenet.com	葡萄牙语(Portuguese)
瑞典(Sweden)	se.espacenet.com	瑞典语(Swedish)
瑞士(Switzerland)	ch.espacenet.com	法语、德语、意大利语(French, German, Italian)
土耳其(Turkey)	tr.espacenet.com	土耳其语(Turkish)
西班牙(Spain)	es.espacenet.com	西班牙语(Spanish)
希腊(Greece)	gr.espacenet.com	希腊语(Greek)
匈牙利(Hungary)	hu.espacenet.com	匈牙利语(Hungarian)
意大利(Italy)	it.espacenet.com	意大利语(Italian)
英国(United Kingdom)	gb.espacenet.com	英语(English)

欧洲专利数据库提供四种检索模式,快速检索(quick search)、高级检索(advanced search)、专利号检索(number search)和分类号检索(classification search),支持逻辑式和通配符。例如,查询所有以 micro 打头的词,可以输入"micro*"进行检索。除了使用该入口,欧洲专利检索还可以通过欧洲专利局组织的 38 个成员国的入口进行检索,各国入口不仅提供了不同语言的选择,还提供了该成员国的专利申请信息检索。

其他国家专利信息检索的常见网站有澳大利亚专利网站(www.ipaustralia.gov.au)、加拿大专利数据库(www.ic.gc.ca/eic/site/cipointernet-internetopic.nsf/eng/Home)、俄罗斯专利网站(www.rupto.ru)(提供英文版站点)、韩国专利网站(www.kipo.go.kr)(可选择英文版站点浏览)、罗马尼亚专利网站(www.osim.ro)、新西兰专利网站(www.govt.nz)、印度尼西亚专利网站(www.dgip.go.id)。

4.3.6 世界范围的专利信息检索

除欧洲专利文献数据库外，还有一些重要检索网站能够综合检索世界范围专利：

(1)政府机构网站：包括国际、地区组织网站和部分国家专利机构网站。例如，世界知识产权组织的专利检索和阅读的入口为 Intellectual Property Digital Library(www.wipo.int/ipdl/en)，其可检索 PCT 专利申请信息，收录了 1997 年以来 PCT 公布的专利申请原始资料，专利文献的格式为 pdf 格式；PCT 国际专利(pctgazette.wipo.int)；新加坡专利(www.gov.sg/molaw/rtmp)，可查世界各国专利全文，主要为欧美国家专利。

(2)搜索引擎网站：例如，谷歌专利检索(www.google.com/advanced_patent_search)，可在线阅读和直接下载 pdf 文件，主要为美国专利；PriorSmart 是一个专业的国际通用专利搜索引擎(www.priorsmart.com)，可以通过一个简单的界面搜索不同的专利数据库，并下载专利说明书 pdf 格式全文。

(3)FreePatentsOnline(免费专利在线)(www.freepatentsonline.com)：提供美国、欧洲专利的 pdf 文件下载，需免费注册。这是一个功能强大、免费的专利查询网站，目前提供美国专利和专利申请、部分欧洲专利、日本专利和世界知识产权组织专利的查询与下载，也提供了化学品(chemical)检索。

(4)特定类别专利检索网站：如 IBM 知识产权信息网(www.patents.ibm.com)、药物在线专利查询(www.drugfuture.com/eppat/patent.asp)等。

(5)我国国家知识产权局网站(www.sipo.gov.cn)：提供了世界各国专利机构、数据库网址，主要是相应国家、地区知识产权局或专利局网站。

4.4 免费检索专利与全文下载的小技巧

显然，利用人人都使用的互联网，就能方便快捷地检索各国专利信息。中国专利可以前往国家知识产权局网站检索、下载，美国专利可以前往美国专利和商标局网站检索、下载，有很多途径可以帮助读者查找并下载感兴趣的专利信息。然而，各国专利网站只提供文本或图像版专利说明书，需要花费较长时间进行阅读或下载全文。另外，如果不适应专业的检索工具，很难翔实完整地检索与下载各国专利信息。因此，对于希望方便快捷且免费进行专利信息检索与下载的用户，需要借助一些合法的网络技术与方法达到这一目的。

4.4.1 专利全文快捷下载

药物在线网站是一个广泛、快捷的药物信息、药学资源提供平台[图 4-7(a)]，聚焦全球药物研发信息，提供药物信息资讯、药物科学数据库、药物开发资源共享、专利信息检索下载等。该网站专利数据库[图 4-7(b)]提供了中国、美国、欧洲等专利全文方便快捷的一站式下载。

如果已经获得了专利申请号、公开号，就可以使用药物在线网站下载全文。下面仍然以前述专利（授权公告号：CN106543075B）作为实例具体说明。

进入药物在线(www.drugfuture.com)网站页面，点击"中国专利全文下载"，进入检索界面[图 4-7(c)]。键入（或粘贴）公告号"CN106543075B"，点击"查询"，按照提示输入验证码[图 4-7(d)]，进入专利下载页面[图 4-7(e)]，就可以下载不同版本的说明书。例如，点击"发明专利授权说明书 PDF 下载（极速版）"，进入下载界面，点击"下载专利"，就获得该专利的 pdf 格式说明书全文[图 4-7(f)]。

该网站提供的专利原文基于国家知识产权局专利说明书，可以免费下载 1985 年以来的所有专利说明书。如果没有专利申请号或公开号，可以前往国家知识产权局进行检索获取。

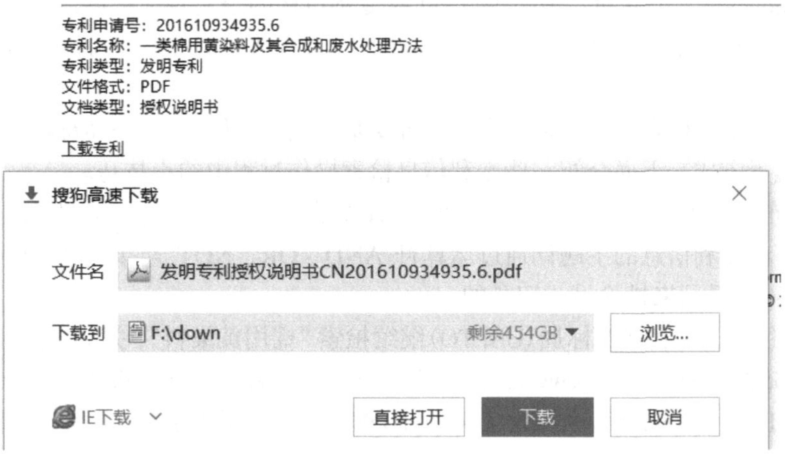
专利申请号：201610934935.6
专利名称：一类棉用黄染料及其合成和废水处理方法
专利类型：发明专利
文件格式：PDF
文档类型：授权说明书
下载专利
搜狗高速下载
文件名
发明专利授权说明书CN201610934935.6.pdf
下载到
F:\down
剩余454GB
浏览...
IE下载
直接打开
下载
取消

(f)

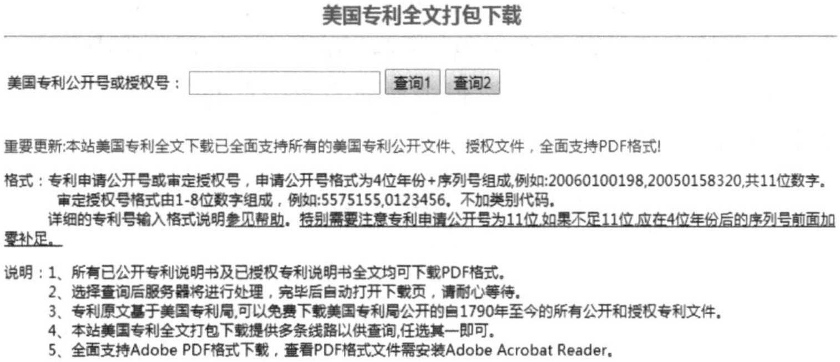
美国专利全文打包下载
美国专利公开号或授权号：
查询1
查询2
重要更新:本站美国专利全文下载已全面支持所有的美国专利公开文件、授权文件，全面支持PDF格式!
格式：专利申请公开号或审定授权号，申请公开号格式为4位年份+序列号组成,例如:20060100198,20050158320,共11位数字。
审定授权号格式由1-8位数字组成，例如:5575155,0123456。不加类别代码。
详细的专利号输入格式说明参见帮助。特别需要注意专利申请公开号为11位,如果不足11位,应在4位年份后的序列号前面加零补足。
说明：1、所有已公开专利说明书及已授权专利说明书全文均可下载PDF格式。
2、选择查询后服务器将进行处理，完毕后自动打开下载页，请耐心等待。
3、专利原文基于美国专利局,可以免费下载美国专利局公开的自1790年至今的所有公开和授权专利文件。
4、本站美国专利全文打包下载提供多条线路以供查询,任选其一即可。
5、全面支持Adobe PDF格式下载，查看PDF格式文件需安装Adobe Acrobat Reader。

(g)

图 4-7 通过药物在线网站下载专利全文

如果需要下载美国专利，可以在药物在线网站首页点击“美国专利全文下载”，输入美国专利公开号或授权号[图 4-7(g)]，然后按照要求输入就可以进行下载。需要注意的是，有时由于网络问题，下载美国专利需要多刷新几次才能看到专利内容。

通过药物在线网站可以方便快捷地下载专利全文，但要以申请号、公开号(或公告号)进行检索。显然，读者需要学会结合多种方式，迅速、准确地找到想要的信息，这还需要掌握一些专利信息检索常用的小技巧。

4.4.2 专利信息检索小技巧

专利信息检索有多种途径，如利用政府知识产权网站、专利检索网站、专业数据库等。各国政府的知识产权网站正在不断创新，提供的专利检索服务越来越贴近用户的需求。例如，近年来，通过国家知识产权局检索页面，也可以检索其他国家的专利；在中国专利信息中心使用专利之星检索系统时，也有世界专利检索栏目。

互联网也有大量免费专利检索网站，如世界专利索引(World Patent Index，WPI，clarivate.com/products/derwent-world-patents-index)、世界知识产权组织(www.wipo.int)、欧亚专利组织(www.eapo.org/en)等。

此外，通过专业检索工具也可以检索专利信息。例如，SciFinder 数据库(www.cas.org/

products/scifinder)整合了欧洲、美国等近 50 家专利机构的全文专利资料，可以快速检索专利信息（详见第 7 章）；中国著名的中国知网（CNKI）、万方数据资源系统可以进行专利信息的检索和下载。

总之，专利信息检索方式多种多样，读者要基于现有条件，了解相应检索途径的优缺点，选择合适的检索方式。下面介绍一些专利信息检索操作过程中的小技巧。

(1) 应用布尔逻辑运算符：在大多数 Internet 数据库中，可通过布尔逻辑组配的方式编写检索提问式，将专利信息的主题词通过运算符 AND、OR、NOT 连接起来。但使用时应特别注意 NOT 运算符是用来排除另一记录的。

例如，通过美国专利和商标局（USPTO）继续检索"棉用黄染料"，关键词使用"yellow dye""cotton"。在 USPTO 检索页面（www.uspto.gov），可以看到 Term 1、in Field 1 和 Term 2、in Field 2，而 Term 1 和 Term 2 之间就有 AND、OR、ANDNOT 三种不同的逻辑关系。如果采用 Term 1 为"yellow dye"，Field 1 为"Title"，会找到 77 条专利信息记录[图 4-6(c)]。采用逻辑关系进行精炼、缩小范围，可以在 Term 2 输入"cotton"，Field 2 选择"Abstract"[图 4-8(a)]，点击"Search"后，发现专利信息记录就只有 1 条[图 4-8(b)]，在专利名称中包含"yellow dye"，而在摘要中包含"cotton"字样。显然，逻辑关系词的使用有助于用户进一步精炼检索结果，但是使用时也要注意漏检问题。

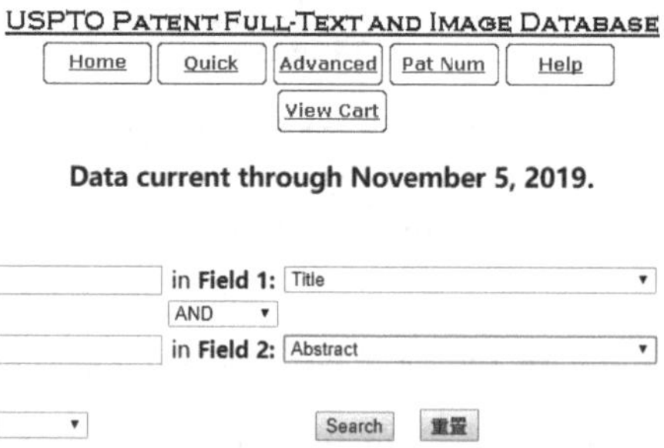

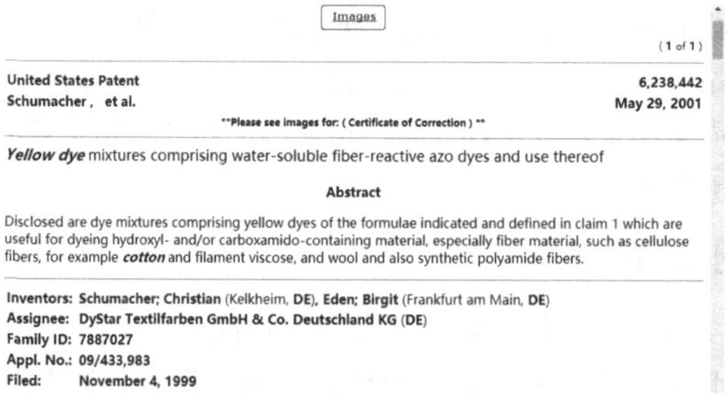

图 4-8　专利检索时缩小范围实例

(2) 最新技术检索策略：为了准确、完整地获得所需主题的专利信息，需尽可能多地使用检索字段（如关键词、分类号、团体或发明者名称等）。例如，在前面检索"棉用黄染料"专利时，如果只使用"染料"关键词，检索结果太多；而使用关键词"染料 杨云霞"，则可迅速找到该专利。

(3) 查找相关的国际专利分类(IPC)号：IPC 号是指利用国际专利分类法分类专利说明书而得到的分类号。通过 IPC 号查找，可对某一类感兴趣的专利信息进行比较全面的了解。

(4) 充分利用翻译网站：欧洲科技水平很高，专利质量也很高，原创性很强，比较著名的是法国、德国、西班牙、比利时、英国等国家专利。但对于大部分普通用户来说，语言屏障是最大的障碍。目前，语言屏障可通过网络在线词典翻译解决。

典型翻译网站有：Google 翻译(translate.google.cn)、西班牙语翻译(www.spanishdict.com/index.cfm)、金山词霸翻译(www.iciba.com)、有道翻译(www.youdao.com)等。甚至现在还有很多网页浏览器自带翻译功能。例如，chrome 浏览器就自带翻译功能，只需要简单设置就可以对相应内容进行翻译。

总之，专利信息的检索下载在今天的网络社会是非常便捷的。只要明确检索目标，有的放矢，就能迅速找到想要的专利信息。

如前所述，专利是获取最新、最前沿的科技知识(尤其是技术)的重要信息源之一，互联网使这一类重要的科技信息源触手可及。但是，需要注意的是，专利信息也有自身的局限性，如核心技术隐瞒、缺乏具体实时参数、部分专利质量较差等。因此，在检索专利信息时，一定要学会自主筛选，找到最有价值的信息，做到利用专利，而不迷信专利。

思 考 题

1. 专利的特点是什么？从专利中能获得什么信息？
2. 专利有何重要作用？为什么说专利制度是人类社会进步的推进器？
3. 中国专利分哪几类？申请专利需要满足什么条件？
4. 什么是同族专利？什么是相同专利？什么是优先权？
5. 我国的专利国别代码是什么？
6. 试列举检索中国专利、美国专利的网站名称和地址。

实践练习题

1. 从国家知识产权局网站检索：
(1) 有关脱除室内甲醛的材料与方法。
(2) 调湿涂料主要成分与用途。
2. 以"碳纳米管(carbon nanotube)催化(catalysis)"为主题词检索相关美国专利数据库和欧洲专利数据库，试下载一份专利说明书，并阅读。

第5章 标准与产品资料

本章导读：标准与产品资料为人们使用的产品提供规范的生产方法与正确的使用方式，其中包含了大量有价值的科技信息。互联网为免费获取这些信息提供了极大的便利条件。例如，国家标准化管理委员会网站可以检索标准，而国内外大部分生产销售商则提供产品资料，可通过知名生产商网站检索产品资料信息。本章主要介绍标准与产品资料的类型与检索途径。

内容关键词：标准、产品资料、标准检索、产品网站。

在工业化程度不断提高的当今社会，人们的吃、穿及日常用品大多是规模化生产出来的，而在生产、生活中所使用的各种各样的产品绝大多数都是按照一定的规范（也就是标准）制造出来的。在企业、行业与国家层面上，也会规定产品的组成、性能指标及其检测方法。另外，为了有效地利用产品，材料的生产与销售单位也会提供其使用方法（也就是产品资料）。这些标准与产品资料不但用于规范产品的生产与使用方法，而且都是很有应用价值的科技信息。

5.1 标准及其作用

5.1.1 标准的含义与类型

标准（standard documents）是技术标准（technical standards）、技术规范（technical specification）和技术法规（technical regulations）等的统称，是人们在从事科学试验、工程设计、生产建设、技术转让、国际贸易、商品检验中对工农业产品和工程建设质量、规格及其检验方法等方面所作的技术规定，是从事生产、建设和行政、组织管理时需共同遵守的具有法律约束性的技术依据和技术文件。每一项技术标准都是独立完整的资料，它作为一种规章性的技术信息，有一定的法律效力。标准也是一种主要科技信息来源，通过它可以了解有关国家的工业发展情况，也可以为我国研制新产品、整顿老产品、改进技术操作水平等方面提供参考和借鉴。

标准按其约束性分为强制性标准和推荐性标准。按照标准化对象，通常把标准分为技术标准、管理标准和工作标准三大类。从技术内容分，有计量单位、符号、术语、尺寸、形式、品种、基本参数、技术要求、试验方法、计算方法、工艺过程、包装标志、运输、保藏等标准。

标准的更新非常频繁。随着经济条件与技术水平的提升，技术标准常不断进行修改或补充，或以旧代新，或过时作废。

5.1.2 标准的作用

下面通过大众所关心的"食品添加剂"使用标准来认识标准对人们生活的影响。《食品安全国家标准 食品添加剂使用标准》（GB 2760—2014）中规定：食品添加剂是指为改善食品品质和色、香、味，以及为防腐、保鲜和加工工艺的需要而加入食品中的人工合成或者天然物质。食品用香料、胶基糖果中基础剂物质、食品工业用加工助剂也包括在内。食品添加剂一般不能单独作食品使用,添加量有严格的限制,它在人们的日常生活中起着多种多样的作用。正因为有了食品添加剂,现在市场上才能拥有品种丰富的食品供消费者选择。可以说,适量的食品添加剂对人们的身体并没有害处,反而是可以确保食品安全的物质,几乎所有食品中都有食品添加剂。通过查阅《食品添加剂使用标准》,可以了解食品添加剂的使用原则、允许使用的食品添加剂品种、使用范围及最大使用量或残留量。例如,食品中经常用到的防腐剂苯甲酸钠,国家标准 GB 2760—2014 中的规定如图 5-1 所示。显然,在不同食品中苯甲酸及其钠盐的用量有严格的规定。例如,在酱油中苯甲酸最大使用量为 1.0g/kg,这意味着 1kg 酱油中只要含有苯甲酸量低于 1g 就是对人体无害的。

苯甲酸及其钠盐　　benzoic acid, sodium benzoate
CNS 号　17.001,17.002　　INS 号　210,211
功能　防腐剂

食品分类号	食品名称	最大使用量/(g/kg)	备注
03.03	风味冰、冰棍类	1.0	以苯甲酸计
04.01.02.05	果酱(罐头除外)	1.0	以苯甲酸计
04.01.02.08	蜜饯凉果	0.5	以苯甲酸计
04.02.02.03	腌渍的蔬菜	1.0	以苯甲酸计
05.02.01	胶基糖果	1.5	以苯甲酸计
05.02.02	除胶基糖果以外的其他糖果	0.8	以苯甲酸计
11.05	调味糖浆	1.0	以苯甲酸计
12.03	醋	1.0	以苯甲酸计
12.04	酱油	1.0	以苯甲酸计
12.05	酱及酱制品	1.0	以苯甲酸计
12.10	复合调味料	0.6	以苯甲酸计
12.10.02	半固体复合调味料	1.0	以苯甲酸计
12.10.03	液体复合调味料(不包括 12.03,12.04)	1.0	以苯甲酸计
14.02.02	浓缩果蔬汁(浆)(仅限食品工业用)	2.0	以苯甲酸计,固体饮料按稀释倍数增加使用量
14.02.03	果蔬汁(浆)类饮料	1.0	以苯甲酸计,固体饮料按稀释倍数增加使用量
14.03	蛋白饮料	1.0	以苯甲酸计,固体饮料按稀释倍数增加使用量

图 5-1　国家标准 GB 2760—2014 中苯甲酸及其钠盐用量的规定

食品添加剂的使用一般遵循如下规则:①在食品加工时,添加剂根据其添加目的的不同,能不添加就尽可能不要使用,如卫生部在 2011 年撤销了面粉增白剂(这是因为增白剂只改善其外观);②一般情况下至少有两个发达国家使用后证明安全可靠的食品添加剂,我国才会给予批准(少数例外,如桂皮等);③食品企业也只有使用国家批准的食品添加剂才是合法的行为。

由此可见,食品添加剂并不可怕,符合国家标准的食品添加剂反而保证了人们生活中的食品安全。正是因为有了类似于食品添加剂使用标准这样的类型繁多的标准,才能规范社会生产活动和市场行为,引领经济社会发展,推动建立最佳秩序,促进相关产品在技术上的相互协调和配合,从而使社会运转有序。

5.1.3 国内外标准组织与标准类型

日常生活中，人们会经常听到或看到"某产品通过了 ISO9001 认证"。ISO9001 是一类标准的统称，而这类标准是由世界上最大、最权威的国际标准化组织（International Organization for Standardization，ISO）制定的，它属于国际标准。国际标准是由国际标准化团体批准或由国际标准化组织认可的各种国际专业学会、协会等组织制定的标准。除 ISO 标准之外，国际标准还有国际电工委员会（International Electrotechnical Commission，IEC）制定的 IEC 标准，这是主要涉及电子电工技术方面的国际标准。IEC 与 ISO 并称两大国际性标准。

各国都有自己的国家标准，如美国国家标准（American National Standards Institute，简称 ANSI 标准）、英国标准（British Standards Institution，简称 BS 标准）、日本国家标准（JIS）、俄罗斯标准（ГОСТ）、德国标准（DIN）和法国国家标准（NF）等。此外，还有一些组织也会提供相应的标准，如美国国家标准与技术研究所（National Institute of Standards and Technology，NIST）提供的仪器测量标准，国际自动化学会（International Society of Automation，ISA）制定的自动化标准等。

通过上述相关组织网站可以检索相应的标准信息，下面进行简单介绍：

（1）ISO 标准（www.iso.org/iso/home/standards.htm）：是国际标准化组织（ISO）制定的标准。ISO 下设 178 个技术委员会（Technical Committee，TC）、近 600 个技术委员会分会（Sub-Committee，SC）和约 1500 个工作组（Working Group，WG），其成员是来自世界各国的专家。

检索 ISO 标准的工具是《国际标准化组织标准目录》（*ISO Catalogue*），报道 ISO 的现行标准（包括新近批准生效和废止的标准）。ISO 目录有主题索引（subject index）、标准号序表（list in numerical order）、作废标准目录（withdrawals）、ISO 技术委员会编号对照索引（UDC/TC index）及技术委员会序号目录（technical committee order）等。通过 ISO 主页可免费检索相关标准。

（2）IEC 标准（www.iec.ch）：国际电工委员会（IEC）标准，专门负责电子电工技术方面国际标准的制定。主要包括综合性基础材料、电工设备材料、日用电器及通信设备、各类仪器仪表等。

（3）美国国家标准与技术研究所（NIST）（www.nist.gov）：直属美国商务部，从事物理、生物和工程方面的基础和应用研究，以及测量技术和测试方法方面的研究，提供仪器测量标准，包括化学制造、能源、生物技术等。通过此网站可以查询大多数化合物相关光/色谱数据，如 XRD、XPS、IR、MS 等。

（4）国际自动化学会（ISA）（www.isa.org）：是一个全球性的非营利组织，负责制定自动化标准，出版相关标准资料，提供培训与教育。

（5）ASTM 标准（www.astm.org）：由美国试验与材料学会（American Society for Testing and Materials，ASTM）制定。主要涉及工业用材料和产品性能方面的标准，大部分标准与化学化工有关，是美国国家标准的重要组成部分，也是应用研究常使用的标准之一。《ASTM 标准年鉴》是 ASTM 标准的主要检索工具，由总索引和专业标准两大部分组成。总索引含有主题索引（subject index）和标准号索引（alphanumeric list）。

上述标准均为国际或国外标准，我国也有自己的标准。我国标准分为国家标准、行业标准、地方标准和企业标准四级。技术标准的编号结构为：标准代号+标准顺序号+制定或修改年份。国家标准和行业标准分为强制性标准和推荐性标准，国家强制性标准的代号为"GB"（"国标"的汉语拼音首字母),如前文提到的《食品安全国家标准 食品添加剂使用标准》,其编码为 GB 2760—2014;国家推荐性标准的代号为"GB/T",T 为"推荐"的汉语拼音首字母,如《计算机软件文档编制规范》(GB/T 8567—2006)。

我国的其他标准这里不再一一举例。但是值得注意的是,企业标准一般是在国家标准和行业标准尚未颁布时,企业为了提高产品质量制定的比国家标准和行业标准要求更高的一种"内控标准"。

5.2 标准信息的检索与下载

标准也是一种重要的科技信息源,可以从标准中获得权威的检验方法、参数指标等。

5.2.1 检索标准信息的主要途径

获得标准信息最直接的方法之一是按照分类、标准号、主题词,在相应网站直接进行检索与下载。当然,也可以通过其他网络途径进行检索下载。一般的标准信息检索步骤如图 5-2 所示。

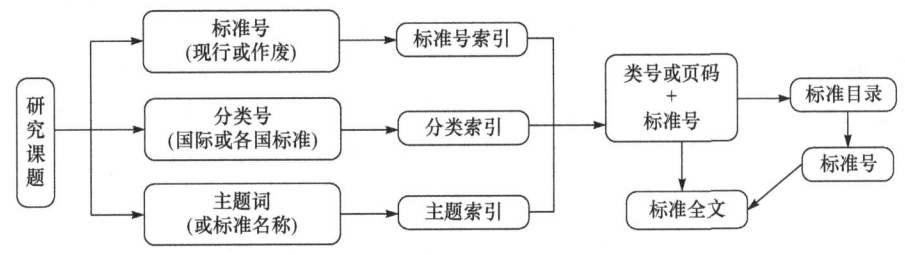

图 5-2 标准信息的检索步骤

对于我国标准,可以打开国家标准化管理委员会网站(www.sac.gov.cn),点击"办事服务"下的"标准服务平台",进入"全国标准信息公共服务平台",就能看到检索页面。该检索页面可以选择普通检索和高级检索,可以对标准进行有效的检索。

此外,检索我国标准也可以选择中国标准服务网(www.cssn.net.cn)、之江标准信息平台(www.zjsis.com)、中国标准化协会信息网(www.china-cas.org)、中国标准化研究院(www.cnis.ac.cn)等网站对标准进行了解。

如果读者所在单位已经购买了中国知网或万方数据库,也可以在搜索栏下方看到标准查询相关条目,但是否能下载要视具体情况而定。

除了上述途径,各省市质量技术监督局也可以进行部分标准的查询,还有一些专业网站也含有标准数据。例如,食品伙伴网(www.foodmate.net)可以免费检索食品相关标准;环保工作者电子手册收录(www.hb135.com)可检索环境保护相关标准。

5.2.2 标准信息的检索实例

下面以检索《食品安全国家标准 食品添加剂使用标准》(GB 2760—2014)为目标,练习在中国标准在线服务网检索标准的方法。

首先,打开中国标准在线服务网(www.spc.org.cn),进行免费注册、用户登录。然后,在搜索栏输入"GB 2760—2014"[图 5-3(a)],可看到食品添加剂使用标准,有价格标签[图 5-3(b)],但无须购买,点击"在线阅读",该标准以网页形式呈现出来[图 5-3(c)]。

图 5-3 国家标准检索实例

除了上述网站,搜索引擎也同样可以帮助用户找到感兴趣的标准信息。例如,只要在百度中输入"gb2760-2014 pdf",同样可以在线阅读食品添加剂标准的多种 pdf 版本。也就是说,如果用户的检索目标非常明确,无论使用搜索引擎还是专业网站都可以获得准确的检索结果。但是,如果检索目标不太明晰,则上述专业网站可能更容易划定范围,也更加方便快捷。

5.3 产品资料及其检索途径

生产、生活中所使用的各种材料绝大多数都是按照一定的标准制造出来的，这些制造出来的材料形成了后续人们所使用的各种产品。为了有效地利用这些产品，产品、材料的生产与销售单位会提供产品的使用方法，也就是产品资料，如阿莫西林药品说明书、家具安装说明书等。产品资料也是一类有实用价值的科技信息源。

5.3.1 产品样本和说明书

产品资料包括产品样本(catalogue)和说明书(specification)。产品样本是国内外生产(或经销)商为推销产品而印发的企业出版物，用来介绍产品的品种、特点、性能、结构、原理、用途和维修方法、价格等。查阅、分析产品样本，有助于了解产品的水平、现状和发展动向，获得有关设计、制造、使用中所需的数据和方法，对产品的选购、设计、制造、使用等都有较大的参考价值。由于产品不断更新，因此产品样本也容易过时。

产品说明书是生产商用来说明产品的性能和使用方法的技术资料，一般每种产品一册(或一套)。产品说明书的内容比产品样本详细和具体。它大体包括产品的性能、规格、用途、结构(或电路)、工作原理、操作使用方法、安装维修(或校准)方法、零件部件目录等，并附有产品的图形照片，以及必要的技术数据。这类资料国外通称为说明书(specification)，有的称为说明手册(instruction manual 或 description manual)、操作与维修手册(operation and service manual)、用户手册(user's manual)等。有的说明书只有产品性能、操作使用方法等内容，称为操作手册(operating manual)或操作指南(operating guide)等。

一些国际大公司或高端企业在技术上比较成熟，因而产品资料对编制新产品的试制规划、产品设计、试制、造型等都有较大的实际参考价值。此外，外贸部门和使用单位为了选购国外产品，有时在查阅产品样本的基础上还要进一步查阅产品说明书，详细了解有关产品的性能、特点和结构等内容，以决定是否进口。产品说明书也是使用部门对进口产品进行安装、使用、计量、校准、维修的重要参考资料。

产品样本和说明书对基础研究工作者来说使用价值并不是很大，但对产品设计人员有较大的参考价值。

5.3.2 产品资料的检索

虽然产品资料包括产品样本和产品说明书，但是在日常生活中，产品资料主要指的是产品说明书。事实上，为了便于查找或掌握产品的发展动向，各国(或企业)都出版了检索工具，大部分是免费提供的。随着网络的发展，国际国内生产商、经销商都开始关注产品网站的建设。为了吸引顾客，一些公司甚至提供了除包装、规格、价格以外的产品详细参数，以供广大用户选择。例如，国内著名的医学论坛丁香园自带的丁香园用药助手(drugs.dxy.cn)就可以快速检索到阿莫西林胶囊的药品说明书(图5-4)。

又如，用户进入尼康中国网站(www.nikon.com.cn/sc_CN/)，可以通过产品索引看到感兴趣的任何一款相机的产品资料，其对相机的各种物理参数有较为详细的说明。此外，还有一些产品资料综合搜索引擎，可以直接搜索感兴趣的产品说明书，如说明书库(www.shuomingshuku.com)、

图 5-4 丁香园用药助手检索药品说明书

说明书大全网(www.shuomingshu.net)等。

对于化学化工、材料相关专业的从业人员,还可以通过试剂仪器网站及一些厂商获得自己想要检索的化学品或仪器资料,如试剂仪器网(www.cnreagent.com)、阿拉丁试剂网(www.aladdin-e.com)、中国化学品安全网(service.nrcc.com.cn)等。

显然,产品说明书是人们日常生活中很重要且具有实用价值的一类科技信息源。然而,它也是最容易被忽视的一类信息源。

5.3.3 利用产品网站免费获得参数

国内外部分知名的生产商、经销商为了推广其产品,会在其网站提供相关材料、仪器、试剂等产品资料信息。作为潜在用户,可以免费获得这些具有实用价值的科技信息。例如,苯甲酸钠是一种食品中常见的防腐剂,如果想详细了解苯甲酸钠,就可以通过相关网站免费找到该产品的各种参数。下面以 Sigma-Aldrich 公司为例进行简单介绍。该公司网站提供了名称、结构等检索途径,如 product name、product number、CAS number、molecular formula、select an identifier、keyword(full text)、supplier part number,可以查询各种试剂的物理参数、英文名称、结构等信息,目前已经有中文网页。

首先,进入 Sigma-Aldrich 公司网页(www.sigmaaldrich.com),在搜索栏输入"苯甲酸钠"[图 5-5(a)],点击搜索,出现苯甲酸钠的信息页面[图 5-5(b)]。将页面下拉可以看到货号和产品名称[图 5-5(c)],点开价格与基本信息,可以看到苯甲酸钠的各种参数,包括 CAS 号、分子量、分子式等基本信息[图 5-5(d)]。还可以将这些信息下载下来,将苯甲酸钠参数以 pdf 格式存储并进行查看[图 5-5(e)]。

值得注意的是,在产品信息页面[图 5-5(c)]能看到"MSDS",即化学品安全技术说明书(material safety data sheet),是化学品生产商和进口商用来阐明化学品的理化特性(如 pH、闪点、易燃度、反应活性等)和可能影响使用者健康(如致癌、致畸等)的一份文件。MSDS 在欧洲国家国际标准化组织(ISO)中的说法是 SDS,即 safety data sheet(安全数据说明书)。点击"MSDS",可以对其进行在线浏览或下载阅读[图 5-5(f)]。

第 5 章 标准与产品资料

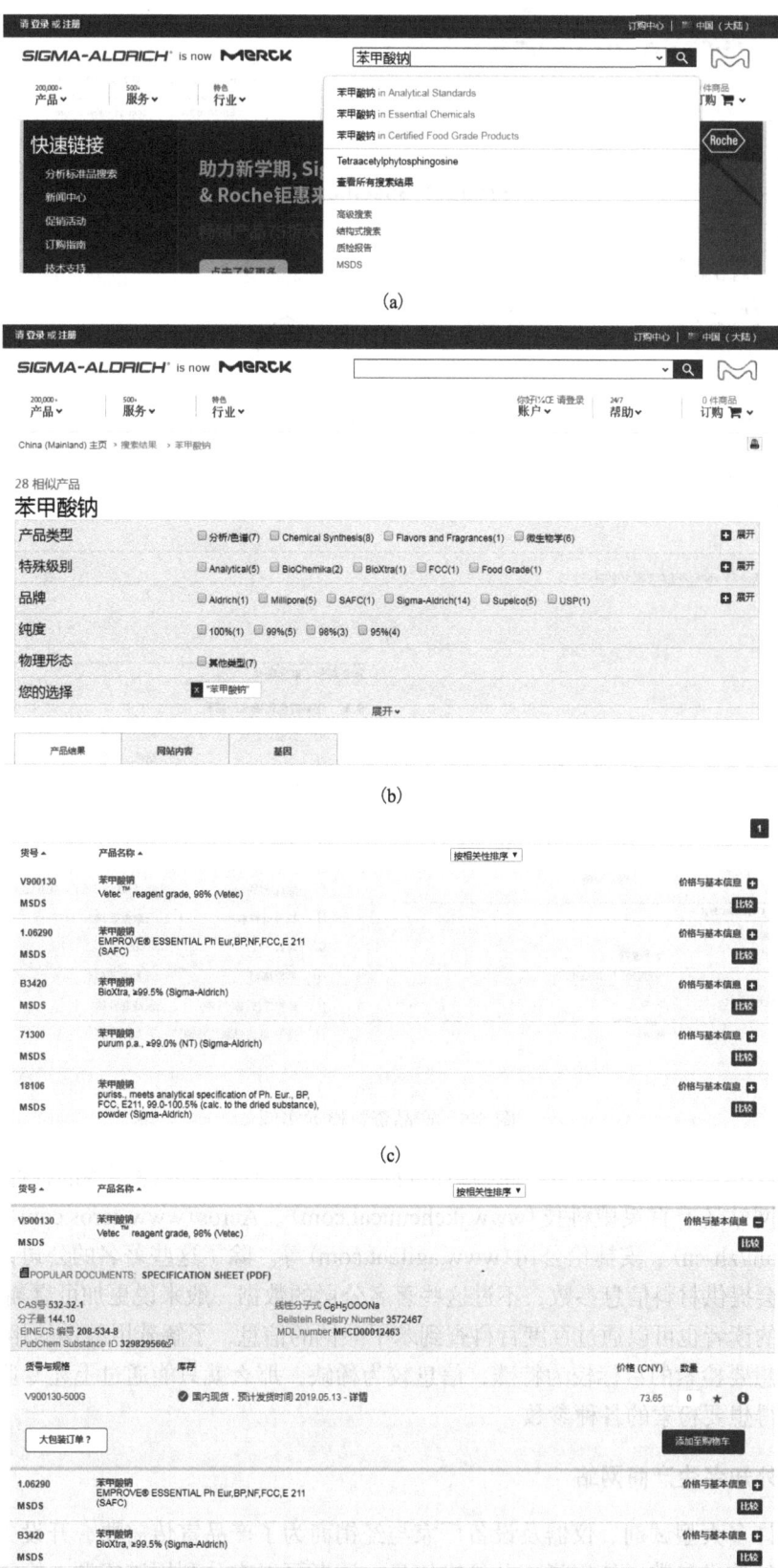

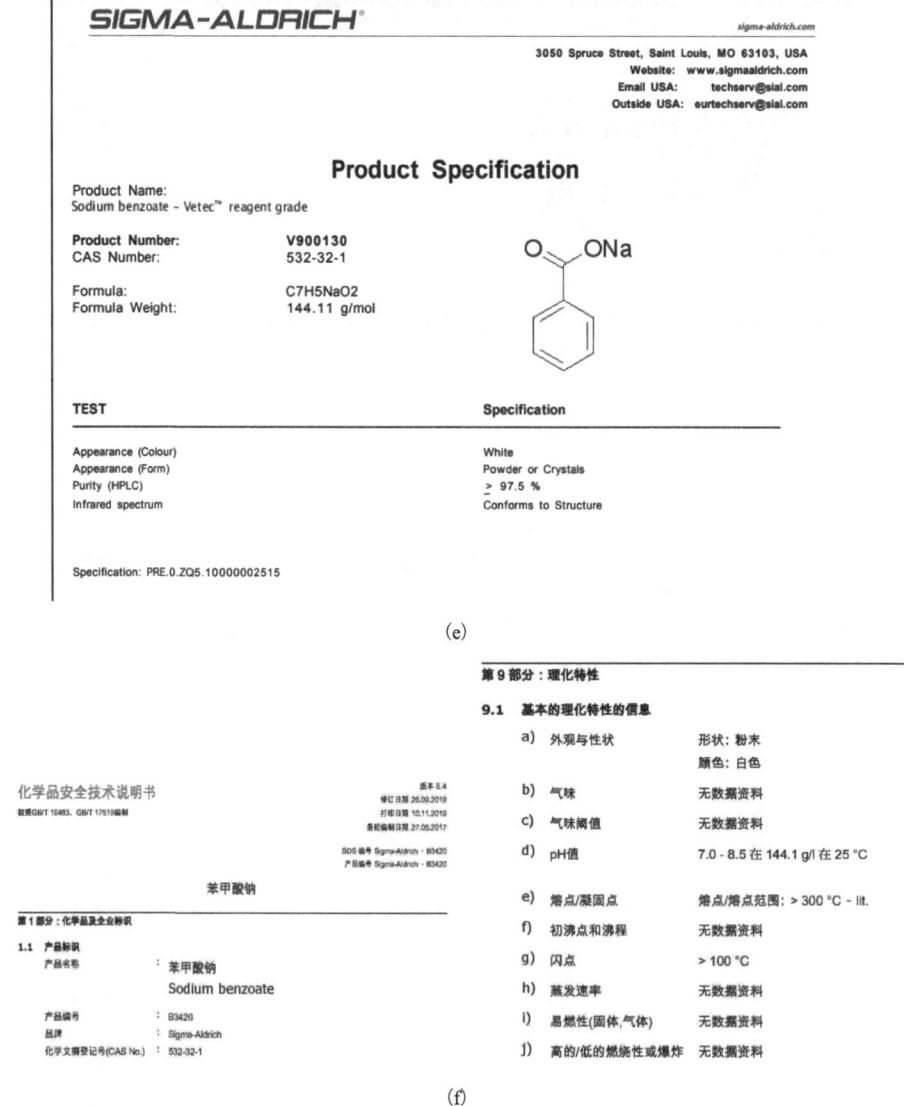

图 5-5 产品资料检索实例

显然,苯甲酸钠可以通过生产商网站进行检索,从而获得读者感兴趣的各种参数信息。这样的网站还有百灵威科技(www.jkchemical.com)、Acros(www.acros.com)、Alfa-Aesar(www.alfa.com/zh-cn)、安捷伦公司(www.agilent.com)等。除了这些著名的公司,很多较小的公司网站也会提供材料信息参数,不过这些著名公司的数据一般来说更加可靠翔实。

有经验的读者也可以通过百度百科查到苯甲酸钠的信息,了解苯甲酸钠的相关信息参数。但是,如果想要检索的目标较为特殊,信息较为稀缺,那么就只能通过上述专业网站进行查询,才能获得想要检索的各种参数。

5.3.4 国内外知名生产商网站

国内外许多大型试剂、仪器及设备厂家与经销商为了产品宣传需要,开设了相关网站,介绍其产品的技术参数、使用指南及价格信息。读者可以充分利用该资源,检索自己所需的信息，如化学试剂的物理参数、仪器设备的技术参数等，一方面，在采购时可货比三家，选择自己最满意的产品购买；另一方面，通过信息查阅，也可以免费获得自己感兴趣的信息。

1. 知名原材料与试剂网站

国内的原材料和试剂网站有：

(1) 国药试剂(www.reagent.com.cn)：是国药集团化学试剂有限公司的主页，可以提供化学试剂的价格查询，主要以国内试剂为主，也提供英文检索页面。

(2) 试剂仪器网(www.cnreagent.com/index.php)：包括中文产品索引、英文产品索引、CAS产品索引、化工字典、会展信息、产品展示等信息。

(3) 中国化学品安全网(service.nrcc.com.cn)：是青岛诺诚化学品安全科技有限公司建立并经营的以化学品登记、鉴别、安全代理为主的网站。

(4) 化工仪器网(www.chem17.com)：以化工、制药、食品、生物、石油、农业、医院、学校、质检、疾控、科研所等单位为服务对象，提供最便捷的网上采购平台。

(5) 中国生物器材网(www.bio-equip.com)：是提供生物仪器设备和耗材、化学试剂、实验动物信息的专业网站，提供器材采购导航服务。

还有一些厂商，如上海化学试剂研究所(hkjum226774.51sole.com)、北京益利精细化学品有限公司(www.yilishiji.com)、北京鼎国昌盛生物技术有限责任公司(www.dingguo.com)、吉尔生化(上海)有限公司(www.glbiochem.com/cn/index/index.aspx)、北京伊诺凯科技有限公司(www.inno-chem.com.cn)、生工生物工程(上海)股份有限公司(www.sangon.com)等。

国际知名试剂仪器公司网站有：

(1) Sigma-Aldrich 公司(www.sigmaaldrich.com)：是世界最著名的两家化学、生化试剂 Sigma 和 Aldrich 公司合并后主办的网站，在前面实例介绍中已经提及，此处不再赘述。

(2) 百灵威科技(www.jkchemical.com)：是百灵威化学公司的主页，提供化学试剂的价格查询。生产功能性材料，各类有机、无机、生化试剂，各类标样，分析化学试剂，溶剂，医药中间体原料等。

(3) Acros(www.acros.com)：公司可提供超过 18000 种化学产品、30000 多个不同纯度的产品和包装，从毫克至千克级别的常规基础试剂，到百千克乃至吨级的工业原料。该网站也可查询化学试剂的 IR 等谱图资料。

(4) Alfa-Aesar(www.alfa.com/zh-cn)：是 Johnson Matthey 集团的子公司，生产并供应科研化学品、金属和材料，并提供售后和相关技术咨询服务。

(5) Merch(www.merck.com)：公司创建于 1668 年，拥有约 350 年历史，主要致力于创新型制药、生命科学及前沿功能材料技术。

(6) Spectrum(www.spectrumchemical.com)：公司提供各类精细化学品、光谱试剂、实验用品。

(7) 北京基尼亚生物技术有限公司(genia-bio.bioon.com.cn)：主要研发产品领域包括基因、蛋白质、抗体、Elisa 试剂盒、诊断试剂原料、药物残留、食品安全检测试剂及其他高品质生物试剂产品，同时拥有广泛的细胞因子、生长因子、趋化因子、激素、酶、病毒抗原和其他许多重组蛋白的蛋白表达系统。

(8) 诺华公司(www.novartis.com.cn)：专注于医药健康需求增长领域，拥有创新药品、预防性疫苗和诊断试剂。

(9) 亚诺法生技股份有限公司(Abnova)(abnova.biomart.cn)：专注于高通量蛋白表达和抗体制作。

(10) Novus Biologicals(www.novusbio.com/china)：是一家抗体专业公司，生产用于研究的单克隆和多克隆抗体近16万种，产品涉及神经生物学、细胞凋亡、肿瘤、DNA修复、干细胞标记、信号转导等多个研究方向。

(11) BD 生物科学(www.bdbiosciences.com/zh-cn)：专注于改进药物传输，提高传染性疾病和癌症诊断的质量和速度，推进新型药物和疫苗的研发与生产。

(12) 北京博尔迈生物技术有限公司(www.mbl-chinawide.cn)：是日本 JSR 集团旗下日本 MBL 公司在中国的全资子公司，主推产品及业务包括 JSR 公司的诊断试剂原料(磁珠、乳胶微球、封闭剂)、MBL 公司的自身免疫试剂和基础科研试剂(自噬相关产品、标签抗体、凋亡相关产品、四聚体等)，以及代理销售日本特殊免疫研究所的抗体、新西兰 Arotec 公司的抗原、欧洲 Eurogentec 合成 Oligo 等诊断试剂原料。

(13) 宝生物工程(大连)有限公司(takara.company.lookchem.cn)：是日本 TaKaRa 公司在大连投资兴建的日本独资企业，其关于分子生物学及细胞生物学分支研究用试剂的制造已经取得了 ISO9001 认证。

2. 知名仪器公司网站

(1) Perkin Elmer(www.perkinelmer.com)：公司自1937年成立至今，在分析化学领域不断为用户提供先进的分析仪器、技术与服务。

(2) Thermo Fisher Scientific(www.thermofisher.com/cn/zh/home.html)：赛默飞世尔科技公司借助 Thermo Scientific、Applied Biosystems、Fisher Scientific 和 Unity Lab Services 等行业领先品牌，帮助客户解决在分析化学领域从常规的测试到复杂的研发项目中所遇到的各种挑战。

(3) 岛津(中国)(www.shimadzu.com.cn)：公司自1875年创立以来，在分析测试仪器、医疗仪器、航空产业机械等领域，以光技术、X 射线技术、图像处理技术这三大核心技术为基础不断推陈出新，满足更加广泛的市场需求。

(4) 北京索莱宝科技有限公司(solarbio.bioon.com.cn)：专注于生物产品的不断完善和创新，产品覆盖面广，品质可靠，先后开发了涵盖分子生物学、细胞生物学、免疫学、生物医学等领域的多种试剂及试剂盒。

(5) 天根生化科技(北京)有限公司(www.tiangen.com)：是集研发、生产、销售、客户服务为一体的生物技术公司，致力于为中国地区广大用户提供量身定做的生物学试剂、仪器和专业技术服务。

(6) 北京全式金生物技术有限公司(www.transgen.com.cn)：专业从事分子生物学、细胞生物学产品的研发、生产、销售，并提供实验技术服务。

(7) LI-COR(www.licor.com)：公司成立于1971年，其产品已成为从事植物生理及生态学研究科学家的首选仪器。该公司的生态仪器应用于农学、生物技术、植物学、生态学、林业、园艺、湖沼生物学、气象学、海洋学、光学研究、植物生理学和日光研究等不同学科。

(8) BioTek 公司(www.biotekchina.com.cn/zh-CN)：主要提供丰富的微孔板相关仪器产品，是 FDA 注册的医疗器械生产厂商，其产品通过欧盟体外诊断(IVD)CE 认证，满足严格的质控要求。

5.3.5 知名经销商网站

这类网站非常多,用户可在各类搜索引擎和化学类门户网站中搜索得到,也可登录国家数字图书馆化学学科信息门户网站(chemport.ipe.ac.cn),该网站提供了大量化学相关仪器设备公司网址链接。

(1)万化通(www.chemz.com/index):国内最全的化工产品数据库,收集国内外化工厂商信息,提供交易平台、企业建网、网络增值、海外推广等服务。

(2)中国医药化工网(www.chinayyhg.com):为世界医药、化学、医疗器械、商业及研究提供服务。

(3)化工联盟(www.cnchemadd.com/index.asp):提供试剂、仪器网站链接与厂商。

(4)Chemical Online(www.chemicalonline.com):提供化学制造、化学过程、化工、化学产品信息。

(5)chem.com(www.chem.com):包括化学公司产品目录、仪器目录、委托合成目录等,可以进行仪器、试剂搜索。

其他网站有化工热线(www.chemol.com.cn)、化工在线(www.chemsino.com)、开门化工网(www.chemn.com)、中化网(www.chembb.com)、勤加缘化工网(chem.qjy168.com)。

(6)中国生物技术信息网(www.biotech.org.cn):是由中国科学院生命科学与生物技术局、中国生物工程学会、中国科学院微生物研究所合作建设,定位于建设中国生物技术领域最权威、最及时、最专业的信息资讯类门户网站。

(7)中国物理仪器网(www.cnglobalshoes.com):可以查询物理相关资讯。

中工资源环保设备(www.hbsb.ecgoods.com)、环保在线(www.hbzhan.com)、谷瀑环保设备网(www.goepe.com)等网站则可查找环保方面的资讯、仪器。

总之,标准是一种具有法律效力的规范性文件,为产品的规范生产与使用提供强制性方法与技术参数;产品资料(产品说明书)为正确、有效地使用产品提供说明,也包含成分、组成结构及注意事项。由于绝大部分产品是按照一定的标准生产的,因此标准与产品资料所包含的信息有相通之处,其中包含了大量有价值的科技信息。

思 考 题

1. 标准的含义是什么?标准对现阶段人类社会生活有哪些重要作用?
2. 标准可以分为哪些类型?我国标准又可以分为哪些类型?
3. 试列举几种检索标准的方式,并列出相应网站的地址。
4. 产品信息的含义是什么?标准和产品信息之间的关系是什么?
5. 某一商品的产品说明书具体可从哪些途径进行检索?

实践练习题

1. 检索最新的食品添加剂标准,并下载pdf全文。
2. 根据自己所学习的专业,列举3~5个知名的试剂仪器公司。
3. 检索常用药物阿莫西林的药品说明书,并参考该药品说明书中的内容,检索药物活性成分详细的理化信息及原料购买渠道。

第 6 章 机构组织科技信息

本章导读：网络技术与信息技术的高速发展正在深刻地改变科技信息源的类型与形式。本章主要介绍正在兴起的第五大类科技信息源——机构组织科技信息。首先，将机构组织科技信息的类型和形式进行梳理。其次，分别对科技报告、技术档案、政府文件及其检索方法进行介绍。最后，对正在发展中的机构组织基本信息、动态信息、互联网+信息等进行介绍。

内容关键词：机构组织、科技报告、技术档案、政府文件、机构组织科技信息。

机构组织信息是指政府与各类组织机构公开(或内部公开)的文件、报告、档案，以及单位与个人公开和开发的各类信息。机构组织信息中包含大量科技信息，也就是本章重点介绍的"机构组织科技信息"，这是一类正在急速增长的科技信息源。

传统科技文献有科技图书、科技论文(期刊论文、会议论文、学位论文)、专利、标准、产品资料、科技报告、技术档案、政府出版物、数据库资源等。本书所说的机构组织科技信息，是指除科技图书、科技论文、专利、标准与产品资料以外的科技信息源。它不但包括科技报告、技术档案、政府出版物等纸质版时代普通人难以获得的文献，也包括机构组织基本信息、动态信息、互联网+信息等正在发展的科技信息源。

6.1 机构组织与科技信息

在信息网络日益发达、社会分工日趋精细化的今天，有千万个机构组织，几乎每个机构组织都有自己的网站，甚至几个人就可以建立一个网站，公布一些信息。更重要的是，机构组织的网站包含大量科技信息，可以把它们看成千万个"科技细胞"，正是这些"科技细胞"构成了现在的科技信息世界整体。

6.1.1 Internet 科技信息资源的主要类型

高速发展的 Internet 正在改变着人们的学习、生活方式。Internet 科技资源不但包括传统文献类型，还出现了新的信息类型。这使得网络信息内容范围与数量大幅增加，检索速度也大幅度加快。

值得注意的是，除政府、科研、教育、生产单位基于宣传的需要提供了大量的动态免费信息外，越来越多的单位也在提供不同类型的免费资源和在线服务，如化学、材料、生物相关理化参数，在线翻译、在线软件、在线教学视频等。

因此，Internet 科技信息分类方式与传统出版物分类方式大相径庭，目前可以分为如下五大类型。

(1)专业资源与数据库：主要包括传统科技文献(图书、期刊、专利)、专业数据库、科技教育资源与科普知识、科技软件。

(2)机构组织基本信息：主要包括科技相关政府、科研教育机构，科技相关非官方协会与学会、生产、销售及电子商务等机构组织的基本信息。

(3)动态信息：主要包括科技新闻、科技会议信息、讨论组、论坛、专家信息、招聘、求职信息。

(4) 互联网+信息：主要包括免费在线资源及在线服务，如教学资源、在线结构与理化参数、在线软件与翻译工具。

(5) 信息检索导航：主要包括搜索引擎、资源导航、主要参考工具、具体查找方法实例、其他资源搜寻工具。

6.1.2 机构组织科技信息的主要类型

机构组织种类繁多，与科技活动相关的机构组织大致可以分为四大类：政府部门、科研教育机构、学术团体、生产销售单位(表6-1)。

表 6-1 机构组织及其科技信息的主要类型

分类方式	机构组织类型	科技信息主要类型及载体	
主要类型	政府部门 科研教育机构 学术团体 生产销售单位	基于传统媒介	科技报告 技术档案 政府文件
		基于互联网	基本信息 动态信息 互联网+信息

机构组织科技信息是指与科技活动相关的机构组织以各种方式提供的供公众使用的科技信息。

基于传统媒介(印刷版)的机构组织科技信息主要有三大类：①科技报告；②技术档案；③政府文件。

Internet 为传统的机构组织科技信息提供了互联网平台，人们可以方便地获得这些科技信息。同时，基于互联网，不同类型的机构组织也公开或开发了大量科技信息，可以把这些信息分为三大类：①机构组织网页公开的基本信息，简称"基本信息"；②机构组织提供的动态信息，简称"动态信息"；③机构组织基于互联网开发的网络信息，也就是"互联网+信息"。这三类信息紧密相关，相互交错，甚至有些内容可划分为数据库信息。

总的来说，绝大部分机构组织科技信息可以免费浏览与查阅。

6.2 科技报告与技术档案

6.2.1 科技报告

1) 科技报告制度与科技报告类型

科技报告是关于某科研项目(或活动)的正式报告(或记录)，大多是单位(或个人)以书面形式向提供经费和资助的部门或组织汇报其成果或进展情况的报告。因内容一般具有保密性，故往往以内部资料的形式出现，或在一定时间后公开。

目前，很多国家都建立了科技报告制度。美国是最早建立科技报告制度的国家，其政府科技报告工作始于 1945 年，近年来每年产生约 60 万份科技报告，其中公开发行约 6 万份。我国于 2013 年建成科技报告服务系统，该系统可按部门、学科、地域、类型对公开科技报告进行导航，目前主要收录科学技术部、国家自然科学基金委员会、交通运输部和省市地方的部分科技报告 17 万多份，内容涵盖全部学科，收录报告的类型也多种多样。现在，该系统的收录数量仍在陆续增加。

科技报告主要有以下四个方面的特点：①每份报告独立成册，编有序号；②内容新颖，针对性强；③内容往往涉及尖端项目、前沿课题和交叉学科，有较强的前瞻性；④内容翔实、专业、深入，既反映成功经验，又有技术失败教训，往往附有详尽的数据、图表和事实资料。

科技报告按照报告内容的性质和侧重点不同可以分为研究成果报告、生产报告、评估报告、技术经济分析报告；按照报告的用途不同可以分为专题报告、进展报告、结题报告和组织管理报告。

美国作为最早建立科技报告制度的国家，其科技报告主要有四种：美国商务部出版局整理出版的 PB 报告、美国武装部队技术情报局的 AD 报告、美国能源部的 DE 报告和美国国家航空与航天局的 NASA 报告。这四种科技报告的内容涉及数学、物理、化学、生物、医学等基础学科，也涉及材料、工程、环境、机械、天体物理等多个学科。

2) 科技报告的作用

科技报告代表一个国家某一专业领域的科技水平，可以对科研工作起到直接的借鉴作用。许多最新的研究课题与尖端学科的资料往往首先反映在科技报告中。科技报告为科研人员提供科研基础信息，为科技管理者提供决策支持，为社会公众了解和利用国家科研成果提供服务平台，对于提升国家科技实力和创新能力具有重要的意义。

科技报告也可以帮助学生学习和了解本专业的前沿动态知识、拓宽知识面，协助学生进行论文选题，开展创新创业实践，为学生确定考研学科和学校提供帮助。因此，需要在了解科技报告的基础上学习如何进行科技报告的检索。

3) 美国科技报告的免费检索

目前，已公开出版的美国科技报告的检索工具主要有以下几种：

(1) 美国国家技术报告图书馆(ntrl.ntis.gov/NTRL)：是美国技术信息服务系统数据库之一，主要收录美国政府多个部门立项研究及开发的项目报告(包括 PB 报告)，少量收录欧洲、日本、中国及其他国家的科学研究报告。该平台可免费检索所有收录的科技报告，部分报告可免费全文下载。

(2) 美国政府报告(www.ntis.gov)NTIS 数据库：由美国国家技术情报社出版，可免费检索科技报告。

(3) 美国能源部(www.doe.gov)：可查找美国能源部(DOE)的解密报告。

(4) DOE Information Bridge(www.osti.gov)：能检索并获得美国能源部提供的研究与发展报告全文，内容涉及物理、化学、材料、生物、环境、能源等领域。

(5) 美国国防科技信息数据库(STINET)：可免费检索 AD 报告。

(6) 美国政府出版局(United States Government Printing Office)(www.gpo.gov)：可了解美国政府机构出版物，并有多个政府报告数据库可检索。

虽然各类科技报告专业内容不同，检索工具名称也不同，但检索途径和方法大致相同。下面以 "stealth material"（隐形材料）为检索目标，举例说明如何在美国国家技术报告图书馆检索科技报告。

在浏览器地址栏输入美国国家技术报告图书馆网址(ntrl.ntis.gov/NTRL)，进入首页，在左侧检索栏输入 "stealth material"，勾选下方 "Only documents with full text" 选项，点击 "Search" [图 6-1(a)]。检索结果显示在页面右侧，共获得 8591 条相关记录[图 6-1(b)]。点击第一条记录后下载项中的 pdf 图标，就可以下载该报告的 pdf 版本[图 6-1(c)]。

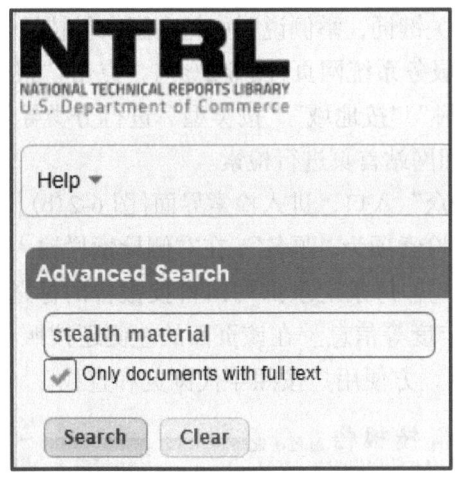

图 6-1 美国科技报告检索实例

显然,科技报告的检索并不复杂,用户可以尝试以自己感兴趣的关键词在上述不同的检索工具中进行查找并进行比较,从而熟悉美国科技报告的检索与下载。

4) 中国科技报告的免费检索

2013 年我国建立的"国家科技报告服务系统"对广大科研人员和社会公众实行开放共享,社会公众不需要注册,即可检索科技报告摘要和基本信息;专业人员需要实名注册,通过身份认证即可检索并在线浏览科技报告全文,但不能下载全文。

下面以"智能材料"为关键词，举例说明如何在国家科技报告服务系统中检索科技报告。

(1)打开国家科技报告服务系统网页[图6-2(a)]，点击"报告导航"栏目，可以根据左侧列出的"按来源""按学科""按地域""按类型"进行分类导航、查找目标报告。

(2)如需要检索，则返回网站首页进行检索。

第一步：点击"社会公众"入口，进入检索界面[图6-2(b)]。

第二步：在检索框选择检索项为"题名"，在右侧检索栏输入"智能材料"，点击"检索"，共得到76条记录[图6-2(c)]。每条记录都列出科技报告的标题、作者及作者单位、计划名称或项目类别、立项/批准年度等信息。在该页面的左侧还按照科技报告的立项/批准年度汇总了所有检索结果中的记录，方便用户按照年代浏览和查找。

图6-2 中国科技报告检索实例

第三步：选择点击第一条记录的标题链接，可以看到该报告的类型、公开范围、编制时间、作者、中英文摘要、中英文关键词、馆藏号等信息。

需要注意的是，经实名注册的专业人员，检索后可在线浏览报告全文，系统将按提供报告页数的 15 倍享有获取原文推送服务的阅点。

5) 科技报告的其他检索途径

科技报告的检索途径除了上述方式，还有以下几种途径：

（1）SciFinder 是基于美国《化学文摘》（CA）开发的网络检索工具，CA 也收录科技报告，可使用 SciFinder 直接进行科技报告检索。

（2）万方数据资源系统科技成果数据库（c.wanfangdata.com.cn/cstad.aspx）收录了从 1964 年以来我国各省市、部委鉴定后上报国家科技委员会、科技部的各项科技成果，内容包括新技术、新产品、新工艺、新材料和新设计等技术成果项目，总计 90 余万项，涉及各个行业和学科领域。万方数据科技报告数据库则收录了始于 1966 年的中文科技报告 26000 余份，收录了始于 1958 年的美国四大科技报告 110 余万份。

6.2.2 技术档案

技术档案（technical archives, technical dossier）是指具体工程建设部门及科学技术部门在技术活动中形成的技术文件、图纸、图片、原始技术记录等资料。这类资料是生产建设和科学研究工作中用以积累经验、吸取教训、解决问题和提高质量的重要信息源。现在各单位都相当重视技术档案的立案和管理工作。

技术档案主要产生于从事自然科学研究、生产技术和基本建设等活动的单位，包括图纸、图表、文件材料、计算材料、照片、影片及各种录音、录像、机读磁带、光盘等，是档案的一大门类。一些专业主管单位颁发有关科技工作的指示、决定、规程、规范和审批文件等，基层科技单位也会将这些文件归入技术档案中。

技术档案大多由各系统、各单位分散收藏，一般具有保密和内部使用的特点，因此在科技论文的参考文献和检索工具中极少引用。

6.3 政府文件

6.3.1 政府文件类型与作用

政府文件信息是指由各国政府部门及其所属专门机构负责编辑，采用印刷或网络出版并通过各种渠道发行、发布或出售的文字、图片、磁带、软件等资料信息的总称。人们通常在报纸、期刊和电视、网络等新闻媒体上看到的政府"红头文件"就是政府文件信息的一部分。

为了提高公众对政府各项政策措施的了解，推动政策落实，国务院 2019 年新修订了《中华人民共和国政府信息公开条例》，明确规定：大部分政府文件信息都需通过网络公开。

在政府文件信息中，直接包含 30%~40% 的科技信息，而与科技相关的信息超过 60%。

政府文件信息内容非常广泛，按照内容的不同主要可分为动态与新闻、政策与法规、政府报告、国务院公报、数据与统计公报等。

通过政府文件可了解一个国家当前的科学技术发展概况、总体规划、科技经济政策、法律法令、规章制度等，甚至在领导人的讲话、发表文章以及出访、调研等活动中都可以发现、获得很多科技信息。例如，李克强总理在 2018 年 12 月 24 日的国务院常务会议上强调要提高知识产权审查效率，压缩高价值专利审查周期，这对科技工作者来说是一个好消息。

6.3.2 公开政府文件的重要网站

目前，世界各国政府普遍通过政府网站公布各种政策、法规信息，或提供信息的重要链接，方便社会公众查阅、浏览，而政府文件科技信息是包含在这些政府文件信息之中的科技信息。下面介绍一些可免费获取政府文件科技信息的重要网站。

(1) 中国政府网(www.gov.cn)：是国务院和国务院各部门及省、自治区、直辖市人民政府在国际互联网上发布政府信息和提供在线服务的综合平台，其中"政策""数据"两个栏目涉及国务院政策文件库、政府信息公开、数据查询等科技信息。

(2) 中国政府公开信息整合服务平台(govinfo.nlc.gov.cn)：由国家图书馆联合公共图书馆共同建设，通过全面采集并整合我国各级政府的公开信息而构建的方便、快捷的政府公开信息整合服务门户，可实现对各级政府信息资源的收集、整理、保存、开发、利用并服务于公众。用户能够一站式发现并获取政府公开信息资源及相关服务，在该平台上可检索、在线全文浏览各级政府发布的政策法规、政府公报、机构文件、工作动态、统计信息、行政职权等政府文件信息。

(3) 美国政府信息网(www.govinfo.gov)：为公众免费提供各种各样的美国政府信息，包括元数据检索、政府信息管理、政府出版物、标准电子信息存储及其他相关资源。

(4) 美国政府出版局(www.gpo.gov)：可了解美国政府机构信息、政府出版物、联邦图书馆等，包含多个数据库，可免费进行在线检索和部分全文下载。

(5) Science.gov(www.science.gov)：是检索美国政府科学信息的通道，目前已经发展到第 5 代，可检索 60 多个数据库和 2200 多个科学网站。内容包括传统 10 种文献源，以及新闻、百科等多项信息。

(6) 中国国家图书馆"国际组织与外国政府出版物网络资源整合服务平台"（www.nlc.cn/gjzzywgzfcbw/ptjs)：收藏自 1947 年以来联合国及其专门机构、欧盟、经济合作与发展组织、亚洲开发银行、美国兰德公司、美国国会情报服务公司、美国政府、加拿大政府等国际组织和外国政府出版物。

近年来，我国各级政府十分重视政府网站的建设。一些重要的政府网站都可以免费检索、浏览相关的政府文件科技信息，如中华人民共和国科学技术部(www.most.gov.cn)、中华人民共和国教育部(www.moe.gov.cn)、中华人民共和国国家发展和改革委员会(www.ndrc.gov.cn)、中华人民共和国工业和信息化部(www.miit.gov.cn)、中华人民共和国自然资源部(www.mnr.gov.cn)、中华人民共和国生态环境部(www.mee.gov.cn)等。

6.3.3 大数据时代政府网站的有效利用

2012 年以来，"大数据"一词被广泛使用，用来描述信息爆炸时代产生的海量数据，我们现在所处的时代可以称为"大数据时代"。下面通过中国政府公开信息整合服务平台与美国政府信息网的检索实例认识大数据时代背景下政府文件科技信息的检索与获取。

(1) 在中国政府公开信息整合服务平台检索与"化学品"相关的政府文件科技信息。

进入中国政府公开信息整合服务平台网站首页，在检索栏输入"化学品"，点击检索，可获得12606条相关的政府文件信息（图6-3）。

图6-3　中国政府公开信息整合服务平台检索实例

在该平台也可以进行全文组合或元数据组合的高级检索，提高检索精准度。例如，可检索标题含有"安全生产"、全文含有"危险化学品"的政府文件信息。

(2) 在美国政府信息网检索美国与"科技创新"相关的国家政策。

进入美国政府信息网首页（www.govinfo.gov）（图6-4），可以看到页面上除了可进行检索之外，下面还列出了五种分类浏览方式：按字母顺序浏览、按文档种类浏览、按时间或日期浏览、按文档发起委员会浏览、按文档作者浏览。

图6-4　美国政府信息网首页

在检索栏输入检索词"science and technology innovation"（科技创新），搜索得到结果页面。在页面左侧分别按照文档收录集、公布日期、公布部门、组织委员会、相关人员等分类显示检索结果，因此可以对上述检索结果进行二次检索。页面右侧依相关度大小分页、逐条显示检索结果，共计55707条记录。可以获得详细信息，也可以下载pdf文档。

6.4　机构组织基本信息

机构组织通过其网页公开的基本信息主要包括机构组织的名称、属性、简介和历史沿革等公开基本信息，从这些属性、简介等基本信息中就能获得相关科技信息。

如前所述，与科技活动相关的机构组织大致可以分为三类：科研与教育机构、学术团体、生产与开发单位。下面分别介绍一些与科技活动相关的机构组织网站。

6.4.1 科研与教育机构的基本信息

科研与教育机构主要包括国内外的科研院所、高等院校、重点实验室和研究小组,从这类机构网站可以了解其发展、专业学科优势、学科特色、发展水平等,这也是考研考博、出国留学等信息的主要来源。典型的科研、教育机构相关网站如下。

(1) 中国教育和科研计算机网(www.edu.cn):是国家投资建设,教育部负责管理,清华大学等高校承担建设与运行的学术计算机网络。该网站提供了大量相关链接,可以检索教育法规等不同类型的信息。

(2) 中国科学院(www.cas.ac.cn):中国科学院(Chinese Academy of Sciences,CAS)是中国自然科学最高学术机构、科学技术最高咨询机构、自然科学与高技术综合研究发展中心,拥有12个分院、100多家科研院所、3所大学、130多个国家重点实验室和工程中心、270多个野外观测台站,承担20余项国家重大科技基础设施的建设与运行。中国科学院下属多个研究单位,如中国科学院化学研究所(www.iccas.ac.cn)、中国科学院上海有机化学研究所(www.sioc.ac.cn)、中国科学院长春应用化学研究所(www.ciac.jl.cn)、中国科学院大连化学物理研究所(www.dicp.ac.cn)、中国科学院兰州化学物理研究所(www.licp.cas.cn)、中国科学院理化技术研究所(www.ipc.ac.cn)、中国科学院过程工程研究所(www.ipe.cas.cn)、中国科学院福建物质结构研究所(www.fjirsm.ac.cn)、中国科学院地理科学与资源研究所、中国科学院生态环境研究中心、中国科学院青藏高原研究所、中国科学院遥感与数字地球研究所、中国科学院西北生态环境资源研究院、中国科学院东北地理与农业生态研究所、中国科学院城市环境研究所、中国科学院地球环境研究所、中国科学院沈阳应用生态研究所、中国科学院南京土壤研究所、中国科学院南京地理与湖泊研究所等。

(3) 中国工程院(Chinese Academy of Engineering)(www.cae.cn)。

(4) 国家自然科学基金委员会(www.nsfc.gov.cn)。

(5) 美国国家标准与技术研究院(www.nist.gov):从事物理、生物和工程方面的基础应用研究,以及测量技术和测试方法方面的研究,提供标准、标准参考数据及有关服务。

国内外还有许多单位可以提供大量重要资源。例如,弗吉尼亚大学图书馆(www.library.virginia.edu)可搜索到大量专业资源,并提供链接;北京大学化学与分子工程学院(www.chem.pku.edu.cn)、北京大学城市与环境学院(www.ues.pku.edu.cn)、北京大学地球与空间科学学院(sess.pku.edu.cn);环境化学与生态毒理学国家重点实验室(et.rcees.ac.cn);环境模拟与污染控制国家重点联合实验室(www.skjlespc.net);中国环境监测总站(www.cnemc.cn);国际地圈生物圈计划(www.igbp.net);全球环境变化与人类健康(www.essp.org/?id=13&L=0);中国环境影响评价网(www.china-eia.com);中国食品药品检定研究院(www.nifdc.org.cn/nifdc);中国广州分析测试中心(www.fenxi.com.cn);美国洛斯阿拉莫斯国家实验室(www.lanl.gov);美国橡树岭国家实验室(www.ornl.gov)。

6.4.2 学术团体的基本信息

学术团体是指由科学技术、工程同一领域、同一学科或相关领域和学科的科技工作者组成的群体组织,旨在加强科技工作者的联系,开展学术交流,促进科学技术的普及推广和繁荣发展。学术团体一般以某某协会、学会命名。下面列出部分国内外学术团体及其网址供参考。

中国科学技术协会(www.cast.org.cn)由全国学会、协会、研究会和地方科学技术协会组成。目前，中国科学技术协会所属全国学会有 210 多个，涵盖理、工、农、医和交叉学科五个学科门类。在中国科学技术协会网站上可以查询科普知识、科技数据等信息。

除此之外，还有中国化学会(www.chemsoc.org.cn)、中国化工学会(www.ciesc.cn)、中国药学会(www.cpa.org.cn)、中国物理学会(www.cps-net.org.cn)、中国光学学会(www.cncos.org)、中国细胞生物学学会(www.cscb.org.cn)、中国遗传学会(www.gsc.ac.cn)、中国微生物学会(csm.im.ac.cn)、中国植物学会(www.botany.org.cn)、中国动物学会(czs.ioz.cas.cn)、中国生理学会(www.caps-china.org)、中国生物化学与分子生物学会(www.csbmb.org.cn)、中国地理学会(www.gsc.org.cn)、中国生态学学会(www.esc. org.cn)、中国环境科学学会(www.chinacses.org)、中国自然资源学会(www.csnr.org)、中国科学技术史学会(www.cshst.org)等。

6.4.3 生产与开发单位的基本信息

科技领域的生产、开发单位为了便于公众查找或掌握产品的发展动向和参考资料，一般在其网页都建有免费检索工具，可以检索与该组织机构相关的基本科技信息。除了基本信息，生产与开发单位还提供大量产品的资料信息、安全信息等。相关内容参见第 5 章产品资料信息。

6.5 机构组织动态信息

机构组织提供的动态信息包括自然科学、工程技术领域的新闻、科技会议信息、网络论坛、教学资源、学科领域和行业著名专家传记、成就及招聘求职信息等。动态信息来源广泛，信息量大，就像"散落的知识水滴"，最终会汇入"知识的海洋"。

6.5.1 科技新闻

科技新闻包括研究动态新闻、相关软件新闻、数据库新闻等。包含科技新闻的网址或站点有：科学网(www.sciencenet.cn)、中国教育新闻网(www.jyb.cn)、科技讯(www.kejixun.com)、美国化学会化学与工程新闻(cen.acs.org)、英国皇家化学会新闻(www.rsc.org/news-events)、生物通(www.ebiotrade.com)、化工在线(www. chemicalonline.com)、化工周刊(www.chemweek.com)、英国物理学会(events.iop.org)、美国物理学会(www.aps.org/meetings)、美国物理研究所(www.aip.org/news)、中国环境(www.cenews.com.cn)、环境生态网(www.eedu.org.cn)等。

6.5.2 科技会议与出版信息

科技会议与出版信息着重介绍自然科学、工程技术领域的学术会议，主要包括两个方面：会议信息和出版物信息。科技会议信息大多发布在机构组织、学术团体、新闻动态等网站的页面上。如果读者对某科技会议感兴趣，准备参会，一般需要关注的科技会议信息包括会议主题、性质、与会议相关的学科专业、举办时间地点等，而这些都可在相应的网站页面上检索得到。

下面提供一些可检索、发布国内外学术会议信息的网站供大家参考：学术会议云(www.allconfs.org)、中国学术会议网(conf.cnki.net)、中国教育系统学术会议云平台(econf.hust.edu.

cn)等,都可以查询、检索科技会议信息。

需要指出的是,国内外很多著名的学会、协会等学术团体同时也是学术出版商,出版很多科技图书、期刊。另外,部分生产与开发单位也出版学术性很强的期刊、图书等出版物,从中都可以捕捉到很多学科发展态势、研究热点、交叉学科、前沿领域等动态科技信息。例如,Sigma-Aldrich 公司的免费学术期刊 *Aldrichimica Acta* 收录有机化学领域的综述性论文,在有机化学同类期刊中排名前三。关于图书、期刊的检索和获取已分别在第 2 章、第 3 章介绍,此处不再赘述。

6.5.3 自媒体平台科技信息

随着中国互联网和移动互联网的发展逐步成熟,移动端用户不断增加,人们对于简单、快捷、趣味性的需求也随之增加。从碎片化阅读到短视频观看,中国的自媒体也在飞速发展,而正在发展的自媒体平台上也有大量的科技信息,为用户获得科技信息提供了极大的便利。自媒体平台科技信息主要分为如下两大类:

(1)网络论坛与博客资源:网络论坛与博客资源内容覆盖面广,信息量大,学科门类齐全,专业性强,求助响应速度快。例如,小木虫学术科研互动社区(muchong.com)有公派出国、考研、考博、招聘信息布告栏等很多版块,涉及化学、材料、数学、物理、生物、化工等多个学科。此外,比较著名的论坛、博客网站还有:X-MOL 科学知识平台(www.x-mol.com)、科学松鼠会(songshuhui.net)、化学论坛(www.chemicalforums.com)、生物谷(www.bioon.com)、丁香园论坛(www.dxy.cn/bbs)、环境生态社区(forum.eedu.org.cn)、地信网(bbs.3s001.com)等。

(2)单位与个人自媒体平台,如微信、微博、QQ 动态、今日头条等。很多科学家会在上述平台的个人空间分享最新科技成果、知识与方法,这些信息让读者既能了解前沿领域,又能换个角度学习基础知识。

6.5.4 科技人员信息

科技人员信息包括科技人员的传记、介绍、简历、成就等,这些信息通常出现在机构组织网站、统计分析网站、综合网站与论坛或个人博客上。典型网站有:

(1)科睿唯安(clarivate.com.cn):根据人名或单位名称查找高被引科学家,可以查看该作者发表论文数量、总被引次数等,可检索世界范围内的科技专家。

(2)诺贝尔奖(www.nobelprize.org):可了解诺贝尔奖授奖情况,查询诺贝尔奖获奖人及其主要贡献。

(3)专家引擎(www.expertengine.com):可查找全球范围内各个领域的专家,按学科和关键词检索,可查看专家的经历、技术专长、成果等信息。若想要获得其姓名和联系方式,则需要按网站要求填写专家请求表。

如果想要了解国内科技与工程领域的专家,可在不同网站进行查询。例如,想了解历年获得国家科技奖励的科学家及其主要成就、获奖单位等信息,可以前往国家科学技术奖励工作办公室(www.nosta.gov.cn)网站查找;如果想要查找中国科学院院士名单、学科分布等信息,可到中国科学院网站(casad.cas.cn)"院士信息"栏目查看;同样,到中国工程院(www.cae.cn)网站可以查找中国工程院院士及相关信息。

6.5.5 招聘求职信息

各个国家和地区、各级政府部门都建立了劳动服务网站，一些综合网站也具有求职服务功能。此外，大型职业介绍网站都有大量招聘求职信息，如58同城、找工作网等，可供求职者和招聘方双向选择。典型的求职网还有：新职业网(www.ncss.org.cn)专门提供各类人才招聘岗位、招聘会、就业政策等信息；应届生求职网(www.yingjiesheng.com)专门提供各类应届生就职岗位；欧盟学术工作网(www.academicjobseu.com)可查找欧盟国家提供的博士、博士后、研究人员等学术性工作岗位，也可发布学术岗位需求信息；猎聘网(www.liepin.com)是国内专业的高端人才职业发展平台；拉勾网(www.lagou.com)专注于为求职者提供更人性化、专业化的服务，由于精准的职位匹配，求职者平均每8次投递就会收到一次优质面试机会；前程无忧(login.51job.com)致力于为积极进取的白领阶层和专业人士提供更好的职业发展机会；智联招聘(sou.zhaopin.com)借助人才测评工具，根据求职者的简历、专业技能和能力素质搭建人格模型，并将其与企业招聘岗位的职位描述和能力模式相匹配，从而帮助企业完成前置筛选、中期考核及后期培训指导。

不仅如此，不同学科也有专门的招聘求职网站。例如，百大英才网·化工站(原百大化工人才网)(hg.baidajob.com)设有"应届生"栏目，专门为化学化工类应届毕业生提供招聘信息和相关就业指导。还有化学人才网(job.chemrc.com)、一览·涂料(dope.job1001.com)、中国化工人才网(www.hgrencai.com)、北极星环保招聘网(hbjob.bjx.com.cn)、一览·环保(www.hbjob88.com)、聚才环保招聘网(www.hbzp88.com)、环保英才网(www.huanbaoyc.com)、生物人才网(sw.chemrc.com)等。

除此之外，地方政府也建设了相应的人才网站，如甘肃人才网(www.gszhaopin.com)等。

6.6 机构组织互联网+信息

随着互联网技术、信息技术的快速发展，越来越多的机构组织甚至个人都认识到了网络的重要作用。他们不但通过网页公开与本单位或个人有关的信息，还提供新闻、会议、讨论、人物传记、招聘求职等诸多动态信息。除了这些基本信息和动态信息之外，其他信息都归类为互联网+信息。这些正在开发并发展的互联网+信息之中也包含与科技相关的信息。

6.6.1 互联网+信息的趋势

当前，互联网+时代正在快速发展中，因此无法对互联网+信息进行系统归纳与总结。下面通过几个典型实例，简单介绍互联网+信息的发展趋势。

(1) 以图书、科技论文的检索工具为基础开发的手机检索工具，如"手机知网"、"移动图书馆"等。可以说，以传统科技文献为基础的网络信息大部分都是以检索数据库的形式呈现，载体从印刷版走向电子版，并通过计算机或手机检索，但检索的基本方式相似。有关数据库类科技信息的检索将在第7章进行详细介绍。

(2) 以传统工具书为基础开发的大量基于手机的在线工具，也就是人们常用的手机地图、手机词典、手机百科等手机APP软件。从某种程度上来说，可以把它们看成是基于互联网的图书，可归类为"在线工具书"。

(3)信息技术与互联网技术的发展也改变了科技信息的呈现形式,突破了图书、论文、专利、标准、报告等典型科技信息源分类模式。例如,化学专业数据库(www.organchem.csdb.cn/scdb)是中国科学院上海有机化学研究所建设的科技信息数据库的一部分,它也是中国科学院知识创新工程信息化建设的一部分(图 6-5)。该数据库中包含"化学结构与鉴定"数据库、"天然产物与药物化学"数据库、"安全与环保"数据库、"化学反应与综合"数据库,以及基于传统文献源的"化学文献"数据库。显然,这样的分类方法与前几章所述的知识体系截然不同,而这种分类更符合学科自身的特色,更有利于人们对物质世界与自然规律的认识。此外,该在线数据库还提供多种形式的"数据检索",以及"中英互译""从结构生成名称""从名称生成结构""数据加工"等多种服务项目。

图 6-5 化学专业数据库首页

6.6.2 互联网+信息的检索

在这个正在发生革命性变化的时代,如何才能从这些海量的互联网+信息中找到有价值的科技信息?能否及时发现新的科技信息源?只要找到最新的科技信息"资源导航"或专业的"搜索引擎"就可以解决上述问题。

下面列举几种方法:

(1)进入"资源门户"网站,了解其分类方式。例如,前面所说的"化学专业数据库"就属于"国家科技基础条件平台"(www.nsdata.cn),该平台提供了不同学科分类导航。

(2) 从学科信息门户了解互联网+信息新的门类。例如,从化学学科信息门户(chin.ipe.ac.cn)就能发现化学学科信息最新的分类方式。这些学科信息门户可以从有关的图书馆网站查找。

(3) 从专业搜索引擎查找最新的科技信息源。例如,化工引擎(www.chemyq.com)包括网页、产品、供求、新闻、溶剂、专利等多种检索功能。

还有一些重要数据库,如国家地球系统科学数据中心共享服务平台(www.geodata.cn)、中国环境监测总站(www.cnemc.cn)、地理空间数据云(www.gscloud.cn)、寒区旱区科学数据中心(data.casnw.net)、国家气象科学数据中心(data.cma.cn)、资源环境数据云平台(www.resdc.cn)等。

总之,在互联网大背景下,许多机构组织正在开发与自媒体、新媒体充分融合的互联网+信息。这些科技信息的传播和发展为我们带来了新的挑战、新的机遇。只有主动适应科技发展变化,提高自身科技信息素养,提高获取科技信息的能力,才能持续学习、不断创新。

思 考 题

1. 机构组织科技信息有哪些类别?
2. 基于互联网的机构组织科技信息有哪些类型?
3. 科技报告与技术档案有何特点?有何用途?
4. 如何区分机构组织基本信息、动态信息、互联网+信息?
5. 列举一些本章没有提及的新型互联网+信息。

实践练习题

1. 练习用我国的"国家科技报告服务系统"检索本专业科技信息(如智能涂料、功能材料)。
2. 查找最近评选的诺贝尔奖获得者的个人信息与主要成就。

第 7 章 在线检索工具与数据库

本章导读：信息技术的发展推动科技信息源走向数字化，并将信息以数据库形式呈现出来，而"互联网+"则推动数据库实现在线检索。本章首先将科技信息相关的在线检索工具与全文数据库系统分类，然后重点介绍一些免费检索工具数据库（如百度学术、PubMed）、知名学科综合检索工具（如 WOS、EV）与专业检索工具（如 SciFinder、Mathscinet）数据库，以及全文数据库（如中国知网、ScienceDirect），以便读者掌握重要在线数据库的使用方法。

内容关键词：在线检索工具、搜索引擎、免费、全文数据库、学科专业数据库。

7.1 数据库与在线检索工具简介

互联网的高速发展，有效推动了无纸化办公，也推动着基于数据库的在线检索工具的高速发展。目前，在线检索工具已成为获取专业信息的常规手段。通过在线检索工具可以找到科技信息源的"题录+摘要"信息；通过阅读摘要信息，筛选有价值的科技信息源，从而大幅度降低获得有用知识的成本。因此，在线检索工具与数据库的有效利用已成为科技工作者的一项必备技能。

7.1.1 搜索引擎——文献查阅方式的发展

在现代科学技术发展的过程中，印刷版科技文献做出了巨大的贡献。但是，承载了大量科技成果知识的科技文献分散在成千上万个文献源中，使得快速寻找完整的科技成果变得越来越困难。为了从大量而分散的文献源中有效检索到有价值的文献，由专门的机构收集整理原始文献线索并将其体系化（文献存储），然后提供检索线索或方法，使读者从中检索所需文献（文献检索），这就是文献检索工具（retrieval tools），即用来存储、报道和查找文献资料线索的工具。典型印刷版检索工具有 SCI（《科学引文索引》）、EI（《工程索引》）、《全国报刊索引》等。

高级检索工具具有如下特征：①对收录文献的外部特征（如篇名、著者、出版地等）和内容特征（摘要、述评）进行描述；②能提供各种检索标识和途径；③有比较完备的检索体系。因此，科技工作者使用检索工具，可以从大量文献源中快速、准确地获取有价值的知识。学会使用检索工具，是人们了解和掌握科技动态、进行科学研究的重要捷径。

然而，手工查阅印刷版科技文献需要花费大量时间。另外，在经济欠发达的国家与地区也很难征订专业检索工具。直到 Internet 出现，才彻底改变了这种困局。

基于计算机的互联网为了方便用户快速找到有价值的信息，已经从综合网站的目录浏览、索引，逐渐发展为具有强大检索功能的搜索引擎。搜索引擎是根据一定策略，运用计算机程序将互联网信息进行组织和处理后，为用户提供检索服务的系统。为了适应大量出现的信息内容与形式各异的网站，诞生了综合搜索引擎网站，也就是提供互联网信息资源检索服务的网站。

搜索引擎是网络时代的检索工具，它可以帮助用户从海量的网络信息中查找到所需要的各类信息。搜索引擎不但具备了传统检索工具的基本功能，还超越了传统的检索方式与检索特征，并能节省大量时间。并且，随着智能手机的广泛普及，使用搜索引擎更加便捷，有些搜索引擎甚至本身就拥有自己的数据库。可以说，搜索引擎现在已成为人们经常使用的检索工具。

与此同时，一些知名的传统手工检索工具（如 SCI、EI、CA）也已经实现了在线检索，而且其也有数据库作为支撑，成为在线检索工具数据库。

7.1.2 在线数据库的分类

数据库（database）是按照数据结构组织、存储和管理数据的仓库。数据库技术随着计算机与网络等信息技术的迅速发展而发展。不同类型的数据库，从最简单的存储各种数据的表格，到能够进行海量数据存储的大型数据库系统，都已经得到广泛应用。

网络数据库不但可以将图书、论文、专利等传统文献记录在网络载体上，并实现远程检索与下载利用，还可以收录基于网络的新型科技信息源（如科技新闻、软件、各种组织机构、生产销售单位在线资源等）。

网络数据库不但可以用文字、图形、符号等方式记录，还可以通过声频、视频、动画等方式记录信息资源。网络数据库的商品化是其成熟的重要标志，因为实现了商品化，网络数据库能够提供更加便利的检索工具，使检索平台增多、检索功能多样化。此外，网络数据库还有一个重要特点，就是通过自带的检索工具，可以快速地找到目标信息。总之，网络数据库的优势在于将信息检索与互联网相结合，以达到快速检索有效信息的目的。目前，网络数据库通常都能实现数据库资源的在线检索。

科技信息检索与下载所需的科技信息用数据库有多种分类方式（表 7-1）。按照所包含的文献源种类，可分为综合文献数据库、单一文献数据库两大类。前者包含论文、专利、标准等不同类型的信息源，如中国知网；后者则只有一种类型的信息源，如数字图书（电子图书）、ScienceDirect（以期刊论文为主）、中国专利网等。

表 7-1　科技信息检索用在线数据库的主要类型

分类方式	按文献源种类	按学科类型	按内容特征	按收费方式
主要类型	综合文献数据库 单一文献数据库	学科综合数据库 学科专业数据库	检索工具数据库 全文数据库 特色工具数据库	免费数据库 付费数据库

按照数据库中所涵盖的学科类型，可分为学科综合数据库、学科专业数据库两大类。例如，Web of Science（WOS）、中国知网属于学科综合数据库，PubMed 属于生物医学专业数据库。

按照所收录科技信息源的内容特征，可分为检索工具数据库、全文数据库、特色工具数据库三大类。其中，检索工具数据库只提供题录信息，如 WOS、SciFinder 等；全文数据库不但提供题录信息，还能浏览与下载全文，如中国期刊网、ScienceDirect 等；词典、试剂仪器网站则属于特色工具数据库。

按照收费方式，又可分为免费数据库与付费数据库。目前，综合搜索引擎可归类为免费检索工具数据库,而绝大多数数据库是付费数据库,特别是全文数据库。付费数据库的主要特点是:数据全面详细,提供多种贴近用户需求的检索模式。当然,对于用户个体,如果本单位已经付费购买了所需的数据库,就可以使用单位账户免费使用这些付费数据库。

7.1.3 重要的在线检索工具与数据库

在线数据库种类繁多,表 7-2 分类罗列一些重要的在线检索工具与数据库,并说明其特点、免费层次以及检索方法相对应的章节。数据库作为人们检索、下载科技信息的重要途径,需要进行详细了解。为了使读者能够对数据库有更为深入的理解,下面按照表 7-2 顺序对重要的数据库进行介绍,以期帮助读者更加全面地了解数据库,并在具体数据库的使用中能够得心应手。

表 7-2 重要在线检索工具与在线数据库及其特点

内容特征	学科类型	典型数据库名称(文献源种类)内容特点【免费层次】	相关章节
检索工具数据库	学科综合	(1)百度、Google、Bing 等搜索引擎(综合文献数据库),包含期刊论文为主的学术搜索,如百度学术、谷歌学术【免费】	2
		(2)WOS、EV:检索高水平论文,提供全文链接【单位付费】	3
		(3)ProQuest 检索平台(学位论文为主)题录和文摘,多数论文前24页可免费预览【图书馆付费】	7
	学科专业	(1)PubMed、PubChem、PDB、NCBI(生物医学相关)【免费】	7
		(2)SciFinder(化学相关综合文献数据库)【单位付费】	3
		(3)AMS/MathSciNet(数学类相关文献检索)【单位付费】	7
		(4)Zentralblatt MATH(数学类相关文献检索)【免费检索三条】	7
全文数据库	学科综合	(1)中国知网(CNKI)、万方、维普(包含论文、科技报告等)【检索题录免费、全文付费】	2
		(2)ScienceDirect、Wiley、SpringerLink 数据库(论文为主)【单位付费】	3
		(3)数字图书(图书为主)【单位付费】	4
		(4)各国专利数据库【免费】、标准数据库【部分免费】	5
		(5)Open Access 资源:DOAJ;Highwire;Socolar【免费】	7
	学科专业	(1)ACS、RSC 数据库(化学相关论文为主)【摘要免费、全文付费】	7
		(2)APS、AIP、IOP、中国物理学会期刊网、IEEE、中国计算机学会期刊(物理、计算机论文为主)	3
		(3)GeenMedical 可直接下载大部分文献【免费】	7
特色工具数据库	政策法规	政府网站、机构组织网站【免费】	6
	词典	在线词典、地图【免费】	2
	材料参数	试剂仪器网站、数据手册、NIST 手册、物种大全【免费】	5
	生产销售	结构式、反应式检索【免费】	2、7

大部分搜索引擎及其开发的学术搜索(如百度学术、维基百科)可以免费使用,但其相应的数据库信息不完整,检索功能也较少。而大部分全文数据库需要付费,如 Elsevier 开发的

ScienceDirect。

一些国际知名的文献检索工具基于网络开发了相应的学科综合检索工具数据库与学科专业检索工具数据库。例如，Web of Science(WOS)和 Engineering Village(EV)就是两个著名的学科综合检索工具数据库，这两个数据库包括了国际著名的三大科技检索系统，即科学引文索引(SCI)、科技会议录索引(ISTP)和工程索引(EI)。国内也有综合检索数据库。例如，全国报刊索引数据库就是基于知名的检索工具"全国报刊索引"开发出来的综合检索数据库。

知名的学科专业检索数据库有 PubMed、PubChem、SciFinder、MathSciNet 数据库等，属于付费的检索数据库，使用方法将在后面进行详细介绍。

此外，还有一些特色工具数据库，如在线词典、试剂仪器网站等，其特点是使用免费。各级各类图书馆网站也提供了不同类型的学术资源数据库，如清华大学学术信息资源门户(metalib.lib.tsinghua.edu.cn)。

7.2 搜索引擎与免费检索工具

7.2.1 免费搜索引擎与学术检索工具

搜索引擎是基于互联网开发的一种免费检索工具，目前许多搜索引擎都提供了免费学术搜索(表 7-3)。例如，以 Google、百度为代表的综合搜索引擎为科技工作者提供了免费的科技信息检索工具，即 Google Scholar、百度学术。另外，政府网站也提供综合检索工具。

表 7-3 一些搜索引擎与免费检索工具

类型	名称	内容特征(网址)	相关章节
综合检索工具	百度学术与 Google Scholar	以中英文期刊论文为主的检索工具，可搜到 30%以上与主题相关的文献线索。百度学术(xueshu.baidu.com)以中文为主；Google Scholar(scholar.google.com)是以英文为主的科技信息检索工具	7
	Bing 学术与微软学术(MA)	Bing 学术数据库(cn.bing.com/academic)信息最新更新到 2013 年；Microsoft Academic(MA)(academic.microsoft.com)可以分析作者情况，以及文献的详细引用情况	7
	政府网站	中国政府公开信息整合服务平台(govinfo.nlc.gov.cn)用户能够一站式地发现并获取政府公开信息资源及相关服务	6
		Science.gov(www.science.gov)是检索美国政府科学信息的通道，内容包括传统的 10 种文献源，以及新闻、百科等多项信息	7

(1) 百度学术：是提供海量中英文文献检索的学术资源搜索平台(中文为主)。收录了包括中国知网、维普、万方、Elsevier、Springer、Wiley、NCBI 等在内的 120 多万个国内外学术站点，索引了超过 12 亿学术资源页面，建设了包括学术期刊、会议论文、学位论文、专利、图书等在内的 4 亿多篇学术文献，构建了包含 400 多万个中国学者主页的学者库，并包含 1 万多中外文期刊主页的期刊库，可检索到付费和免费的学术论文，并通过时间筛选、标题、关键字、摘要、作者、出版物、文献类型、被引用次数等细化指标提高检索的精准性。

(2) Google Scholar(谷歌学术)：提供了以英文为主的全世界多语种科技消息源的检索途径。可以查阅中英文对照字典以帮助阅读英文文献。Google Scholar 搜索提供可广泛搜索学术文献的简便方法，可以从一个位置搜索众多学科和资料来源，包括来自学术著作出版商、专业性社团、预印本、各大学及其他学术组织经同行评论的文章、论文、图书、摘要和文章。目前，在部分国家与地区 Google Scholar 还不能直接登录使用。

(3) 微软学术 (MA) 与 Bing (必应) 学术：Bing 学术和微软学术是微软公司相继推出的学术搜索引擎，提供高质量科技信息检索，可帮助我国用户在检索外文文献时替代 Google 学术。Bing 学术提供来自全球的多语种信息检索服务，其最大特点在于，与传统搜索引擎只单独列出一个搜索列表不同，Bing 学术还会对返回的结果加以分类。微软学术数据全面、清晰、动态、实时，而且分析功能强大。在微软学术搜索中，搜索结果的排序基于以下两个因素：搜索词的相关度和搜索对象在世界范围内的影响力。搜索对象在世界范围内的影响力分数则是通过它与其他对象之间的关系计算得出。

除此之外，很多综合网站也相继推出了学术搜索引擎，供用户免费使用，如搜狐网站开发的搜狗学术(scholar.sogou.com)、360 网站开发的 360 学术等。读者可以根据实际需求，熟悉并利用相应网络检索工具。

显然，有效利用学术搜索引擎，能够实现科技信息的免费检索。但是，学术搜索也有一个缺点，就是检索结果不完全，特别是科技信息检索会有遗漏，需要在实践中总结其优缺点，综合使用。

7.2.2 搜索引擎的使用技术

下面再简单补充一些搜索引擎的使用技术，供读者参考。

(1) 中英文关键词的筛选与优化：检索某一个课题资料时，初次使用的主题词与关键词并不一定是最合适的词汇。用户需要阅读百科或相关原文，经过筛选与优化，找到更合适的词汇或词汇组合，这样才能精准(或大范围)找到原始科技信息。

(2) 搜索语法与技巧：使用搜索引擎时，由于搜索引擎覆盖的范围越来越大，为了得到更准确的内容，必须选择合适的搜索引擎，使用一些技巧，明确搜索目标。如果主题范围狭小，可简单地使用两三个检索词。检索词之间使用一定的语法，可以提高搜索的精确度。一般来说，不同的搜索引擎有一些语法是通用的。例如，布尔逻辑运算符"与"(and 或"+"或"&")、"或"(or 或"；")、"非"(not 或"-")。使用引号组合关键词，可以将关键词或关键词的组合作为一个整体在搜索引擎的数据库中进行搜索。当组合操作时，布尔逻辑操作符优先级不同，and 和 not 命令通常在 or 命令前执行，可通过括号"("和")"改变顺序。

7.2.3 百度学术及其检索实例

作为全球最大的中文搜索引擎，百度已被广泛使用。百度搜索服务全面，提供网页、视频、音乐、地图、图片等多种类信息检索。特别是百度学术免费提供科技信息的检索，而这些科技信息包括图书、论文、专利等。下面举例说明百度学术检索工具的使用方法。

在开始检索之前，一定要准备好检索目标。例如，以"用二氧化碳制备可降解塑料"为检索主题目标(背景知识：二氧化碳是煤炭燃烧、汽车尾气的主要成分，是导致全球变暖的温室气体；二氧化碳也是制备可降解塑料的重要原料)。

从"百度"中找到"百度学术"，有简单检索和高级检索两种检索方式。简单检索可直接输入关键词；高级检索需要点击搜索框右侧的下拉菜单，可以实现检索词范围的限定，提高检索结果的精确性(图 7-1)。

图 7-1　百度学术检索页面

(1) 练习 "简单检索"，使用检索词为 "二氧化碳"，检索结果显示与 "二氧化碳" 相关的中英文科技信息。如果没有对检索词进一步限定，检索结果数量巨大。点击右上角排序菜单，可以按照相关性、被引量、时间降序对检索结果分别进行排序。对于检索到的结果，页面左侧提供了检索结果分析菜单，可以按照时间、领域、核心、获取方式、关键词、类型、作者、期刊、机构等多种方式统计分析，这有利于用户了解该领域的研究概况。

如果想要查看检索到的信息，可以点击相应信息题目，就能看到详细内容，包括题目、作者、摘要、关键词、DOI、被引量、年份、全部来源、相似文献、参考文献、引证文献等。

(2) 利用百度学术 "高级检索"，实现检索结果的精确化。例如，在高级检索中输入 "二氧化碳"，同时包含 "共聚合" 检索词（图 7-1），则检索结果数量大幅下降，检索结果更能准确对应检索内容。进一步在高级检索中输入 "二氧化碳"，同时包含 "共聚合" 和 "可降解塑料" 检索词，可以检索得到 "二氧化碳共聚合制备可降解塑料" 的相关研究信息，使检索结果进一步精简，检索信息准确性大幅提升。因此，通过百度学术的高级检索，就能够实现精确检索科技信息。

总之，有效利用免费检索工具 "百度学术"，可以免费获取科技信息的题录、摘要及全文链接等信息。

7.2.4　大数据时代政府网站

中国政府公开信息整合服务平台由国家图书馆联合公共图书馆共同建设。用户能够一站式地发现并获取政府公开信息资源及相关服务，其栏目设置有：政府公报、最新资源、专题资源、内容分类、分站导航、政府机构等（图 7-2）。

图 7-2　中国政府公开信息整合服务平台资源检索页面

Science.gov 是检索美国政府科学信息的通道,目前已经发展到第 5 代,可检索 60 多个科学数据库和 2200 多个科学网站,为用户提供超过 2 亿页权威的科学信息(图 7-3)。内容包括传统的 10 种文献源,以及新闻、百科等多项信息。

图 7-3　美国政府科学信息检索页面

7.3　学科综合检索工具数据库

7.3.1　知名学科综合检索工具数据库

科技工作者通过学科综合检索工具数据库,可以快速了解学科发展概况,以及某一领域(或方向)具体涉及哪些学科。表 7-4 罗列了国内外知名学科综合检索工具数据库。其中,WOS 与 ProQuest 检索平台的检索方法参见第 3 章,EV 检索方法将在本节详细介绍。

表 7-4　重要学科综合检索工具数据库及其特点

类型	名称	内容特征【免费层次】	相关章节
综合数据库	WOS 数据库	检索高水平期刊(SCI)与会议论文(CPCI)的摘要及引用情况,网络版提供全文链接【单位订购】	3、7
	EV 数据库	摘录世界工程技术期刊、会议、学位论文、图书、技术报告等【单位订购】	7
	Scopus	收录科技与医学期刊、会议录、专利、科学网页【订购较少】	7
	ProQuest 检索平台	ProQuest 论文数据库收录欧美 1000 多所大学的 200 多万篇博士、硕士学位论文的题录和文摘【部分页面免费;单位订购】	3
	艾媒数据中心	涵盖 524 个行业、3000 多个数据主题、3.7 亿条数据【检索免费】	7
	全国报刊索引数据库	时间跨度从 1833 年至今的特大型二次文献数据库【单位订购】	3、7

Scopus 收录了许多著名出版机构的期刊论文,如 Elsevier、John Wiley、Springer、Nature、Kluwer、Institution of Electrical Engineers、American Chemical Society 等,涵盖了科学、技术及医学方面的 15000 多种期刊。Scopus 不仅为用户提供其收录文章的引文信息,还直接使用简明的界面整合了网络和专利检索,可直接链接到全文、图书馆资源及其他应用程序(如参考文献管理软件),这使得 Scopus 比其他文献检索工具更为方便、快捷。

《全国报刊索引》创刊于 1955 年,是国内最早出版发行的综合性中文报刊文献检索工具。目前,由其编辑部自行研究开发的全国报刊索引数据库,目前已建成时间跨度从 1833 年至今的报道数据量超过 3000 万条、报刊数量达 2 万余种的特大型二次文献数据库,每年更新数据

350 万条。

另外，由中国教育图书进出口有限公司开发的 Socolar 平台有开放获取学术资源服务、付费获取单篇文献的服务。

7.3.2 WOS 数据库

WOS 数据库是基于 SCI 发展的大型学科综合检索工具数据库，主要用于检索国际高水平期刊论文、会议论文（包括题录+摘要）及引文情况，相关知识参见 3.6 节。

1997 年网络版 WOS 数据库诞生，2008 年整合了原来的 *ISI Proceedings*（《国际会议录》），涉及自然科学、社会科学、艺术与人文领域的信息，包括来自世界近 9000 多种极负盛名的高影响力研究期刊及 12000 多种学术会议，并实现收录内容的科学分析。后来，WOS 拓展为 Web of Knowledge（WOK）平台，成为全面综合的多学科文献资料数据库。WOK 主要有如下几大类数据库：

(1) Web of Science 核心数据库：包括 Science Citation Index Expanded（SCIE）、Social Sciences Citation Index（SSCI）、Arts & Humanities Citation Index（A&HCI）、Conference Proceedings Citation Index-Science（CPCI-S）、Current Chemical Reactions（收录 1993 年以来新的化学物质数据）、Index Chemicus（化学反应的数据）。还有其他数据库，如 BIOSIS Previews（生命科学与生物医学研究工具）、KCI-朝鲜语期刊数据库、MEDLINE（美国国家医学图书馆主要生命科学数据库）、SciELO Citation Index。

(2) ESI（Essential Science Indicators，基本科学指标）数据库：是在汇集和分析 Web of Science（SCI/SSCI）所收录的学术文献及其所引用的参考文献的基础上建立起来的一个深层分析评价数据库。可以系统地、有针对性地分析国际科技文献，提供科学家、研究机构、国家/地区和期刊论文排名的数据；探究科研绩效统计和科学/学科发展趋势的数据；确定学科领域的科研成果和影响力；分析评价员工、合作者、评审人和竞争对手的能力。

(3) JCR（Journal Citation Reports，期刊引用报告）：是重要的期刊评价工具，通过对 SCI 和 SSCI 的数据进行分析，帮助用户评价、比较各学科期刊的影响力。JCR 分为 Science Edition 和 Social Science Edition 两辑。

(4) ISI Proceedings（会议论文）：提供国际重要学术会议论文索引。

(5) Derwent Innovations Index（德温特专利索引）：提供国际专利索引。

另外，WOK 还提供 Biosis Previews（生物学领域）、INSPEC（物理电子信息技术领域）、MEDLINE（生命科学领域）、ISI HighlyCited.com（科研人员信息，免费）等，以及文献管理工具 EndNote。

7.3.3 EV 数据库及其检索实例

EV 是基于 EI 开发的在线检索数据库平台。EI 是美国工程信息公司出版的著名工程技术类综合检索工具。EV 数据库涵盖 190 多个工程、应用科学领域高品质的文献资源，如电子电气、计算机、信息科学、机械、能源化工、材料、土木工程、建筑、物理、数学、化学、自然科学综合等。在资源内容与数量方面，拥有超过 2000 万条记录。EV 数据库内容每周更新，每年新增 50 余万条工程类科技信息。

可以通过单位（或个人）付费的账户登录 EV 数据库，页面左上角提供了快速检索菜单[图 7-4(a)]。当使用快速检索时，可以选择检索关键词在信息中的位置。此外，为了实现精确检索，可以在快速检索时选择检索内容限制条件。同时，EV 数据库也提供了增加检索字段的功能，可以实现多个关键词同时检索。

图 7-4　EV 检索实例

例如，以"氮掺杂碳材料电催化反应"为检索目标，练习 EV 数据库检索使用。检索前，需要准备三个层次的检索关键词(英文单词)，检索词 1 为 "carbon materials"（碳材料）；检索词 2 为 "nitrogen doped"（氮掺杂）；检索词 3 为 "electrocatalytic"（电催化）。

(1) 利用 EV 数据库快速检索菜单，选择关键词位置在检索信息题目中，如果只检索碳材料(carbon materials)关键词，检索结果显示 10000 多条记录，所得检索结果可以按照发表时间、作者姓名、来源等进行排序[图 7-4(b)]。同时，对于检索结果，EV 数据库检索页面左边提供了 refine(精炼功能)菜单，可以按照检索结果研究内容、文献类型、作者、国家、信息语种、信息来源、出版时间、期刊名称、出版公司等条目对检索结果进行统计分析。

EV 数据库对所有检索结果都提供了详细信息查询(detailed)和预览(show preview)功能，当点击详细信息查询时，就可以看到检索信息的作者、摘要、参考文献、出版信息、相关文献等内容，并能看到检索结果下载和全文链接[图 7-4(c)]。

(2) EV 数据库也提供了多字段检索功能。可以利用 and、or 等连接词，直接输入多个关键词进行检索，也可以利用数据库增加检索字段菜单。例如，输入碳材料(carbon materials)和氮掺杂(nitrogen doped)两个关键词检索，检索结果显示减少到 330 条。

(3) 利用增加检索字段检索菜单，同时输入碳材料(carbon materials)、氮掺杂(nitrogen doped)和电催化(electrocatalytic)三个关键词进行检索，进一步缩小检索范围，检索结果显示只有 3 条信息。

总之，EV 数据库是非常重要的常用数据库，也是科技工作者经常使用的数据库。读者可以自行通过实践练习进一步熟练并掌握该数据库的使用，从而为自己的科研工作提供便利。

7.4 学科专业检索工具数据库

7.4.1 重要学科专业检索工具数据库及其特点

一些重要学科专业检索工具数据库及其特点如表 7-5 所示。下面分别对 SciFinder(化学)、生物医学类和数学专业在线检索工具数据库进行介绍。

表 7-5 重要学科专业检索工具数据库及其特点

类型	名称	内容特征【免费层次】	相关章节
专业检索工具数据库	SciFinder	可检索世界 98%以上的化学相关文献源(科技论文、图书、专利、科技报告等)与大量相关商业信息【单位订购】	7
	PubMed	生物医学相关文摘数据库【文摘免费】	7
	PubChem；PDB	有机小分子生物活性数据库；蛋白质结构数据库【免费】	7
	GeenMedical	整合多种免费检索工具资源，可查阅最新文献【免费】	7
	TAIR	国际最权威的拟南芥基因组数据库【免费】	7
	Tabula Muris	小鼠细胞类型及基因表达数据库【免费】	7
	ExAC；Ensembl	人类基因变异数据库；人类基因组进行注释数据库【免费】	7
	MathSciNet	MathSciNet 数据库【单位订购】	7

7.4.2 SciFinder——美国《化学文摘》在线检索工具数据库

由美国化学会化学文摘社(Chemical Abstracts Service, CAS)出版的《化学文摘》(*Chemical Abstracts*, CA)是一种重要的检索工具,被誉为"打开世界化学文献的钥匙"(key to the world's chemical literature),收录了世界近 98%与化学相关的科技信息源。其数据库涵盖的学科包括化学、化工、生命科学、生物医学、药学、材料学、地质学、食品科学和农学等诸多领域。

SciFinder 数据库是美国 CA 的在线检索平台,目前已发展成为世界最大、最全面的关于化学、化工及相关学科(包括生物医学、工程、材料、农业等)研究的重要信息来源。该检索工具数据库包含 6 个数据库:

(1) CAPLUS:目前有化学及相关学科的文献记录 3600 多万条,包括 1907 年以来的源自 10000 多种核心期刊论文(以及 40000 多篇 1907 年之前的回溯论文)、63 个现行专利授权机构的专利文献、会议录、技术报告、图书、学位论文、评论、会议摘要、e-only 期刊、网络预印本。可以用研究主题、著者姓名、机构名称、文献标识号进行检索。

(2) CAS REGISTRY(SM,化合物信息数据库):是查找结构图示、CAS 化学物质登记号和特定化学物质名称的工具。数据库中包含 1.46 亿个物质,包括合金、络合物、矿物、混合物、聚合物、盐,以及 6400 多万个序列,此外还有相关的计算性质和实验数据。可以用化学名称、CAS 化学物质登记号或结构式检索。

(3) CASREACT®(化学反应数据库):目前收录了 1840 年以来的 4600 多万个单步或多步反应,记录内容包括反应物和产物的结构图,反应物、产物、试剂、溶剂、催化剂的化学物质登记号,反应产率,反应说明。可以用结构式、CAS 化学物质登记号、化学名称(包括商品名、俗名等同义词)和分子式进行检索。

(4) CHMLIST®(关于管控化学品信息的数据库):是查询全球重要市场被管控化学品信息(化学名称、别名、库存状态等)的工具。可以用结构式、CAS 化学物质登记号、化学名称(包括商品名、俗名等同义词)和分子式进行检索。

(5) CHEMCATS®(化学品商业信息数据库):目前有 7100 多万个化学品商业信息,用于查询化学品提供商的联系信息、价格情况、运送方式,或了解物质的安全和操作注意事项等信息,记录内容还包括目录名称、定购号、化学名称和商品名、化学物质登记号、结构式、质量等级等。用户可以用结构式、CAS 化学物质登记号、化学名称(包括商品名、俗名等同义词)和分子式进行检索。

(6) MEDLINE:是美国国家医学图书馆(NLM)建立的书目型数据库,主要收录 1950 年以来与生物医学相关的 3900 种期刊文献,目前共有 1600 万条记录。

SciFinder 数据库检索非常容易操作[图 7-5(a)],共提供 3 类检索菜单(文献检索、物质检索和反应检索)。其中,文献检索又分为主题、作者、单位、文献编号、期刊、专利等;物质检索可以按照结构式、马库西(Makush)结构、性质、分子式、CAS 编号等;反应检索主要通过反应物及产物的反应式检索。同时,该数据库还提供了检索内容保存和追踪功能。

使用 SciFinder 数据库检索时需输入英文关键词,关键词中间可以用介词连接。例如,使用"二氧化碳共聚合"作为检索目标,输入英文关键词"carbon dioxide copolymerization",检索结果分为两类[图 7-5(b)]:第一类表示对主题词做了同义词的扩展;第二类表示包含检索主题词。点击相应的检索结果,显示详细检索内容,包括每一个检索结果的题目、作者、发表信息等。进一步点击信息题目,可以看到详细摘要,也能看到全文链接地址。对于检索得到的结果,SciFinder 数据库提供多种统计分析方式,包括分析、精炼、分类 3 种工具,可实现检索内容的全面了解,其页面上方可以看到物质、反应、引用等功能菜单,这样就可以实现检索内容的具体分析。

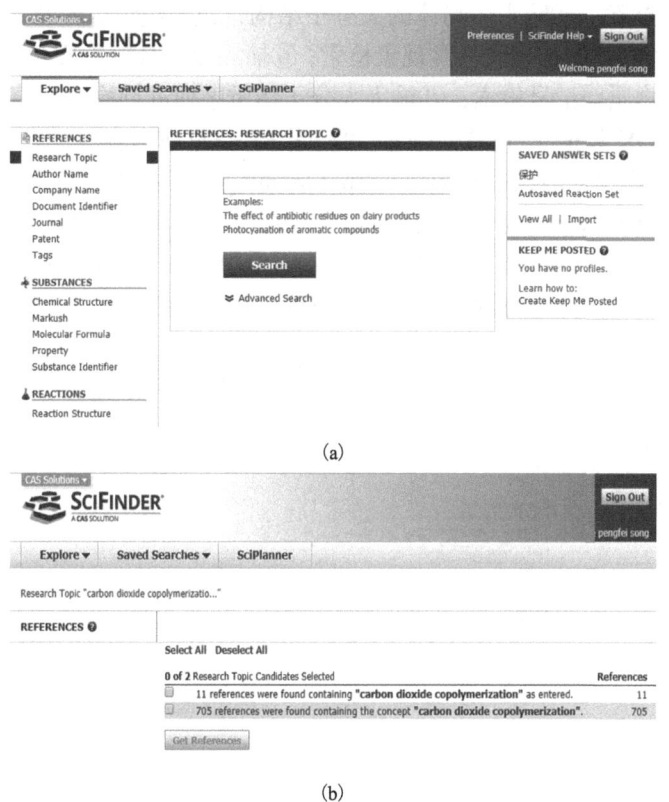

图 7-5 SciFinder 检索实例

需要注意的是,SciFinder 数据库有不同的访问方式,其中 SciFinder Web 是通过 Web 访问 SciFinder 数据库的方式。SciFinder Web 具有友好的用户界面、良好的沟通协作能力、更加强大的反应检索能力,并能及时跟踪特定研究领域的全球最新动态,而且 Markush 检索能帮助用户做初步的专利评估。

总之,SciFinder 数据库资料全面,检索功能强大,能够提供分子式、结构式、反应式等多种检索,是化学等专业必备的检索工具。SciFinder 数据库需要付费使用,有条件的相关专业读者可以实际检索练习,以熟悉这一强大的检索工具。

7.4.3 生物医学类常用在线检索工具数据库

生物医学类常用数据库有 BP 数据库、美国国家生物技术信息中心(NCBI)、PubMed、PubChem、PDB、GeenMedical 数据库等。下面分别介绍:

(1) BP(BIOSIS Preview)数据库(biosispreviews.isihost.com):由原美国生物学文摘生命科学信息服务社(Biosciences Information Service of Biological Abstracts,BIOSIS)编辑出版的文摘、索引型数据库,是世界上规模较大、影响较深的著名生物学信息检索工具之一。该数据库涵盖了 *Biological Abstracts*(BA,《生物学文摘》)和 *Biological Abstracts/Report,Reviews and Meetings*(BA/RRM,《生物学文摘/报告、述评、会议资料》)及 *BioResearch Index*(《生物研究

索引》)的内容，收录了世界上100多个国家和地区的5500多种期刊和1650多个会议的会议录和报告，报道的学科范围广泛，涵盖所有的生命科学。BP数据库检索有40多种不同检索字段，包括：①输入学科主题查询相关研究领域文献；②利用生物分类名称(拉丁学名、俗名)检索；③进行概念检索；④输入生物体的大分子结构，包括组织、器官、系统等检索；⑤输入各种动物、植物、人类的疾病及异常现象检索；⑥输入化学合成物质和生化物质(包括药物)检索；⑦利用化学物质登记号检索；⑧输入大分子物质序列进行检索。

目前，通过WOK数据库(付费数据库)可检索BP数据库内容。

(2) 美国国家生物技术信息中心(www.ncbi.nlm.nih.gov)：提供大量生物医学相关检索工具与数据库(图7-6)，而且大部分是免费的，包括PubMed(文献检索数据库)、Bookshelf、BLAST、Nucleotide(核酸数据库)、Genoma(基因组数据库)、SNP、Gene、Protein(蛋白质信息数据库)、PubChem(有机小分子生物活性数据库)等。下面重点介绍其中几种数据库。

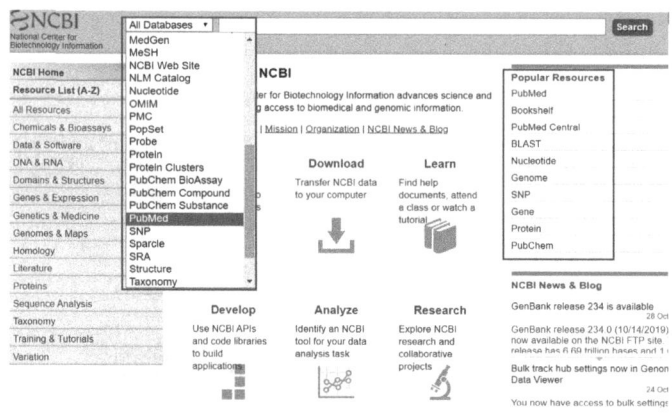

图7-6 NCBI主要数据库

PubMed和PubChem：PubMed(www.ncbi.nlm.nih.gov/pubmed)是生物医学领域使用最多的免费文摘数据库(图7-7)，提供简单检索和高级检索方式，可以实施检索结果分析。PubChem(图7-8)旨在促进小分子数据资源的公共利用，可经由网站直接存取，数以万计的化学组成资料集可经由FTP免费下载，包括3个子数据库，其中PubChem BioAssay用于存储生化实验数据，实验数据主要来自高通量筛选实验和科技文献；PubChem Compound用于存储整理后的化合物化学结构信息；PubChem Substance用于存储机构和个人上传的化合物原始数据。PubChem检索方式多样，包括关键词检索、常见物质检索，还可以提供结构式检索、上传物质检索、数据浏览、周期表元素检索功能，检索结果界面同时提供多种分类方式。

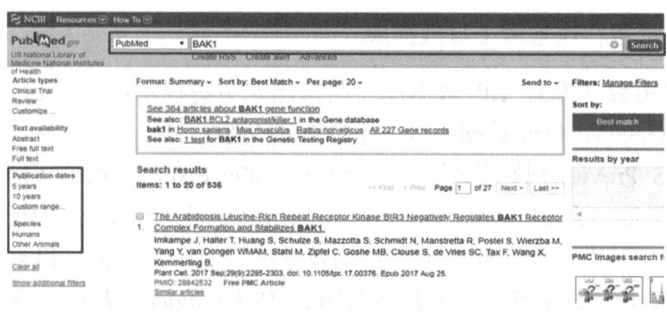

图7-7 PubMed检索页面

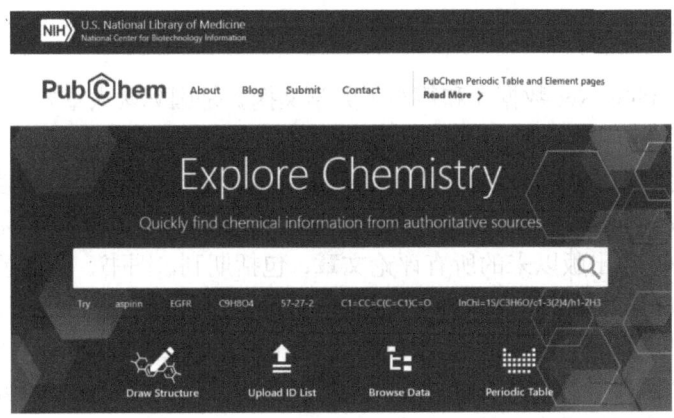

图 7-8　PubChem 检索页面

BLAST 数据库：BLAST(blast.ncbi.nlm.nih.gov/Blast.cgi)是一套在蛋白质数据库和 DNA 数据库中进行相似性比较的分析工具，还可作为鉴别基因与遗传特点的手段。BLAST 程序能迅速与公开的数据库进行相似性序列比较。

Gene 数据库(www.ncbi.nlm.nih.gov/gene)：是一个用于检索生物基因信息的数据库。Gene 数据库的检索方式有多种，既可以检索基因名，也可以检索某一文献的 PMID 获得该文献的相关基因，同时也可以检索某一疾病从而得到与该疾病相关的所有基因。

(3)美国国家医学图书馆(chem.sis.nlm.nih.gov/chemidplus/chemidlite.jsp)(免费)：通过该网站可以查询大量药物化学相关物质的结构、性质等信息。

此外，由下列网站也可获得一些有关生物、医药及医疗方面有价值的信息：

(4)生命科学图书馆(www.slas.ac.cn)：由中国科学院上海生命科学信息中心建立，提供了大量生物信息资源的链接。

(5)GeenMedical 数据库(www.geenmedical.com)：整合了 PubMed、SCI-HUB、百度学术及 ResearchGate 等大量资源，可查阅最新文献；监测并可以看到 BMJ、JAMA、Lancet、BMJ、Nature、NEJM 旗下全部子刊。该数据库可以直接下载大部分收费文献，支持英文关键词、英文标题、DOI 和 PMID 检索。

(6)TAIR(The Arabidopsis Information Resource，拟南芥信息资源)(www.arabidopsis.org)：拟南芥是植物研究重要的模式生物。TAIR 提供最权威的拟南芥基因组注释，从中可查阅拟南芥基因组中所有 2.6 万个基因的最新功能信息，包括全基因组序列、基因结构、表达、翻译、代谢途径、T-DNA 敲除突变体、分子标记和已发表文章等海量信息。

(7)中国生物医学文献服务系统(SinoMed)(www.sinomed.ac.cn)：由中国医学科学院医学信息研究所/图书馆研制，整合了中国生物医学文献数据库(CBM)、西文生物医学文献数据库(WBM)、北京协和医学院博硕学位论文库等多种资源。SinoMed 学科范围广、年代跨度大、更新及时、涵盖资源丰富、专业性强，能全面、快速反映国内外生物医学领域研究的新进展。

显然，生物医学领域不但有付费检索的数据库(如 BP 数据库)，还有 PubMed、PubChem、PDB 数据库等免费检索工具。通过综合使用这些数据库，读者可以检索到大量生物医药领域信息资源。

7.4.4 数学专业在线检索工具数据库

美国数学会 MathSciNet 数据库和德国《数学文摘》是国际两大重要数学文献数据库，在国际数学界享有很高声誉。下面对其进行简单介绍：

(1) 美国数学会 MathSciNet 数据库(mathscinet.ams.org/mathscinet)：是美国数学学会出版的 *Mathematical Reviews*（《数学评论》）和 *Current Mathematical Publications* 的网络版，包含《数学评论》自 1940 年出版以来的所有评论文章，包括期刊、图书、会议录、文集和预印本。《数学评论》对来自全世界 250 多家专业出版社的 2000 多种期刊进行评选，对 500 余种数学核心期刊做出全评。目前，中国近 150 种期刊被选评。MathSciNet 含有原始文献 280 多万条记录及 160 多万个链接。数据库每年增加 10 万多条新记录，增加 8 万多篇由专家撰写的评论。MathSciNet 数据库提供多种检索方式，可按照出版物、作者、期刊及引用信息进行检索[图 7-9(a)]。例如，输入数学家 D. Hilbert，可得到该数学家(Hilbert, David)所发表的相关论文、相关研究方向及论文的引用次数等[图 7-9(b)]。

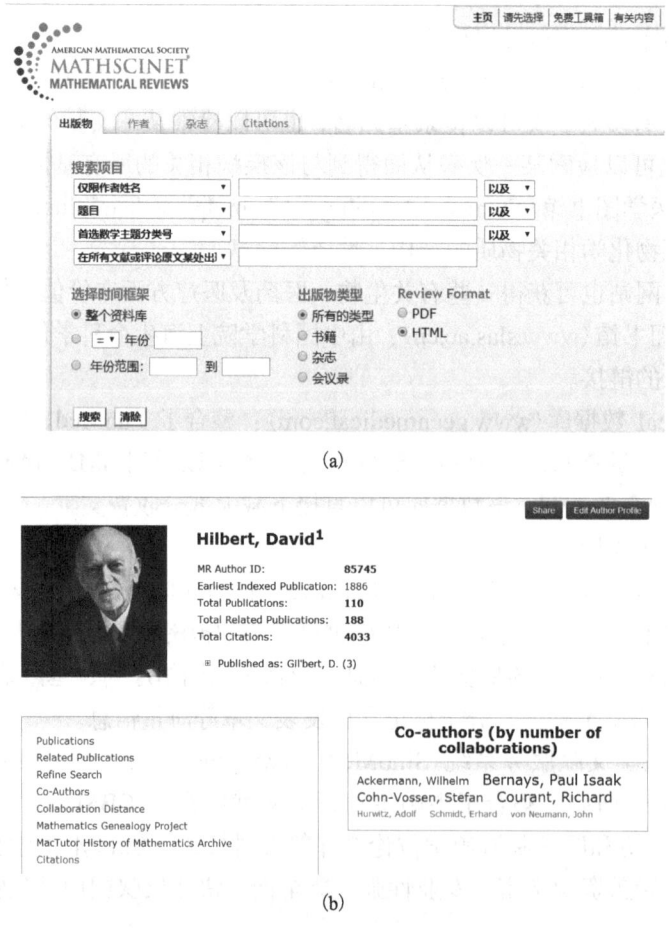

(a)

(b)

图 7-9 MathSciNet 数据库检索实例

(2) 德国《数学文摘》(*Zentralblatt MATH*，zbMATH)(zbmath.org)：是国际数学领域重要的检索系统之一[图 7-10(a)]，收录全球 3000 多种期刊的近 200 多万个条目的文摘索引信息，中国有 100 多种刊物作为刊源被 zbMATH 收录。自 2001 年开始，zbMATH 编委会为中国用户提供 zbMATH 的免费使用,并在清华大学建立了镜像站点,授权使用的用户均可通过 Internet 或镜像站点访问 zbMATH,不需要账号和口令。另外,《数学文摘》允许读者获得三条免费检索信息。例如,仍然以数学家 D. Hilbert 为例进行检索,可以获得关于 Hilbert 的三条免费检索信息[图 7-10(b)]。

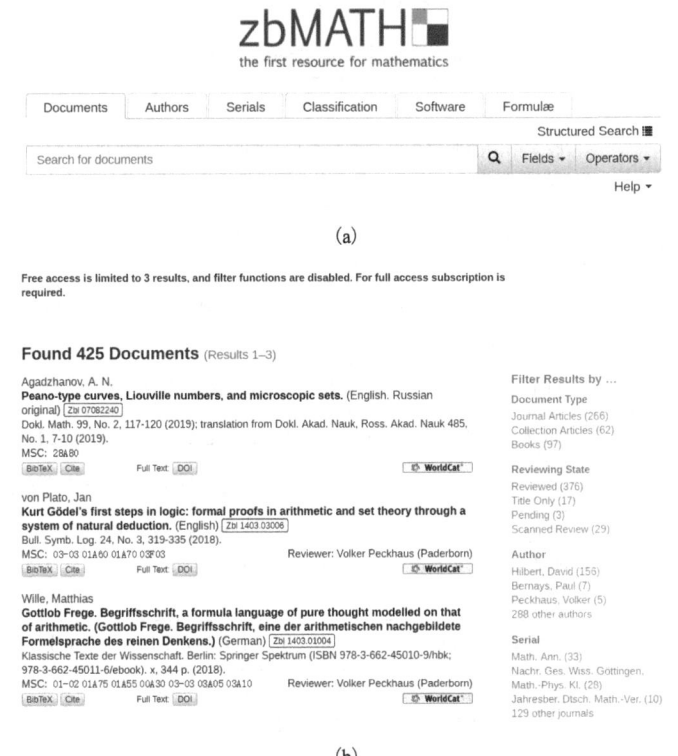

图 7-10　zbMATH 检索实例

由此可见,各学科专业都有自己常用的学科专业检索工具数据库。读者可以根据自己的专业需求选择适宜的检索工具数据库进行实践练习,为自己的科研工作助力。

7.5　重要全文数据库

7.5.1　学科综合与学科专业全文数据库简介

学科综合检索工具数据库(如 WOS、EV 等)和学科专业检索工具数据库(如 PubMed、SciFinder 等)能够检索科技信息并提供信息源的题录、摘要、及全文链接等内容。但是,检索工具数据库并不提供科技信息的全文下载,不能实现科技信息正文内容的阅读和学习。通常情况下,阅读科技信息都需要浏览全文,而科技信息全文的下载就需要使用全文数据库。目前,很多单位都订购了多种类的全文数据库,以供本单位人员使用。

全文数据库是指收录原始文献全文的数据库,以期刊论文、会议论文、研究报告、科技图书等为主。全文数据库的数据更新速度快,检索结果查准率高,而且直接提供全文,省去了寻找原文的麻烦,因此深受用户的喜爱。

按照收录内容的学科范围,全文数据库可分为学科综合和学科专业两大类全文数据库。学科综合数据库收录多学科的信息源全文;学科专业数据库则是收录某一学科或相近学科的信息源数据库。

表 7-6 罗列了一些常见的全文数据库。下面对一些重要的全文数据库进行简单介绍,并对中国知网、数字图书馆、ScienceDirect 数据库单独进行介绍。

表 7-6 重要全文数据库及其特点

类型	名称	内容特征【订购单位】	相关章节
学科综合数据库	中国知网(CNKI)	收录中国的期刊全文、博士硕士学位论文全文、重要报纸和会议论文全文,以及部分专利、标准,具有专业翻译助手【大部分单位订购】	3
	万方、维普	涵盖期刊与会议论文、学术成果、专利、标准、图书,文献共享平台、论文检测系统等【部分单位订购】	7
	ScienceDirect	涵盖 2500 多种期刊全文数据库和 11000 多种图书数字资源【摘要免费,大部分单位订购】	7
	Wiley 数据库	John Wiley 全文电子期刊数据库【摘要免费;部分订购全文】	9
	SpringerLink	SpringerLink 学术期刊及电子图书【摘要免费;部分订购全文】	3
	期刊数据库	高水平期刊(如 Nature、Science)数据库独立网站【免费检索摘要】	
	ProQuest 检索平台	ProQuest 博士硕士论文数据库,收录欧美 1000 多所大学的逾 200 万篇博士、硕士学位论文的题录和文摘【多数论文前 24 页可免费预览;部分图书馆可订购全文】	5
	数字图书	数字图书是较早的全文在线中文图书【大部分单位订购全文】	2
	专利数据库	各国专利局网站,检索下载专利全文;中国商标网上服务系统可免费下载约 3500 万件商标的基本信息【免费】	4
	标准数据库	各国机构网站,专业网站【免费】	5
学科专业数据库	ACS、RSC 数据库	美国化学会(ACS)、英国皇家化学学会(RSC)期刊全文数据库,提供高水平期刊论文及全文【摘要免费,部分单位订购全文】	7
	APS、AIP、IOP、IEEE	物理、电子等专业的期刊论文数据库【摘要免费,部分单位订购全文】	7
	学科数据库	各专业学科相关在线数据库【检索免费】	7

(1) Nature 数据库(www.nature.com):由自然出版集团出版,以出版高质量的科学和医学信息而闻名,目前出版的期刊共有 52 种。1869 年创刊的 Nature(《自然》)是世界上最早的国际性科技期刊,涵盖生命科学、自然科学、临床医学等领域,其办刊宗旨是"将科学发现的重要结果介绍给公众,让公众尽早知道世界自然知识的每一分支中取得的所有进展"。因此,Nature 一直报道和评论全球科技领域最重要的突破。

(2) Science 数据库(www.sciencemag.org):由美国科学促进会编辑出版。Science 数据库信息涵盖生命科学、自然科学等各个学科,特别是旗下的 Science(《科学》)期刊,由科学家爱迪生于 1880 年创建,目前是国际学术界享有盛誉的综合性科学期刊。

世界各国都有不同专业的学会、协会,一些科技水平较高的专业学会(协会)都会出版相应的期刊、图书,可以将它们归类为学科专业全文数据库。

另外,目前开发的一些 Open Access(OA)数据库和期刊,可以免费下载全文。常见的

BMC（BioMed Central）、DOAJ（Directory of Open Access Journals）数据库等都属于这一范畴。这些数据库会出版经同行评审的开放性获取学术期刊，出版的所有论文都可以立即、永久地向读者在线免费开放。

7.5.2 中国知网与万方、维普等数据库

中国知网是由我国自主开发的数字图书馆技术建成的世界上全文信息量规模最大的"CNKI 数字图书馆"，对所有用户都可免费阅读文摘。目前，国内大多数单位购买了其网络使用权，高校、科研院所、企事业单位的科研工作者都可以免费使用。该数据库包括学术期刊、学位论文、会议论文、国家科技成果、专利全文等多个数据库，是目前检索中文成果的最知名数据库。使用中国知网检索科技论文的具体方法参见第 3 章。

中国知网的功能正在不断拓展。首页有三大检索栏目，第一个栏目"文献检索"中，可以"跨库"检索，即用一个检索词同时检索不同的信息源(学术期刊、博硕士论文、会议论文、报纸、年鉴、专利、标准、成果等)数据。第二个栏目是"知识元检索"，采用单库模式检索，包括知识问答、百科、词典、手册、工具书、图片、方法、概念等。第三个栏目是"引文检索"，即中国引文数据库，是 CNKI 建立的具有特殊检索功能的文献数据库。引文检索与 SCI 功能相似，但只能了解中文论文的被引用情况。

值得一提的是，对于需要翻译的专业词汇，尤其是最新的专业词汇，"CNKI 翻译助手"（图 7-11）是一个好工具。它不同于一般的英汉互译工具，是以 CNKI 总库所有文献数据为依据，不仅可以提供英汉词语、短语的翻译检索，还可以提供句子的翻译检索。CNKI 翻译助手不但对翻译需求中的每个词可以给出准确翻译和解释，还可以给出大量与翻译请求在结构上相似、内容上相关的例句（"双语例句""英文例句"）及"文摘"，方便读者参考后得到最恰当的翻译结果。

图 7-11　CNKI 翻译助手

万方数据是由中国科学技术信息研究所联合多家出版与投资公司组建的万方数据（集团）公司所提供的互联网数据库资源。万方数据整合数亿条全球优质学术资源，集成期刊论文、学位论文、会议论文、科技报告、专利、视频等 10 余种资源类型。万方数据库期刊资源包括中文期刊和外文期刊。其中，中文期刊共 11000 余种，基本覆盖 90%以上各类核心来源期刊，涵盖各个科技领域；而外文期刊主要来源于 NSTL 外文文献数据库和数十家著名学术出版机构，以及 DOAJ、PubMed 等知名开放获取平台，共收录世界各国出版的 40000 余种重要学术期刊。

万方数据已陆续推出多个检索平台，不仅提供用户对信息的检索、深度层次信息的分析，

而且能够为用户确定技术创新和投资方向提供决策。万方数据几种重要在线数据库介绍如下：①万方数据知识服务平台（www.wanfangdata.com.cn）：涵盖期刊论文、学位论文、会议论文、专利、标准、视频等资源，收录包括理、工、农、医、人文五大类 70 多个类目共 7600 多种科技期刊，其中外文文献包括外文期刊论文和外文会议论文；②万方医学网（med.wanfangdata.com.cn）：拥有 1100 余种中文生物医学期刊、26000 余种外文医学期刊、大量医学视频等高品质医学资源；③中国学术搜索网（www.sciinfo.cn）：针对企业、政府、科研院所等单位研发的新一代信息服务平台；④万方数据中小学数字图书馆（edu.wanfangdata.com.cn）：专门针对中小学教学应用的数字图书馆产品，旨在为全国中小学教师、教研人员和学生提供"一站式"教育教学资源服务；⑤Earth insight 发现·地球（earth.wanfangdata.com.cn）：是集聚国内外优质的地球与环境科学资源的学科纵深型知识服务平台，包含天文学、地球科学、环境科学三大学科。

维普数据库（www.cqvip.com）是重庆维普资讯有限公司产品，这是中国第一家进行中文期刊数据库研究的机构。针对全国高等院校、图书情报机构、政府机关、企业等各类用户的需求，公司陆续推出了中文科技期刊数据库、中国科技经济新闻数据库、中文科技期刊数据库（引文版）、外文科技期刊数据库、中国科学指标数据库、智立方文献资源发现平台、中文科技期刊评价报告、中国基础教育信息服务平台、维普-google 学术搜索平台、维普考试资源系统、图书馆学科服务平台、文献共享服务平台、维普期刊资源整合服务平台、维普机构知识服务管理系统、文献共享平台、维普论文检测系统等系列产品，陆续建立了与谷歌学术搜索频道、百度文库、百度百科的战略合作关系。

7.5.3 数字图书馆

数字图书馆收藏了几百万种不同学科的电子图书。数字图书馆也提供搜索引擎，它不但可以检索图书资源，还可对图书、期刊、学位论文、会议论文、报纸、专利、外文文献等网络资源进行综合检索。其详细介绍与检索方法参见第 2 章。

7.5.4 ScienceDirect 数据库与 Wiley、Springer 数据库

Elsevier（爱思唯尔）是著名的科技图书与期刊出版集团，出版 2900 余种期刊、48000 多本图书及大量图像参考材料。Elsevier 期刊覆盖 24 个学科、数百个主题，其中科技领域期刊最多。提供著名的检索工具数据库 Scopus 和全文数据库 ScienceDirect。

ScienceDirect（简称 SD）数据库是全世界最大的 STM（科学、科技、医学）全文与书目电子资源数据库，超过全球核心期刊品种的四分之一。该数据库在学术类数据库中下载量是最大的，每年下载量高达 10 亿多篇，具有很大的影响力。

下面通过具体实例说明 ScienceDirect 数据库的使用方法。将检索目标设置为"智能材料"，检索侧重点是"刺激响应性高分子材料"，准备两个层次的检索关键词（英文单词），检索词 1：smart 和 materials；检索词 2：stimuli-responsive 和 polymers。

（1）通过征订 SD 数据库的单位图书馆登录外文资源"Elsevier ScienceDirect"，也可直接键入 SD 网址（www.sciencedirect.com）进行登录[图 7-12（a）]。登录之后可以看到多个检索栏，可以用"Keywords"（关键词）、"Author name"（作者姓名）、"Journal/book title"（期刊/图书名称）、"Volume"（卷）、"Issue"（期）或"Pages"（页码）等信息进行检索，也可以更换为"Advanced search"（高级检索）。

（2）在"Keywords"（关键词）栏中键入关键词"smart materials"，点击搜索符号，共找到16万多条结果，由于结果太多，需要进一步精炼检索结果。在关键词栏目中添加检索词2："stimuli-responsive polymers"，检索结果缩减到5000多条[图7-12(b)]。检索结果按照相关度排序(sorted by relevance)，检索结果界面左边的栏目显示可以通过"Years""Article type""Publication title"等方式精炼检索结果，缩小检索范围。

（3）将Years（出版年）缩限于2019年，Article type（论文类型）缩限于"Review articles（综述论文）"，检索结果进一步缩减到310条[图7-12(c)]。这时，就能逐篇阅读论文的题录+摘要信息。当"Download PDF"为红色字样时，也可以下载论文全文。

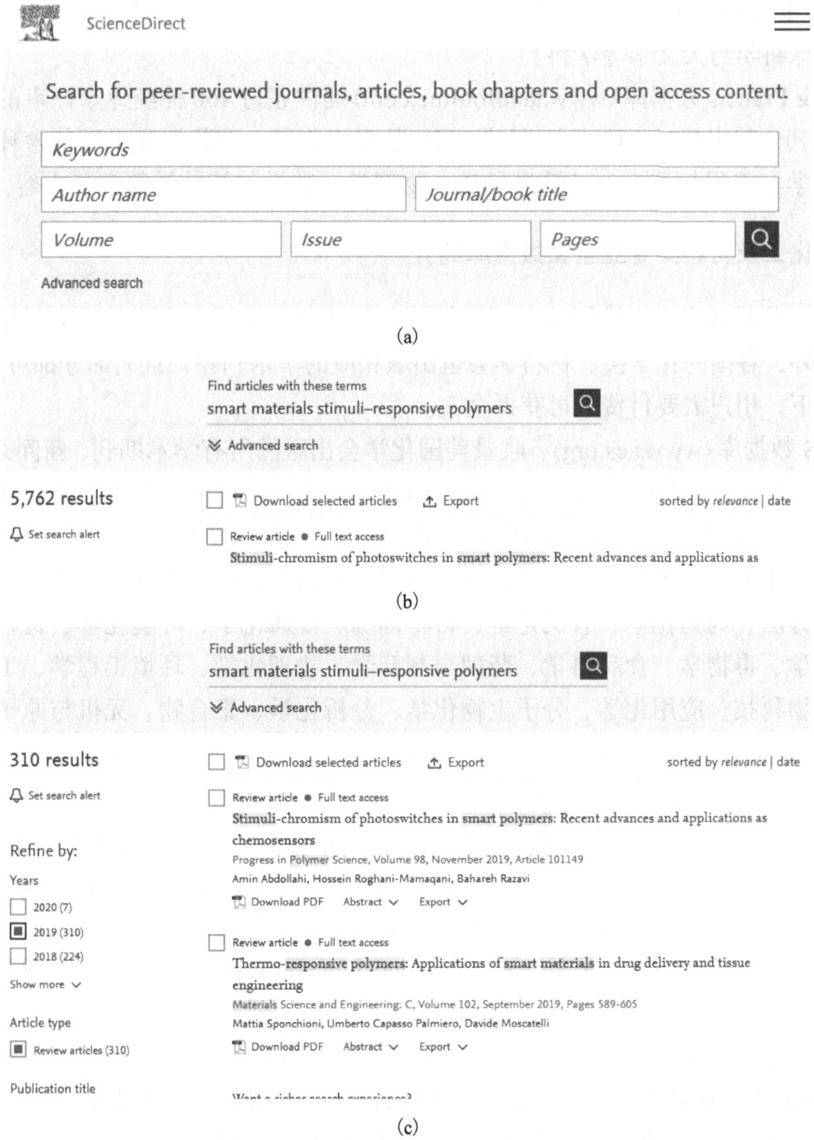

图 7-12　ScienceDirect 数据库检索实例

Wiley 数据库（www.onlinelibrary.wiley.com）即 Wiley Online Library，是 John Wiley & Sons

Inc.(约翰威立国际出版公司)学术出版物的在线平台。Wiley 数据库提供包括化学化工、生命科学、医学、高分子及材料学、工程学、数学及统计学、物理及天文学、地球及环境科学、计算机科学等 14 个学科领域的学术出版物。John Wiley 是全球最主要的服务于自然科学、工程技术、生命科学和医学科研人员的出版商，出版期刊、百科全书(工具书)、实验室操作指南以及其他参考资料。目前，Wiley 出版超过 1500 种期刊，拥有众多国际权威学会会刊和推荐出版物，如德国 *Angewandte Chemie*(《应用化学》)、*Advanced Materials*(《先进材料》)、*Advanced Synthesis & Catalysis*(《高级合成和催化》)等，大多数都被 SCI、EI 和 SSCI 收录。

Springer 数据库(link.springer.com)由德国施普林格(Springer-Verlag)出版集团出版。Springer 数据库通过 Springer LINK 系统提供学术期刊及电子图书的在线服务，该数据库包含 1200 余种学术期刊，涵盖生命科学、医学、数学、物理学、化学、计算机科学、工程学、环境科学、地球科学与天文学等学科。

Taylor & Francis 数据库(www.tandfonline.com)提供超过 400 种经专家评审的高质量科学与技术类期刊，其中超过 78%的期刊被 WOS 数据库收录。该数据库主要包含环境与农业科学、地球科学、工程与技术、计算机科学、物理学、数学与统计学等学科内容。

7.5.5 化学化工及材料类专业全文数据库简介

化学化工及材料类专业数据库主要包括美国化学会、英国皇家化学学会、中国化学会数据库等。此外，各国的化学会、材料学会也出版相应的学术刊物，且大部分都可以在线检索。大部分情况下，用户需要付费方可获得全文。

(1)ACS 数据库(www.acs.org)：收录美国化学会出版的所有学术期刊、新闻杂志、试剂手册和图书，共有 52 种期刊，文献总数超过 100 万篇，每年新增约 4 万篇。根据 JCR 公布的期刊引用报告，ACS 已有 38 种期刊的被引用量超过 5000 次，被该报告誉为"化学领域中被访问次数和被引用次数最多的期刊"。ACS 出版的期刊内容涵盖 24 个主要的化学研究领域，包括生化研究方法、药物化学、有机化学、科学训练、普通化学、环境化学、材料学、燃料与能源、植物学、毒物学、食品科学、药理与制药学、物理化学、环境工程学、工程化学、微生物应用生物科技、应用化学、分子生物化学、分析化学、聚合物、无机与原子能化学、资料系统计算机化学、学科应用和农业学。ACS 目前出版的多种期刊已成为相关领域的顶级期刊，如 *Journal of the American Chemical Society*(化学综合方面)、*Chemical Reviews*(化学综述方面)、*Analytical Chemistry*(分析化学方面)、*Inorganic Chemistry*(无机化学方面)、*Macromolecules*(高分子化学方面)、*Journal of Agricultural and Food Chemistry*(农业和食品化学方面)、*Industrial & Engineering Chemistry Research*(化学工程方面)、*Journal of Medicinal Chemistry*(药用化学方面)等。另外，ACS Symposium Series 数据库还提供高质量化学化工类图书。

(2)RSC 数据库(pubs.rsc.org)：由英国皇家化学学会出版，提供电子期刊、电子书及免费的 ChemSpider 化学专业搜索引擎，是学术研究的重要信息来源。RSC 数据库收录的期刊大部分被 WOS 数据库收录，其中影响因子高于 5.0 的期刊超过 40%。目前，RSC 提供 60 余种期刊、年报等定期出版物，具有代表性的刊物有：综合化学(*Chemical Communications*、*Chemical Science*、*Chemical Society Reviews*)、食品科学(*Food & Function*、*Analytical Methods*、*Soft*

Matters)、制药与生物化学(*MedChemComm*、*Natural Product Report*、*Molecular Biosystems*)、材料科学(*Biomaterials Science*、*CrystEngComm*、*Journal of Materials Chemistry*)、生命科学(*Integrative Biology*、*Photochemical & Photobiological Sciences*、*Metallomics*)等。

(3) 中国化学会(www.ccspublishing.org.cn)：共主办24种学术期刊，其中SCI收录期刊有15种，包括《中国化学快报》《有机化学》《化学学报》、*CCS Chemistry*等。

7.5.6 生物医学类专业全文数据库简介

(1) 美国微生物学会(American Society for Microbiology，ASM)(www.asm.org)：是生命科学领域中历史悠久的会员组织，其数据库主要的出版物有：细胞分子生物学领域的权威期刊 *Molecular and Cellular Biology*《分子与细胞生物学》、理论与实践并重的期刊 *Applied and Environmental Microbiology*(《应用与环境微生物学》)、主要刊发细菌与其他微生物基础研究成果的期刊 *Journal of Bacteriology*(《细菌学杂志》)，以及 *Journal of Virology*(《病毒学杂志》)、*Microbiology and Molecular Biology Reviews*(《微生物学与分子生物学综述》)、*Clinical Microbiology Reviews*(《临床微生物学评论》)、*Antimicrobial Agents and Chemotherapy*(《抗微生物制剂与化疗》)、*Clinical Vaccine and Immunology*(《临床疫苗与免疫学》)、*Eukaryotic Cell*(《真核细胞》)、*Infection and Immunity*(《感染与免疫》)、*Journal of Clinical Microbiology*(《临床微生物学杂志》)等。

(2) 美国细胞生物学学会(American Society for Cell Biology，ASCB)(www.ascb.org)：出版物包括 *Molecular Biology of the Cell*(《细胞的分子生物学》)、*CBE- Life Sciences Education*(《生命科学教育》)、*ASCB Newsletter*(《ASCB通讯》)等。

(3) 中国生物工程学会(CSBT)(www.biotechchina.org)：出版物包括《中国生物工程杂志》《生物产业技术》《生物加工过程》《中国生物产业发展报告》。学会出版物已成为我国从事生物技术的科技工作者发表研究成果、沟通学术思想、交流学术经验、促进生物技术产业化的重要园地。

(4) 中国细胞生物学学会(CSCB)(www.cscb.org.cn)：出版物包括 *Cell Research*、*Journal of Molecular Cell Biology*(JMCB)、*Cell Discovery*、*Cell Regeneration*、《中国细胞生物学学报》等。

(5) 中国微生物学会(CSM)(csm.im.ac.cn)：出版物包括《微生物学报》《生物工程学报》《病毒学报》《中国人兽共患病学报》《中国病毒学》《微生物学通报》《微生物学杂志》等。

(6) 中国遗传学会(GSC)(www.gsc.ac.cn)：出版物主要有《遗传》。

(7) 中国植物学会(BSC)(www.botany.org.cn)：出版物包括《植物学报》《植物生态学报》《生物多样性》《植物分类与资源学报》《生命世界》《生物学通报》等。

(8) 中国动物学会(CZS)(czs.ioz.cas.cn)：出版物包括《动物学报》《动物分类学报》《动物学杂志》《医学昆虫与寄生虫学报》《兽类学报》《蛛形学报》《生物学通报》《动物学研究》等。

(9) 中国生理学会(CAPS)(www.caps-china.org)：出版物包括《生理通讯》《生理学报》《中国应用生理学杂志》《生理科学进展》。

(10) 中国生物化学与分子生物学会(CSBMB)(www.csbmb.org.cn)：出版物包括《生命的

化学》和《中国生物化学与分子生物学报》。

（11）中国作物学会（CSSC）（www.chinacrops.org）：出版物包括《作物学报》《作物杂志》《麦类作物学报》等。

（12）中华医学会（www.cma.org.cn）：出版物包括《中华医学杂志》《中华儿科杂志》《中华眼科杂志》《中华外科杂志》《中华内科杂志》等142种期刊和《中华临床医师杂志（电子版）》《中华肥胖与代谢病电子杂志》《中华重症医学电子杂志》等40种电子期刊。

（13）中国生物志库（species.sciencereading.cn）：是我国首个具有完整知识产权的中国生物物种全信息数据库，收录了中国近10万种现生生物物种（18万多条物种条目、9万多张图片），包括所有的植物类群、动物类群以及菌物，其数据库提供了生物物种的权威名称、分类地位、形态特征、分布、功用、理论知识等生物学信息。

7.5.7 物理、电子及信息类专业全文数据库简介

物理专业数据库主要有美国物理学会期刊数据库、美国物理联合会数据库、英国物理学会数据库等。

（1）美国物理学会期刊数据库（journals.aps.org）：收录8种物理领域的核心期刊（图7-13），另有5种免费出版物，全文文献量超过55万篇。APS出版的物理评论系列期刊有：*Physical Review*、*Physical Review Letters*、*Reviews of Modern Physics*，都是各专业领域最受尊重、被引用次数最多的科技期刊之一，在全球物理学界及相关学科领域的研究者中具有极高的声望。

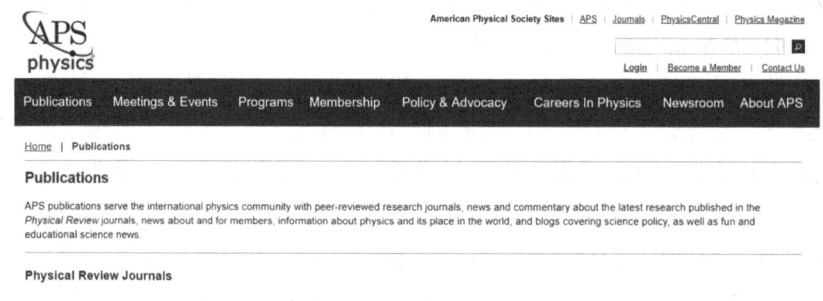

图7-13　APS页面

（2）美国物理联合会数据库（aip.scitation.org）：包含10种美国物理联合会的电子出版物。AIP及其会员的出版物占全球物理学界研究文献四分之一以上的内容，其期刊已成为物理学相关文献的核心。AIP共出版13种物理及相关科学的学术期刊（大部分回溯到第一卷第一期，其中许多拥有该领域最高的影响因子）、两种期刊（包括*Physics Today*）及AIP会议论文集系列。

（3）英国物理学会数据库（iopscience.iop.org）：出版的45种电子期刊向CALIS集团成员开放，其中42种被SCI收录，40种有影响因子。出版学科包括：应用物理、计算机科学、凝聚态和材料科学、物理总论、高能和核能物理、数学和应用数学、数学物理、测量科学和传感器、医学和生物学、光学、原子和分子物理、物理教育学、等离子物理等。IOP ebooks数据库提供物理及其相关领域的跨学科的权威内容，学科范围十分广泛，包括：半导体研究、原子和分子物理、理论物理、电子结构、材料科学、网络科学、可再生能源、气象物理、工程学、

数学和光物理等。

（4）中国物理学会（www.cps-net.org.cn）：目前出版 11 种物理专业期刊，包括《物理学报》《物理》《物理学进展》等。

（5）IEEE Xplore 数据库（ieeexplore.ieee.org/Xplore/home.jsp）（图 7-14）：主要提供计算机科学、电机工程学和电子学等相关领域文献的索引、摘要及付费的全文下载服务。基本覆盖电气电子工程师学会（IEEE）和工程技术学会（IET）的文献资料，其内容包括电气电子、航空航天、计算机、通信工程、生物医学工程、机器人自动化、人工智能、半导体、纳米技术、机械工程、石油化工、水利水电、能源与核科学等多种技术领域。

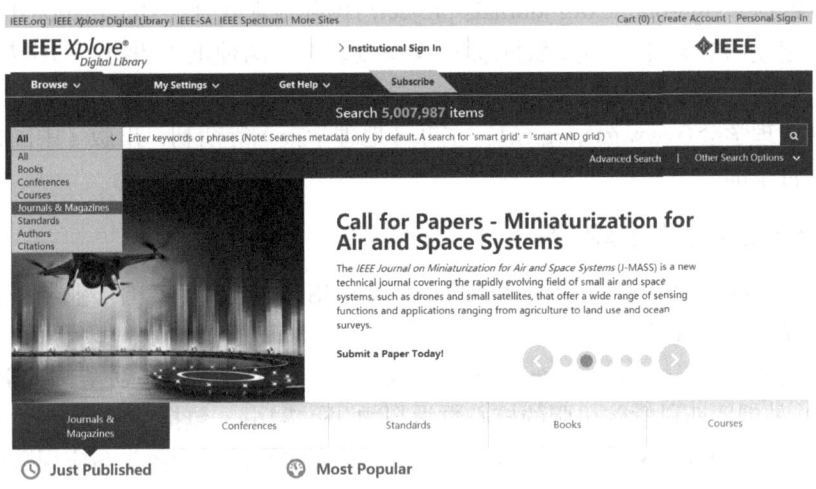

图 7-14　IEEE Xplore 页面

（6）ACM Digital Library（dl.acm.org/dl.cfm）：收录美国计算机协会（Association for Computing Machinery，ACM）的各种电子期刊、会议录、快报等文献的全文信息，还可以看到出版物信息。

（7）中国计算机学会（www.ccf.org.cn）：出版的旗舰刊物有《中国计算机学会通讯》，与其他单位合作编辑出版的会刊有 13 种（图 7-15）。

图 7-15　中国计算机学会数字图书馆页面

另外，还有中国电子学会（www.cie-info.org.cn）。

7.5.8　地理环境类专业全文数据库简介

地理环境类专业数据库主要包括石油地质专业 GSW（GeoScienceWorld）数据库、美国地球物理联合会(The American Geophysical Union, AGU)数据库等。

(1) GSW 数据库(pubs.geoscienceworld.org)：由美国地质协会等 7 家单位共同组建，包括 39 种地球科学领域的期刊，主题涉及石油地质、地质学、地震学、地球科学的环境工程、地质的探测与采矿、地质化学、昆虫学、古生物学、地球物理学、孢粉学和地下水文学。

(2) AGU 数据库(agupubs.onlinelibrary.wiley.com)：属美国地球物理联合会所有。AGU 出版的期刊以高质量和覆盖学科广泛而著称，发文量占全球地球科学类期刊的 25%，引用量占全球地球科学类期刊的 40%，共主办 20 余种刊物。2013 年起，所有的 AGU 出版物都可通过 Wiley Online Library 在线访问。

(3) IGU 数据库(igu-online.org/journals-project)：国际地理联合会(International Geographical Union, IGU)主办《国际地理学文献目录》《全球地理学》两种重要刊物。IGU 数据库可通过国别、刊物名称、关键词等进行检索。

(4) 中国地理学会(www.gsc.org.cn)：主办《地理学报》等期刊，出版《中国自然地理(总论)》等图书百余部。

7.5.9 数学类专业全文数据库简介

数学类专业数据库主要包括美国数学学会(AMS)数据库、美国工业与应用数学学会(SIAM)数据库、欧洲数学学会及中国数学会等。

(1) AMS 数据库(www.ams.org/publications/journals/journals)：有 6 种美国数学学会出版的核心刊物、2 种俄罗斯科学院出版的核心数学刊物(图 7-16)，包括 *Journal of the American Mathematical Society*(JAMS,《美国数学会志》)，刊载高水平的理论数学与应用数学研究论文；*Mathematics of Computation*(MCOM,《计算数学》)，发表数值分析、计算方法应用、数学表和其他辅助计算进展方面的论文；*Theory of Probability and Mathematical Statistics*(TPMS,《概率论与数理统计学》)，刊载数学统计学的相关资讯。AMS 还提供两种高品质的 OA 期刊：*Notices of the American Mathematical Society*(《美国数学学会通告》)、*Bulletin of the American Mathematical Society*(《美国数学学会通报》)。

图 7-16 AMS 数据库页面

(2) SIAM 数据库(epubs.siam.org)：出版 16 种研究性期刊，涵盖整个应用和计算数学领域，同时提供国际主站平台和国内镜像站检索平台。学科收录范围包括应用数学、基础数学、概率论与数理统计、运筹学与控制论、计算机科学与技术、信息与通信工程、应用经济学、管理科学与工程等。

(3) 欧洲数学学会(The European Mathematical Society, EMS)(www.ems-ph.org/journals/journals.php)：出版的研究期刊涵盖整个数学领域，既有基础理论研究，也有应用研究，内容丰富而全面，在高等研究领域非常著名。

(4) 中国数学会(CMS)(www.cms.org.cn/journal.html)：出版的刊物主要有《数学学报》《数

学通报》等。

由此可见,各个专业都有自己特色的全文数据库。读者可根据自己的专业需求进行选择,并通过具体实例进行实践练习以熟悉各个数据库的使用。

7.6 特色在线工具数据库

7.6.1 特色在线工具数据库主要类型

Internet 的普及与互联网+技术的广泛应用,不但使印刷版工具书能够在线利用,而且开发出了新型在线工具与手机 APP,如在线词典、在线地图等。这些就属于特色在线工具数据库(表 7-7)。

表 7-7 常见特色在线工具数据库及其特点

类型	用途	数据库名称[网址]与内容特征【免费层次】	相关章节
特色检索工具与数据库	政策法规	政府网站、机构组织网站【免费】	6
	词典	在线词典、翻译助手,如细胞生物学在线词典[www.cella.cn/search]、Directory of Science [www.directoryofscience.com]【免费】	2、7
	材料参数	(1)试剂仪器网站:如 Sigma-Aldrich,可查阅化合物相关数据【免费】 (2)PDB(蛋白质结构数据库):提供各类蛋白质的结构数据及其相应的 3D 分子模拟结构[www.rcsb.org]【免费】 (3)NIST 化学手册:检索已知化合物的谱图与热动力学数据【免费】 (4)ChemNet[cheman.chemnet.com]:提供化学品数据库与供应商【免费】 (5)中国生物志库[species.sciencereading.cn]【免费】	2、5、7
	结构与反应	(1)Reaxys 数据库[www.reaxys.com]:结构式、反应式检索【付费】 (2)晶体学开放数据库(COD)[www.crystallography.net]	2、7

特色在线工具数据库可以按照其开发部门简单分为三大类:政府部门网站(包括各类学科的政策规范)、机构组织、生产销售开发的试剂仪器网站,也可以按照用途进行分类,表 7-7 罗列的是一些典型免费特色工具数据库。其中,政府部门网站(如 science.gov)包括各类学科的政策规范;在线词典、翻译助手,除有道词典、CNKI 翻译助手外,还有细胞生物学在线词典(www.cella.cn/search)、英汉医学词典(esaurus.org)、Merck Source(www.merck.com)等。生产销售开发的试剂仪器网站可获得原材料相关数据。

新型特色在线工具数据库正在大量涌现,其形式和内容都十分丰富。例如,MedSci(www.medsci.cn)是国内领先的医学科研与学术服务平台。对于科技工作者来说,该网站最大的好处就是能查询各类 SCI 及 SCIE 收录期刊的主页、影响因子、投稿经验、投稿链接,并提供国家自然科学基金项目在线查询。

7.6.2 检索材料、药物、产品参数用在线工具数据库

(1)NIST Chemistry WebBook(webbook.nist.gov):是对美国国家标准与技术研究所(NIST)数据汇集进行访问的一个入口,可在线访问 NIST 标准参考数据计划所编辑和发布的全部数据。现阶段 Chemistry WebBook 提供免费查找,内容包括 4000 多种有机和无机化合物的热化学数据、1300 多个反应的反应热、5000 多种化合物的红外光谱、8000 多种化合物的质谱、12000

多种化合物离子能量数据，可通过名称、分子式、CAS 登录号、分子量、电离能或光子亲和力查找化合物的各类数据。

(2) ChemNet(cheman.chemnet.com)：免费提供化学品数据库与供应商。主要包括化工基础数据库(化工字典、化学结构检索、元素周期表、化合物取代基数据库、化合物母体数据库、化学物质分析方法数据库、中文 MSDS 库、英文 MSDS 库、危险品名录库、免费化工期刊数据库、化工缩略语库)、化工产品及用途数据库、化工商业和贸易数据库。

(3) 药物在线(www.drugfuture.com)：提供大量国内外药物数据库及检索信息，并提供中国、美国、欧洲专利打包下载的链接。

(4) 美国食品药品监督管理局(FDA)(www.fda.gov)：提供多种与药物监控有关的信息，包括：①new prescription drug approvals(新批准处方药物)；②prescription drug information(处方药物信息)；③major drug information pages(主要大类药物信息)；④consumer drug information(针对消费者报告药物信息)；⑤over-the-counter drug information(OTC 药物信息)；⑥drug safety & side effects(药物安全及副作用信息)；⑦public health alerts & warning letters(公共卫生警报)；⑧reports & publications first data drug databases(报告及出版物)；⑨special projects & programs(专门研究课题及项目)。

(5) 欧洲药品管理局(EMA)官方网站(www.ema.europa.eu/en)。

(6) 国家药品监督管理局(www.nmpa.gov.cn)基础数据库：包括国产药品、国产药品商品名、中药保护品种、OTC 化学药品说明书范本、OTC 中药说明书范本等多个数据库。

(7) 国家人口与健康科学数据共享平台中医药学科学数据中心(dbcenter.cintcm.com)：是国家人口与健康科学数据共享平台的六大平台之一，建有中医药事业、中医、中药、针灸、古籍等数据资源，有多库融合检索平台。

(8) 中国微生物菌种查询网(www.biobw.org)：主要用于菌种收藏(收藏菌种达数十万种)，涵盖农业微生物菌种、ATCC 菌种等，为用户提供菌种购买渠道。

(9) 原子分子数据库(www.amhedp.nsdc.cn/nsdc)：是北京应用物理与计算数学研究所建立的数据库查询网站，共有各类数据 85 多万条，且还在不断地持续增长中。该数据库包括原子光谱数据库、原子电离势数据库、原子能级数据库、电子原子碰撞激发数据库、电子原子碰撞电离数据库、离子分子碰撞数据库、电子分子碰撞数据库。在对这些数据库进行查询的基础上，可提供相应的插值计算、绘图等应用。

7.6.3 结构对比与反应设计相关数据库

(1) PDB(www.rcsb.org)：是目前最主要的收集生物大分子(蛋白质、核酸和糖)2.5 维(以二维的形式表示三维的数据)结构的数据库，通过 X 射线单晶衍射、核磁共振、电子衍射等实验手段确定蛋白质、多糖、核酸、病毒等生物大分子的三维结构，其内容包括生物大分子的原子坐标、参考文献、一级和二级结构信息，也包括晶体结构数据及 NMR 实验数据，数据可通过相关三维立体结构显示软件进行查看、编辑，进一步用于研究，可与 CSD(Cambridge Structural Database，剑桥结构数据库)(www.ccdc.cam.ac.uk)协同使用。

(2) Reaxys 数据库(www.reaxys.com)：由 Elsevier 公司出品(付费使用)，是一个辅助化学研发的在线解决方案。它将著名的 Beilstein、Gmelin、Patent Chemistry 数据库进行整合，包含 4600 万种反应、1.19 亿种化合物、5300 多万条文献记录。Beilstein 是世界上最大的关于有机化学的数据库,能帮助有机化学研究人员形成新思路、设计合成路径(包括起始原料和中间体)、确定生物活性和物理性质、了解外界环境对化合物的影响等。Gmelin 是关于无机和金属有机化合物的结构及相关化学、物理信息的数据库,可以用结构、亚结构和反应式检索,记录包含 800 多种化学和物理数据字段的内容,包括电、磁、热、晶体及生理学数据。

(3) 德国柏林自由大学化学与生物化学研究所:提供大量在线工具数据库(kirste.userpage.fu-berlin.de/chemistry/index_en.html#database)的链接,并建立了氨基酸数据库(kirste.userpage.fu-berlin.de/chemistry/bio/amino-acids_en),提供 20 种氨基酸的结构式和 3D 模拟结构及相关数据。

(4) Molecular Diversity Preservation International(MDPI)(www.mdpi.com):致力于促进所有学科、所有形式的开放科学交流。出版 250 种同行评议的、开放存取的期刊,为来自世界各地的学者提供服务,以确保最新的研究是免费的。

(5) SWISS-MODEL 数据库(swissmodel.expasy.org):是建立在已知生物大分子结构基础上的分子建模自动服务系统,为全世界的生物化学和分子生物学研究人员提供方便可行的网上免费服务,发挥指导分子生物学实验和提供参考信息的作用。SWISS-MODEL 是一个基于同源建模的蛋白质结构服务器,可通过 ExPASy web 服务器和 DeepView 程序访问。SWISS-MODEL 主要用于蛋白质三维结构建模和功能预测。同时,在 SWISS-MODEL 的工作界面上可利用在线服务器进行模型评价。

(6) CRISPR-PLANT 数据库(www.genome.arizona.edu/crispr):是一个专门针对植物CRISPR(clustered regularly interspaced short palindromic repeats)靶点的设计网站,可以有效帮助人们针对特定基因筛选有效的靶点。随着科学研究的不断深入,人们对基因功能研究的方法多种多样,其中基因敲除是最常用的一种研究手段,而 CRISPR-Cas9 是最新出现的一种由RNA 指导的 Cas9 核酸酶对靶向基因进行编辑的技术,该技术已普遍用于特定基因的编辑。

(7) PLAZA 数据库(bioinformatics.psb.ugent.be/plaza):整合了绿色植物谱系中许多物种的基因组信息,允许用户查看有关基因功能和基因组组织的生物学知识,除了提供不同类型的比较基因组学数据之外,还可以通过该平台访问链接的其他一些网站。PLAZA 也可通过比对序列同源性将这些基因归类为同源基因家族,经过进化系统树分析可鉴定旁系同源物和直系同源物。

(8) GSDS(Gene Structure Dispaly Server)在线数据库(gsds.cbi.pku.edu.cn):是一个在线绘制基因结构的工具,能够绘制清晰的基因结构,清晰明了地展示外显子、内含子及 UTR(非翻译区)的位置,还可以联合其他数据绘制进化树——基因结构图,展现基因结构与系统进化关系。使用 GSDS 检索时,在检索框内输入特定基因序列提交后,该系统会自动根据提交绘制出它的基因结构。

(9) 茄科物种(Sol genomics network)在线数据库(solgenomics.net):包括西红柿、土豆、辣椒、茄子、烟草、牵牛花等物种,可查看西红柿的测序信息,查阅关于一些序列发表的期刊文献。

(10) Plant CARE 在线数据库(bioinformatics.psb.ugent.be/webtools/plantcare/html):是一个植物启动子序列分析数据库。

7.7 在线检索工具与数据库使用策略

基于目前大量在线检索工具和数据库在科技信息获取中的重要性,读者在实际使用过程中应熟悉其收录内容和应用特点,根据自己的检索目的和检索环境综合考虑,有效利用。

7.7.1 在线检索工具及数据库的选择

各个领域的在线检索工具和数据库逐步增多。为了提高检索效率，对检索平台的选择相当重要。相比较而言，学科专业数据库的检索范围仅限于本学科的相关内容，而学科综合数据库的内容比较全面。

选择检索平台还要考虑检索内容、检索目的和现有的检索环境。①检索内容的熟悉程度，如果不熟悉，应该先考虑通过网络常用的百度、谷歌等搜索引擎检索，从而了解检索内容，包括其名称、学科分类、应用等，为后面的检索做准备；②检索目的，要明确检索是为了全面了解，还是为了追踪最新进展，还是调研在某个领域的应用等，明确检索目的后再根据检索内容，结合在线数据库及在线检索工具的收录内容和特点，确定获取相应检索内容应该选择的检索平台；③很多在线数据库全文的获取是需要收费的，而免费的数据库一般可以看到"题录+摘要"。因此，若以详细了解和全文下载为目的，应该实际考虑自己所处的检索环境。

7.7.2 检索方法选择

确定选择相应的在线检索工具或数据库后，想要实施具体检索应该考虑检索方法，从而提高检索效率。目前专业数据库和综合数据库都提供了收录内容的浏览功能及检索平台，需要首先了解两种方法的优缺点。

(1) 浏览功能：网络文献数据库一般具有图书、期刊等信息资源的浏览功能，主要是基于数据库对所收录信息资源的分类而进行浏览。为了有效介绍收录信息资源，数据库一般按照一定的方式分类，可以是学科分类，或者信息资源英文名称的首字母排序分类等。读者可以根据自己的兴趣、按照数据库的分类，检索浏览相应的信息资源。浏览功能有利于读者了解该数据库收录的信息资源，能够定期、全面浏览专题资源，系统掌握相应信息资源。但是，基于学科交叉和跨学科应用等方面的研究内容则难以全面检索。

(2) 专题检索：主要是利用数据库的检索平台，通过相应检索界面的功能菜单实现，是数据库目前主要的检索方式。数据库检索平台一般提供简单检索（search）和高级检索（advanced search），能够实施关键词、作者、题目、期刊名等检索。优点在于操作简单，检索速度快，但是要求读者明确其检索内容。

7.7.3 检索结果处理与利用

大部分在线检索工具都提供了检索结果的处理功能，包括检索结果的精炼、分析和统计、下载、保存和追踪等，有效利用检索结果的处理功能，将全面了解检索信息。对检索结果的精炼可以分为检索结果的扩大和缩小，其中扩大功能是为了更全面地了解检索内容，包括交叉学科领域；缩小功能是为了更准确地了解检索内容，直接找到所需信息。对检索结果的分析和统计是为了更深入地了解检索结果，可以实施检索结果的分类，按照不同的分类，明确检索内容的研究方向、发展过程、应用领域、研究者及单位分布等，便于读者深入掌握检索内容的相关信息。

在线检索工具和数据库可以提供检索结果的下载和保存，全文下载可以是直接下载，也可以通过文献管理软件进行下载。但需要注意的是，一般专业数据库直接提供全文下载，而综合数据库和在线检索工具主要提供全文下载链接。对于检索历史的保存和检索结果的追踪，一般需要读者在数据库页面注册建立账号，通过账号管理和电子邮箱提醒获取。

目前，绝大多数传统的科技文献已经实现了数据库管理，换句话说，人们通过在线检索工具与全文数据库，就能轻松获得包括传统文献在内的科技信息源。因此，本章内容与第2～6章内容有大量重叠。读者整理好自己专业所需的在线检索工具与全文数据库，将发现快速、全面地获得专业知识变得轻松容易。

思 考 题

1. 在线检索工具与数据库有哪些分类方法与主要类型？
2. 重要学科综合检索工具数据库有哪些？
3. WOS 数据库、EV 数据库有何特点与用途？
4. Elsevier（爱思唯尔）出版集团有哪些检索工具？
5. 总结与本专业相关的学科专业检索工具数据库、全文数据库、特色在线检索工具。

实践练习题

1. 了解本单位订购了哪些在线检索工具与全文数据库，可以获得哪些类型的科技信息源。
2. 根据自己设定的专业检索目标（如智能材料），利用在线检索工具检索近期研究成果，并记录检索过程。

第 8 章　科技信息检索与利用策略

本章导读：撰写科技论文是从事科研活动的新手（大学生、研究生）要学习的基本技能。本章以撰写综述论文与创新设计为目标，讨论如何快速有效地检索与收集目标科技信息；如何对获得的科技信息源进行记录、整理；如何阅读理解、知识总结，并撰写论文（综述）、提出科研设想，为开展科学研究奠定基础。

内容关键词：检索策略、检索实例、题录信息记录、知识综合、信息利用、创新设想。

前面章节分门别类地介绍了科技图书、科技论文、专利、数据库等六大类重要科技信息源的特点、用途及其检索方法。如何开展科技信息的检索？在检索过程中如何记录这些信息源（题录）？如何准确（或翔实）地获得有价值（或所需要）的知识？如何将获得的知识进行分类整理、阅读吸收及综合创新？本章从即将开展科学研究的新手角度，探讨科技信息的检索、记录、收集、阅读、利用的一些策略与方法。

对于自然科学领域从事科研、教学及生产的科技人员而言，科技信息的检索与利用是一项基本技能。虽然检索目标有所不同，科技信息源各具特色，但检索与利用策略有相通之处。对于即将从事科学研究的大学生或研究生而言，在进行课程论文、学年论文、毕业论文（或学位论文）的研究和论文撰写过程中包含典型的信息检索与利用过程。面对时间的紧迫性（学制要求），如何既快速又较为全面地检索与获取所需文献资料显得十分重要。因此，只有学会科技信息检索与利用的策略与方法，才能事半功倍。

8.1　科技信息源的选择与记录

科技信息检索与利用是一项基本技能，而这种技能必须经过多次实践才能获得。读者在检索实践中要基于前期学习（或实践）获得的基础与专业知识，设定好检索目标，开展针对性的检索练习，才能获得这项基本技能。

8.1.1　检索目标内容的分类

对于初次进行科技信息检索与利用的新手，在大部分情况下，只需要快速、准确地找到正确的知识，并不需要那些系统而详细的相关知识。因此，为了便于检索，需要将查找的知识进行简单分类。可以将课题检索目标简单分为四大类，并重点（或优先）使用相应的科技信息源，就能事半功倍地获得相关知识。这四类分别是：

（1）基本概念与基础知识：主要包括物质的名词含义、制备原理、反应与变化的机理等，是理解最新科技成果的基础。这类知识可从科技图书与论文中获得。

（2）方法工艺与测试技术：指材料与化合物的合成方法、结构表征、性能测试技术，是开发新材料、新技术的重要借鉴。这类知识可从科技图书、论文、专利、标准与产品资料中获得。

(3) 产品与材料的性能参数：主要指材料、化合物及产品的熔点、沸点、结晶温度、拉伸强度、相转变温度等物理和性能参数，不同类型的产品与材料的物理和性能参数会有所差异。这类知识可从科技图书、论文与标准中获得。

(4) 前沿与发展趋势：任何一种材料或技术在研发中都会涉及其最新的用途、合成技术及发展方向。这些知识一般都最先在科技论文中发表或以专利形式公开。

对于一些成熟的或广泛应用的材料与技术，上述四大类知识也比较成熟，甚至有科技专著、标准或产品资料会专门介绍。但对于一些正在开发或尚不成熟的新型材料与技术（如隐形材料），部分知识尚未发现或公开，因此只能找到不完整的科技信息源。

8.1.2 科技信息源的类型与特点

传统印刷版科技文献包括图书、期刊、专利、会议文献、学位论文、标准、科技报告、技术档案、产品资料、政府出版物十大类。其中，对于普通科技人员而言，图书、期刊、专利是最常见也是相对容易获得的三类文献源，而其他几类文献则难以获得原文或者难以全面系统地获得。因此，不同类型的检索工具（文摘、题录、目录）应运而生。

互联网技术的发展彻底改变了科技信息存储与传播的方式，原来难以查找的信息源现在变得容易获得，而且新的检索工具（搜索引擎、检索工具数据库）超越了传统的检索工具，让人们能够按照内容特征重新对科技信息进行分类。本书将科技信息分为六大类，即科技图书、科技论文、专利信息、标准与产品资料、机构组织科技信息、专业数据库。表 8-1 罗列了科技信息源的主要类型、特点及其检索用途。

表 8-1 科技信息源的主要类型、特点及其检索用途

科技信息源	主要内容与特点	检索用途
科技图书	包括教材、专著、工具书等。包含大量基础、系统的知识	了解背景，获得经典方法
科技论文	包括期刊论文、会议论文、学位论文。包含科技前沿成果，但系统性与成熟度较低	获取科学研究前沿成果
专利信息	主要指专利说明书。包含具体的技术成果，但系统性与精确度较差	获得创新、实用的技术成果
标准与产品资料	技术标准、规范和法规；产品样本和产品说明书。包含权威检验方法、参数指标，产品的组成与使用方法	获得权威、实用的方法、参数
机构组织科技信息	主要包括科技报告、技术档案、政府文件，各类机构组织公开的基本信息、动态信息及开发的信息。种类繁多、内容广泛、分散	了解社会需求与政府导向；发现新领域、启发创新灵感
专业数据库	从用户的角度，把现有的信息进行有规律的储存，并提供方便快捷的检索工具。包含所有科技信息	获得详细、准确的信息

这六大科技信息源的分类是基于互联网将传统的十大科技文献重新组合，其中科技图书包括教材、专著、工具书等；科技论文包括期刊论文、会议论文、学位论文，共同特点是有相同的论文格式，区别则是用途及内容翔实度有较大差异；机构组织科技信息中既包括科技报告、技术档案、政府文件（政府出版物）等传统的科技文献（这些文献中大部分也能够从互联网获得），也包括人们常说的互联网信息，即各类机构组织的网页信息，其中又可以分为机构组织公开的基本信息、动态信息及互联网+信息三大类。

显然,从科技图书可以了解背景资料,获得经典方法;从科技论文可以获取科学研究前沿成果;从专利说明书中可以获得创新、实用的技术成果;从标准中获得权威检验方法、参数指标;从产品资料中获得产品的组成与使用方法;从机构组织科技信息可以了解前沿动态、社会需求与政府导向,甚至可重复的技术方案;在线数据库则不但包含了上述所有信息,还有其他更多信息,并提供了检索工具。

8.1.3 根据目标选择科技信息源

科技信息检索的目的是获得相应的知识。在上述六大科技信息源中,所储存的知识特点各有不同。如前所述,科技图书中包含了基础知识、基本原理及成熟的方法、技术与参数,科技论文则报道了最新的科技成果,专利信息公开了最新的方法与技术,标准与产品资料中有成熟的方法工艺与测试技术,机构组织科技信息则包含了一些前沿成果,数据库是以电子文件的形式有规律地存储前面的科技信息以及更多的成果。

如果想要获得准确的科技信息知识,必须明确它与信息源之间的关系。科技信息目标知识与信息源之间的关系如图 8-1 所示:①基本概念与基础知识,可以从教材、专著等科技图书中获得;②方法工艺与测试技术,不但可以从科技图书中获得,还可以从最新出版的期刊论文或最新公开的专利中查到最先进的知识,要获得成熟的方法,标准与产品资料中的知识最可靠;③产品与材料的性能参数,可以从工具书中获得,也可以从标准与产品资料中获得;④科技前沿与发展趋势,这些知识最先在科技论文中发表或以专利形式公开。

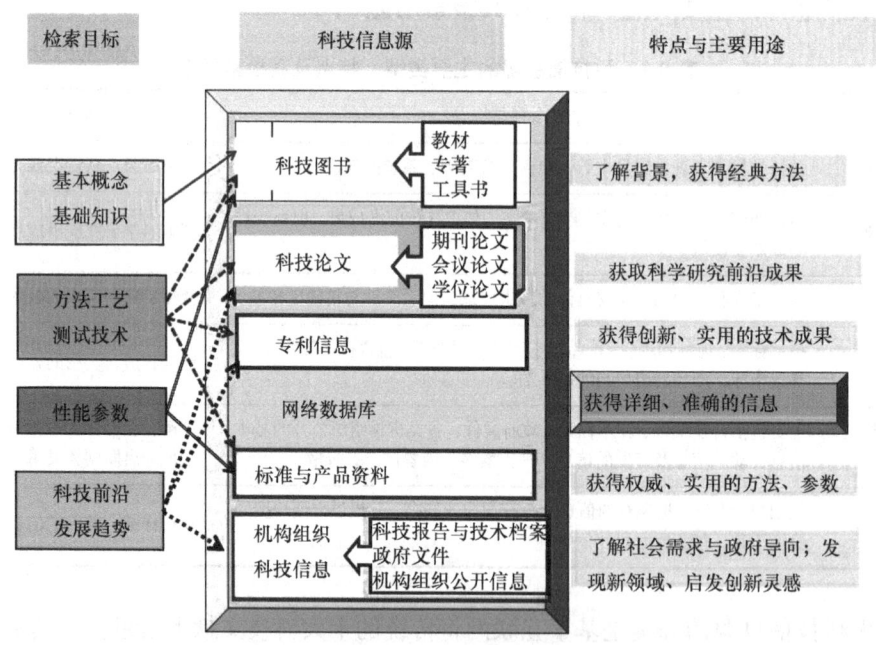

图 8-1 科技信息目标知识与信息源之间的关系

显然,六大科技信息源的知识内涵是相互交叉重复的。对于初学者,可使用某一类数据库或检索工具,针对性地检索所需的知识类型。表 8-2 罗列了一些重要网站(数据库)与检索工具的特点与用途。

表 8-2 重要网站与检索工具的特点与用途

检索目标	数据库名称：特点【免费层次】	知识章节
获得简单信息	Google、百度、政府网站、学术搜索、百科：可搜到≥30%主题相关论文【免费】	7
中英文图书	数字图书：把较早图书逐步入库【大部分高校】；Bookfi、Genesis：有大量英文图书 pdf 版【免费】	2
专业信息	SciFinder：收录世界 98%以上化学文献的摘要【部分单位订购】	7
了解高水平成果	WOS 与 EV：高水平期刊论文摘要及被引用情况【部分单位订购】	2、7
获取专利技术	各国专利网：可检索到各国专利全文【免费】	4
查阅原材料参数	Sigma-Aldrich 公司：全球最大试剂仪器网站【免费】	5
国内研究情况	中国知网：获得国内最全面的期刊论文【摘要免费】	3

通过表 8-2 不难看到，如果需要检索的科技信息目标知识涉及某一种材料的性能参数，既可以从标准与产品资料中找到，也可以从图书、期刊论文、专利中找到，数据库中也能发现材料的性能参数。但是，对于即将入门的科技人员而言，要想获得最可靠的知识，建议选择标准与产品资料，因为标准与产品资料中的方法工艺与测试技术最为成熟，但并不一定最先进。例如，想了解"防腐剂"的基本概念与基础知识，既可以查"百科全书""手册"等图书，也可以从"百度百科""维基百科"等在线数据库检索获得，但是最为成熟的"防腐剂"知识最好参考标准与产品资料获得，而有关防腐剂的发展前沿可以从最近出版的科技论文或最新公开的专利中查找。

显然，如果能将所需要查找的知识进行简单分类，就知道应该重点使用哪一种科技信息源具体进行查询。也就是说，读者需要根据检索目标要求的知识，重点选择相应的科技信息源，进行实际的检索过程。

8.1.4 科技信息源的记录与引用

不同科技信息源的内容与外表特征都各有特点。作为科技工作者，在阅读科技信息时，不但要记录重要的知识内容，还应该记录题录信息。

开展科研工作的新手阅读科技论文(第 3 章)时，会发现科技论文与以前阅读的一般文章并不一样，最显著的特点之一就是科技论文的支撑部分(后置部分)中都有参考文献。这是因为科研人员是在信息检索与利用的基础上开展自己的科学研究，其研究成果一般通过论文或专利公开(图 8-2)。科研人员在撰写论文时，不但要展示自己的研究结果，还要提供参考文献作为工作基础与参考方法，这就是言之有据，而参考文献内容来源于前期查找的科技信息源。

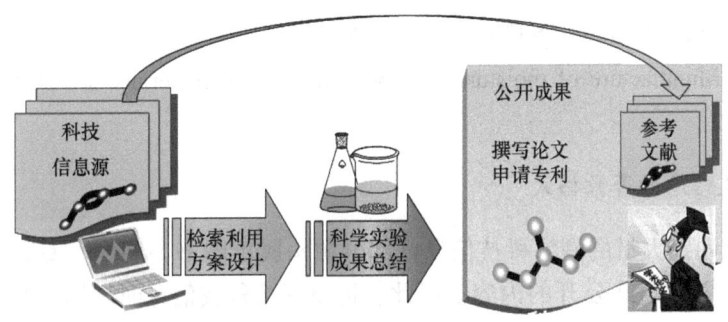

图 8-2 科技信息源阅读利用及引用

为了让读者快速准确地找到所引用的参考文献，科技信息源需要进行规范的记录与引用。下面主要介绍常见的几类科技信息源（图书、期刊论文、专利）及网络信息的记录与引用格式，以方便读者使用。

1. 科技图书的著录格式

记录科技图书内容出处时，需要记录著者、书名、版本、出版地、出版者、出版年月，所阅读与应用内容的页面，即起止页码。对于丛书，还要标出是哪一卷。典型著录格式实例：

［1］ 王荣民. 化学化工信息及网络资源的检索与利用. 4 版. 北京：化学工业出版社，2016：68-69.

［2］ Peters T. All about Albumin: Biochemistry, Genetics and Medical Applications. San Diego：Academic Press, 1996：1-5.

2. 科技论文的著录格式

期刊论文是科技论文中最常见的一种论文形式。记录期刊论文出处时，需要记录作者、论文标题、期刊名称、年、卷（期）、起止页码。需要注意的是，有多个作者时，至少记录 6 个以上作者。另外，根据论文内容的重要性，可以考虑是否记录通讯作者单位和 Email，以便日后联系与讨论。典型著录格式实例：

［1］ 尤长城, 张雯, 刘育. 超分子体系中的分子识别研究. 化学学报, 2000, 58(3)：338-342.

［2］ Dilgimen A S, Mustafaeva Z, Demchenko M, Kaneko T, Osada Y, Mustafaev M. Water-soluble covalent conjugates of bovine serum albumin with anionic poly(N-isopropyl-acrylamide) and their immunogenicity. Biomater, 2001, 22: 2383-2392.

会议论文、学位论文的著录格式与期刊论文有所不同。著录会议论文时，需要写明作者、论文标题、会议名称、会议召开的地点与时间、起止页码；著录学位论文时，需要写明作者、论文标题、获得学位的单位（学位级别）、时间、起止页码。

3. 专利的著录格式

记录专利说明书时，需要记录专利发明人、专利题名、专利国别、专利申请号或公开号、申请或公开日期等信息。典型著录格式实例：

［1］ 冀志江, 张连松, 王静, 王继梅, 王晓燕, 吕荣超. 具空气净化、抗菌、调湿功能的内墙粉末装饰涂料. 中国：CN1632010A, 2005-06-25.

［2］ Yakabe H. Manufacture of moisture-absorption-desorption materials. JP: 2004216217 A, 2004-08-05.

4. 网络科技信息的著录格式

目前可以查询到大量的网络科技信息，部分源头属于图书、期刊、专利等文献源，部分是机构、组织或个人网站公开的内容。因此，记录网络科技信息时，如果判断出是图书、期刊、专利等传统文献源中的一种，可以用其原有的格式著录；如果无法判断，可采用以下格式著录：作者、标题、网站名称(公开时间或浏览时间)[网址]。需要注意的是，网站中不一定所有信息都会出现，因此记录标题与网址最为关键。典型著录格式实例：

[1] 方晓玲. 缓释、控释药用高分子材料的研究和应用. 纤维素醚(2007-09-27)[http://hopetop66.hz2.2d.net.cn/bbs/thread-5-1-1.html]。

以上介绍了几种最重要科技信息源的记录与引用格式，其他科技信息源的记录与引用格式有相似之处，具体方法可查阅相关国家标准。

8.2 科技信息的检索与收集策略

对于从事科学研究的工作者而言，"科学无国界"就是指要从世界范围内获得信息，才有可能不落后。因此，不但需要查找所需的中文文献，还需要查阅外文文献(尤其是英文文献)。在浩瀚如海的信息源中，如何快速、精确地检索到对自己工作(检索目标)有价值的信息呢？

8.2.1 检索科技信息的主要步骤

将快速、准确地找到目标信息的关键步骤分为以下四步(图 8-3)。

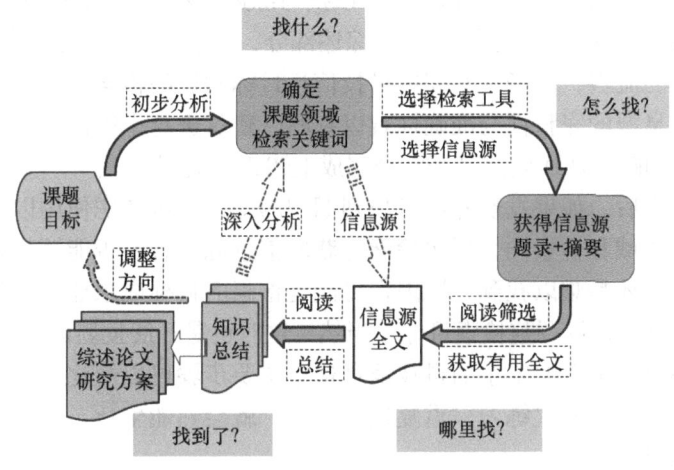

图 8-3 科技信息检索与利用流程示意图

(1) 认清课题目标：如果是自己选择的课题(如课程论文或创新创业项目)，会对背景知识与目标有所了解；如果是教师指定的课题(如学年论文或毕业论文)，可以先听听教师的讲解与要求。如果此时对课题目标的理解还不够明晰，可以查阅教材、百科知识，初步确定课题所属领域，然后准备好"检索关键词"。

(2) 根据课题领域选择适当的检索工具，找到"题录"或"题录+摘要"。如果有多种检索工具可以选择，可根据检索目标进行筛选。例如，若只是浮光掠影地泛泛寻找，可使用"百度学术"等免费检索工具；如果需要查询高水平成果，可以使用 Web of Science 等进行查找；如果想找到最全面的信息，建议使用专业检索工具(如 SciFinder)进行查找。此时，如果检索结果太少(或太多)，应更换(或增加)"检索关键词"。

(3) 获得"题录+摘要"后,记录题录信息,阅读、筛选出与目标有关的知识内容,同时下载、阅读最有价值的全文,原文获取途径如表 8-3 所示。此时,需要进行知识总结,判断是否已经获得所需要的(或全面)知识。

表 8-3 科技信息源的获取途径

科技信息源	检索与原文获取途径	知识章节
科技图书	传统与在线图书馆;馆际互借;免费在线图书网站;网购	2
科技论文	传统与网络检索标题、作者、摘要等信息;通过本地或在线数据库获得全文	3
专利信息	通过各国专利局网站或检索工具,免费检索或下载全文	4
标准与产品资料	绝大部分标准信息可通过网络检索与下载。购买试剂仪器附带产品,也可通过生产商(经销商或用户)网站获得具体信息	5
机构组织科技信息	通过政府或检索工具可获得已经解密的科技报告摘要或全文。政府网站免费公开相关文件。各类机构组织的网页公开其基本信息、动态信息与互联网+信息	6
专业数据库	免费的 Internet 信息;本单位购买的数据库;部分付费网站	7

(4) 如果认为已经得到了所需知识,就可以撰写综述(或课程论文),此处的综述也可以是毕业论文(或学位论文、创新创业论文)中的综述部分,然后进一步开展相关研究。

按照上述正常的流程,已经基本完成科技信息目标知识的检索。但是,如果在最后一步对所获得的科技信息源的完整性与准确性难以判断,建议进行小组讨论,或找教师讨论,让指导教师帮助进行判断,从而确定是否已经完成上述正常流程。

经过上述流程之后,如果发现并没有找到期望的知识,可考虑使用以下方法:①深入分析课题目标,调整领域和检索词,再次检索并获取信息源,看是否能够找到所期望的知识;②如果发现目标内容还是难以找到,原因很可能是检索的目标成果还没有公开,甚至还没有人开始相关研究,这时建议调整检索目标。当然,这时也是开展创新研究的好时机。

事实上,上述过程中看似复杂的科技信息检索主要步骤可以简化为"找什么?怎么找?哪里找?找到了?"经过多次练习,重复这一过程,就会熟能生巧,从而掌握快速、准确找到目标信息的方法与策略。

8.2.2 免费资源的充分利用

传统图书馆是查找科技文献的重要场所,普通用户使用借书证(如个人借书证、单位借书证、馆际借书证)就可以借阅图书馆馆藏文献。当前,绝大多数图书馆都提供电子资源,包括数据库和检索工具,这些资源对本单位用户是免费的。除此之外,Internet 也提供了大量的科技信息,包括完全免费与部分付费的数据库与检索工具。因此,对于普通用户而言,要认清自身所处环境,并充分利用不同层次的免费资源。

科技信息有三个免费层次及范围(表 8-4):①完全免费使用:从任何地方都能免费浏览与下载;②单位内部免费使用:本单位付费征订的文献或数据库,单位内人员可以免费借阅或下载;③其他免费获取方法:可称之为"主动搜索网络,免费获取原文"。

表 8-4　科技信息检索与获取的免费层次

完全免费使用	单位内部免费使用	其他免费获取方法
科技图书：目录免费	全文免费(订购部分)	主动搜索网络，免费获取原文
科技论文：摘要免费、部分全文免费	全文免费(订购部分)	
专业数据库：搜索引擎、在线词典	专业数据库(订购)	√ 给作者发 Email 索取 √ 搜索作者信息 √ 网络求助 √ 利用合法网络技术
专利信息：全文免费下载、提供检索工具		
标准与产品资料：全文免费下载		
机构组织科技信息：政府文件与网站信息(全文免费)、科技报告(部分摘要免费)、技术档案(极少免费)		

1) 完全免费使用的科技信息源与检索工具

完全免费使用的科技信息源与检索工具包括专利、标准与产品资料、公开的政府文件，以及机构组织网页信息。

百度、Google 等搜索引擎及其数据库属于免费的搜索引擎及在线数据库。科技图书可以免费浏览目录。科技论文可以免费浏览摘要，部分论文可以免费下载全文。表 8-5 提供了部分可免费获得全文的网站。

表 8-5　检索科技信息的部分免费网站

网站名称	特点、用途(网址)
学术搜索	百度学术、Google 学术、Academic Search(微软学术搜索)、Bing 学术等学术搜索。其中，有个人资料、会议征文、学科趋势等
DOAJ	全文免费，收录 8600 多种开放期刊(doaj.org)
ResearchGate	科研人员在线分享研究成果、学术著作、信息交流(www.researchgate.net)
PubMed	医学相关检索工具数据库(pubmed.ncbi.nlm.nih.gov)
PDB	收录生物大分子(包括蛋白质、核酸及复合组装体)的三维结构信息(www.wwpdb.org)
NIST Chemistry WebBook	免费检索已知物质与材料的谱图与数据(webbook.nist.gov)
期刊界	中、英文论文数据库(www.alljournals.cn)
读秀学术搜索	针对学校等有固定 IP 的单位用户开通的学术搜索引擎及文献资料服务平台(www.duxiu.com)
JournalSeek	可免费搜索完全分类期刊数据库信息(journalseek.net)
爱学术	专业学术文献分享平台，部分免费下载(www.ixueshu.com)
Sigma-Aldrich	全球最大的试剂仪器网站，免费检索产品信息(www.sigmaaldrich.com)

为了让读者能熟练使用这些免费科技信息源，下面根据检索目标分类说明一些重要的免费检索工具与数据库及其优缺点。如果想要获得入门知识、背景资料，可通过百度、Google、Bing 等搜索引擎、百科、学术搜索、词典等，免费获得相关知识。国内研究成果可以通过中

国知网查阅摘要；国际研究概况可以从 Elsevier 等出版社查阅期刊论文摘要获得，也可以从 PubMed 查阅生物医学相关论文摘要，或从 PDB 获得蛋白质的结构信息。通过各国专利局网站，可以获得专利技术。通过国际国内标准网站可以获得规范的方法与参数，而通过 Sigma-Aldrich 等试剂仪器公司网站可以获得原材料参数。另外，通过国家自然科学基金委员会、科技部、各省科技厅网站，也可以了解国家需求与政策导向。

完全免费使用资源的缺点：一是信息检索结果不完全，有漏检现象；二是部分全文无法下载。

2) 单位内部免费使用的检索工具与数据库

为了弥补免费资源的缺点，可使用单位内部免费使用的检索工具与数据库，也就是单位购买的供单位内人员使用的检索工具、数据库及图书、期刊资料。这一类资源有：

(1) 通过数字图书馆，可以在线阅读、下载国内图书全文；通过中国知网，可以下载国内研究成果，尤其是科技论文。

(2) 如果想全面了解国际科技领域的研究进展，首选 WOS，可以获得科学领域国际高水平论文成果；其次是 EV，可以获得工程领域高水平论文成果。

(3) 如果想全面了解本学科领域的研究进展，可以查阅学科专业检索工具。例如，SciFinder 包含大量化学相关的科技信息源，信息源种类包括期刊、专利、图书影像等，是全世界最大、最全面的化学相关及生命科学领域的学术信息数据库；数学评论可以检索全世界数学论文信息；物理、电子、计算机等都有其专业的重要检索工具。有关详细信息参见第 7 章。

3) 主动搜索网络，免费获取原文

通过检索工具可以获得"题录+摘要"，阅读内容后就能判断是否需要阅读原文。如果发现内容很重要，需要下载与阅读原文时，首先要利用本单位的免费科技信息源，其次可以采用如下几种方法获得原文。

方法 1：给作者发 Email 索取全文。大部分作者愿意免费提供自己已发表的论文，这有利于传播其学术思想。如果作者能够提供全文，出于礼貌，请不要忘记回信致谢。

方法 2：搜索作者信息。用文章的作者姓名或标题在搜索引擎(Google 或百度)中搜索。许多作者喜欢将自己已发表论文的电子版直接挂在个人网页上，以使其他研究者了解自己的学术领域。因此，通过这一途径有机会免费下载所需文献的全文，甚至可以下载该作者的其他文章。如果文献由多位作者撰写，若第一作者查不到个人主页，可查通讯联系人或第二、第三作者，依此类推。此外，也可以使用文章标题(title)进行搜索以得到免费文献。例如，有些国外大学的图书馆会把本校一年或近几年的学术成果的全部出版物以 pdf 格式在其网站或相应的 ftp 上公开，此时就可以通过这些途径获得感兴趣的文献。

方法 3：网络求助。可以在一些学术交流站点(如小木虫、博研论坛)上发帖求助。

方法 4：利用合法网络技术。例如，在 Google 学术搜索等进行搜索时，一般都会检索到所需文献，在 Google 学术搜索中通常会出现"每组几个"等字样，进入后依次点击链接，其中某个就有可能下载到全文。注意，Google 学术搜索一般能检索到所需 30%～60%的文献，并非所有全文都能打开。

需要提醒的是，一定要充分了解与利用本地图书馆资源，部分单位图书馆提供文献传递服务，图书馆管理员可以根据用户需求从其他单位图书馆进行文献传递，从而轻松获得文献原文。

8.2.3 重要在线检索工具与全文数据库的有效利用

免费检索工具与数据库的缺点是内容不完整、可持续性较差，无法获得完整的目标信息，因此难以根据免费数据库的检索结果判断自己的创新思想是否首创。要想准确判断自己的创新思想是否首创，在拟开展科学研究阶段的科技信息检索与原文下载时，必须使用专业数据库获取完整的目标信息。

目前，国内许多单位购买了全文数据库，读者应充分利用，检索和下载所需文献。表 8-6 罗列了部分重要的全文数据库与检索工具。这些全文数据库与检索工具的检索方式已经在前面相关章节中做了详细介绍，请读者自行查阅。

表 8-6 部分重要的全文数据库与检索工具

数据库	内容（网址）	免费层次
WOS、EV	科技领域高水平期刊论文、会议论文摘要及被引用情况；工程技术领域高水平期刊论文	部分单位订购
中国知网	国内知名综合数据库（www.cnki.net）	大部分订购
ScienceDirect、Wiley、Springerlink	国际知名出版社：Elsevier（www.sciencedirect.com）；Wiley（onlinelibrary.wiley.com）；Springerlink（link.springer.com）	部分单位订购
学科综合数据库	顶级期刊：如 *Nature*（www.nature.com）；*Science*（www.sciencemag.org）	摘要免费
化学相关专业数据库	ACS（pubs.acs.org）；RSC（pubs.rsc.org）	摘要免费
物理相关专业数据库	APS（journals.aps.org）；AIP（aip.scitation.org）；OSA（www.osa.org）；IOP（iopscience.iop.org）	摘要免费
地理相关专业数据库	AGU（agupubs.onlinelibrary.wiley.com）；IGU（igu-online.org/journals-project）；GeoScience World（GSW）（pubs.geoscienceworld.org）；ESA（www.esa.org）；British Ecological Society（www.britishecologicalsociety.org）	摘要免费

如果想要检索自然科学领域的英文文献，首推 WOS、EV 检索工具数据库，以及 Elsevier、Springer 等出版机构发行的全文数据库，这些数据库中的部分数据库已由中国科学院或高等院校购买了使用权。其中，可以通过 WOS 检索到高水平期刊论文摘要及被引用情况，其网页提供了全文链接，可以直接下载全文。因此，读者首先需要了解本单位可以免费使用的数据库，然后结合多种搜索途径以获得自己感兴趣的科技信息。近年来，免费搜索引擎及数据库都在不断增加，普通用户充分利用这些信息源就可以获得大部分有用信息。

8.3 文件管理与重要信息的筛选

在科技信息的检索和原文收集过程中，文件的管理十分重要。当读者收集或下载了大量（百篇以上的）电子文档后，若无行之有效的管理方式，会发现从自己的下载文件夹中想要找到所需电子文档比从网上再次下载更加困难。因此，需要对所收集的信息进行有效管理。换言之，对于下载的文件，要依其内容建立类别，分类放置。例如，哪些需要仔细阅读并保存，哪些用处不大待删除，哪些需要阅读却尚未阅读。按照这样的类别分类之后，如果以后想再阅读，还能及时找到相应的信息。

文件管理的目的是知识的高效利用，其方法因学科、研究方向甚至个人习惯而有所差异，文件的分类在不同课题组都有自己的传统分类方法。下面仅介绍一些简单的方法供读者参考选择。

8.3.1 文件的分类与管理

读者将所收集的文献进行分类前，首先要有一个分类标准。对于初学者，一种简捷的办法就是参考他人的分类方法，而这可以从相关综述（特别是近几年内发表在高水平期刊上的综述）中获得。通过浏览（注意：不是精读）近几年的综述，可以大致把握课题方向的脉络，通过综述中的小标题可以基本了解应如何对相关文献进行分类。

对于初学者，文件（电子文档、纸质版）的管理经验如下：

（1）下载电子文档（doc、pdf、caj、html 等格式）时，使用论文出版年代和文章题目作文件名，注意：文件名不能有特殊符号，要把 \、/、:、*、?、<、>、|，以及换行符删掉。下载的文件如果使用"出版年代-信息源名称-标题"作为文件名，可以避免重复下载，而且不容易混乱。也可在文件名后加入作者或期刊名称，或进行重要性或关键词标记，方便快速找到所需文件。

（2）文件必须分类放置，不同主题存入不同文件夹。文件夹的名称要体现其关键词及下载时间，文件夹的题目要简短。这样，如果忘记一个文件的具体位置，只要通过上述几种参数中的任何一个，用计算机的"搜索"功能就可以很快找到所需文件或文件夹。

（3）看过的文献可以归入子文件夹，也可以在文件名称中加标记（如文件最后加"已读"或"重要"等字样），要把利用价值高低不同的文件分开。重要文献根据重要程度在文件名中进行标记，然后按名称排列图标，这样最重要的文献就一目了然。

（4）复印或打印的文献用打孔器打孔，活页装订，便于根据需要重新组合。

8.3.2 利用软件与网络管理文件

上述介绍的文献管理方法虽然简单易行，但在信息化的今天，这些方法相对低效。目前，有越来越多的专用工具软件可帮助用户轻松完成参考文献的整理和标注，如 EndNote、Reference Manager、CypEndnote 等。其中，EndNote 的使用最为广泛，具有文献检索、文献整理、引文标注、文末自动按特定格式生成参考文献列表等强大功能。有关软件的使用请参阅第 10 章。文献管理软件使用起来虽然方便快捷，但也有人反映：看完就忘，不易整理，所记录的笔记时间长了就没有了印象。因此，如何综合使用传统的文件分类管理方式和软件管理方式需要根据自己的个人习惯进行摸索使用。

除了使用文献管理软件，也可以利用通用的硬盘搜索软件辅助管理硬盘中的大量文献，只需稍微设置就可以很快从本机硬盘中查找出所需的文献。典型工具软件如"百度硬盘搜索"，百度硬盘搜索是全球第一款可检索中英文双语的硬盘搜索软件，可以让我们轻松管理自己的硬盘。有关知识请参阅"百度百科"，也可从网上找到免费下载安装的软件。

对于经常在不同地点或用不同计算机进行工作的用户，利用网络"云盘"储存与管理文件也变得越来越便捷，其优点是不受计算机与办公地点的限制，任何有网络的地方都可以使用存储的数据。

8.3.3 重要信息的筛选

在寻找到大量与课题目标有关的科技信息后,同时会获得诸多内容相似的科技信息,因此需要从中筛选出有价值的或重要的信息。这一筛选过程可以采取以下策略:

(1)对信息进行整理,对知识体系进行分类,将相近的知识存放在一起。可从如下四个方面进行分类:①基本概念、基础知识;②合成方法、制备工艺、测试技术;③性能与应用;④前沿与发展趋势。

(2)当把相同类型的知识归类后,会发现大量相同或相似的知识。这时,保存正确与准确的知识即可。如果发现哪一类有欠缺,可以针对性地再次进行检索,弥补所欠缺的知识。

但是,初次进入新领域的读者经常会发现差异巨大的描述或参数,但又难以区分对错,尤其是网络信息良莠不齐。这时,需要找到相对客观的筛选方法。典型策略如下。

1) 从信息源类型判断成熟度

从信息的来源区分内容的成熟度与可信度。科技信息成熟度依次升高的顺序是:网站信息＜专利＜论文＜图书＜机构组织科技信息中的科技报告、政府文件、技术档案＜产品资料＜标准。在线数据库内容种类繁多,主要来源于前面的 5 种文献源,其中的成熟度也可以依据上述顺序进行筛选。

2) 从期刊影响因子判断创新性

对于科技论文,如果遇到类似研究内容的研究论文或综述论文,通过第 3 章学习过的期刊影响因子可以大致判断论文的可靠性,比较它们的创新性。影像因子越高,论文质量整体就越高。需要特别说明的是,期刊发表的论文中也会出现错误,因此不能迷信论文。

另外,一些文献管理软件,如 EndNote,具有快速筛选核心文献的功能,它的基本原理就是利用期刊的影响因子进行筛选。

3) 从发表时间判断先进性

利用上述方法将所获得的知识分类后,如果发现同类型的文献还是比较多,则可以按照年代排序。发表时间最近的文献,其方法、技术整体最先进。

4) "慧眼识珠"也是一种能力

按照前面的方法,一般可以很快从众多文献中找到重要的文献。当然,经历学习、实验、总结的训练后,也要学会"慧眼识珠",也就是从看似一般的科技信息源中发现重要的发展方向,这是一种更高的境界。

8.4 科技信息的阅读与利用

8.4.1 科技信息的利用过程

检索并获得科技信息的目的是利用,需要把信息变为知识,并让知识转化为生产力。

对于学生而言,从小学到大学,知识的掌握程度是从考卷上反映出来的。对于科技人员而言,信息的掌握程度是从他们撰写的综述论文与研究论文中反映出来的。作为一名大学生,通过科技信息检索可以自主地获得知识。不仅如此,还需要学会科技信息的利用,也就是要利用科技信息,一步步地把它们变为知识、产出成果(图 8-4)。

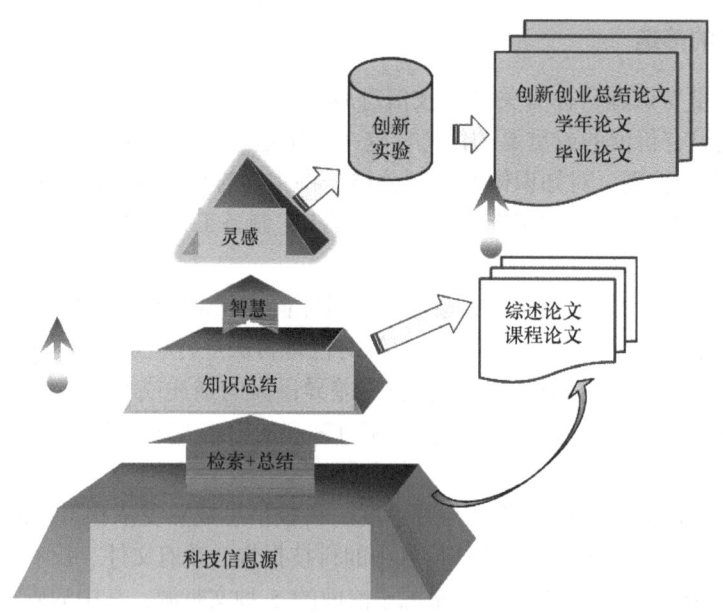

图 8-4　科技信息的阅读与利用过程

1）知识的分类整理与归纳总结

将所收集到的信息进行分类、阅读，然后将获得的知识进行归纳、总结，整理成"知识总结"。这个总结的内容框架要依据课题结构特点进行搭建。

第一次学习总结的读者可以参考类似的综述论文或科技著作的知识结构，看看他们论文中的小标题是如何排列的，内容是如何描述的，从而模仿进行总结。

2）综合也需要创新

在知识总结基础上对知识内容进行分析总结，进一步提出自己的观点与看法。需要强调的是，综合也需要创新。这种创新也是素养与能力的体现。例如，进行知识总结后，把知识总结按照综述论文格式编排，就能写出一篇"课程论文"，如果再一次检索类似的综述，没有发现相同的论文，那么撰写的这篇课程论文就能发表。

3）开展创新研究

在知识总结过程中，要运用自己（或小组）的智慧进行创新思维，获得灵感，设计研究思路与研究方法；然后，开展创新研究、科学实验，从而开发新产品，探索新方法。

在开展创新实验过程中，要仔细观察，如果发现虽然没有得到预期的现象或产品，但是得到了预想不到的现象或产品，建议分析总结，重复实验；然后，再深入分析总结，就有机会发现新方法、获得新产品。化学学科中的许多新反应、新化合物就经历了这样的发现过程。

4）撰写论文——体现对知识的利用能力

通过试验验证自己的创新想法是否正确，验证是否发现了新方法，或者是否获得了新产品。如果已经达到上述预期目的，就可以总结成果，撰写学年论文、毕业论文或创新创业总结论文。

此时，前面已经进行知识总结获得的综述，既可以单独发表，也可以在适当修改后作为学年论文、毕业论文或创新创业总结论文的前言或综述部分使用。

事实上，人们常说的"学以致用""科技是第一生产力"，其侧重点都是"科技信息的利用"，而撰写论文就能体现对知识的利用能力。

8.4.2 期刊论文的阅读策略与步骤

在科技信息源知识的阅读过程中，一定要与自己预定的课题目标、研究方向(或研究思路、实验结果)相结合，针对自己的研究方向，寻找相近的论文进行阅读，了解文章中都回答了什么问题，通过哪些技术手段进行了证明，有哪些结论。要从所阅读的这些文章中了解研究思路、逻辑推论，学习技术方法。对于重要的论文，不但要学习其中的知识，还应该学习其撰写风格。

表 8-7 以期刊论文为例，介绍了阅读重要文献的策略与步骤。注意：并不是所有文献都需要按此方法阅读，只有阅读与本人研究工作密切相关的文献时采用该方法，一般文献根据需要阅读其中的不同部分。

表 8-7 阅读期刊论文的策略与步骤

读什么	读论文哪部分	阅读策略：找问题答案
(1)论文主题是什么？研究背景是什么？	标题	
(2)论文要解决什么问题？其重要性在哪里？	前言	回答问题(2)
(3a)通过图表，获得什么信息？ (3b)作者用图说明了什么问题？采用了什么方法？ (3c)你会画出此类图并用自己的语言表达吗？	图表	看图片回答问题(3) 图和结论相结合回答问题(6)
(4a)作者采用什么方法解决问题？理论(或文献)依据是什么？ (4b)方法的必要性是什么？你认为此方法能得到怎样的结果？ (4c)是否有得到更好结果(或更简单)的方法？	前言 实验部分 结果	阅读摘要和结论回答问题(4)和(5)
(5a)论文中的方法能否满足需要？方法与分析有什么缺陷？ (5b)实验步骤之间的逻辑关系是什么？每项实验的意义是什么？必要性是什么？ (5c)你从这些结果中会得到什么结论？是否得到更好的结论？	结论	
(6a)文章的结论是什么？和你想的差异在哪里？ (6b)结论可靠性如何？ (6c)讨论中是如何从已知的知识得到结论的？	结果与讨论	看结论和摘要回答问题(6a)
(7a)方案设计、方法的逻辑关系是什么？实验结果是否支持文章结论？ (7b)还有哪些不确定的地方？你能否进一步确定？ (7c)文章如何描述结果、解析图表趋势？论据如何组合？如何表达自己的观点？	讨论	比较结果和结论回答问题(7) 比较文献回答问题(6b)和(9)
(8)与同类文献相比，方法和结果有什么共同点和不同点？	参考文献	比较同类文献回答问题(8)
(9)与以前的文献相比，作者在思路与方法上有什么变化？下一步是什么？你能否有进一步的改进办法？		
(10)还有哪些地方没做？如果接着此方向继续做，哪些是在本人工作条件下可以做的？哪些必须要做？	结论 参考文献	回答问题(7b)和(10) 最后全部问题浏览一遍

一般情况下，论文阅读顺序为：①摘要、引言：引用的主要信息、研究背景；②图表：了解主要数据和解释；③讨论和结论：将图表和结论联系起来，根据图表判断结论是否恰当；④结果：详细阅读结果，看数据是如何得到的，又是如何分析的；⑤材料和方法：详细阅读材料和实验方法，看实验是如何进行的；⑥结果与讨论：深入了解研究结果。注意讨论中如何从已知的知识和研究解释获得的结果。另外，对于论文中大量的图表，如果能够重新画出这张图，并且能用自己的语言解说这张图，表明确实已经读懂了该文献。

一篇论文中最重要的部分依次是图表、讨论、结果、方法。高水平期刊对图表的要求都很高，读者必须做到仅通过阅读图表及其说明文字即能把握文章的方法、结果，再结合自己的原有知识，就大概知道其意义。这符合现代人必须在最短的时间内把握最必要的信息的要求。因此，在某个领域工作一段时间之后，定期查新得到的文章只需看摘要、图表即可，个别涉及新方法或突破性结果的文章再看讨论、结果和方法。这也提示读者在写外文文章时，必须注重图表及其说明文字，要做到形象化、信息最大化。

作者的水平体现在讨论部分：如果时间充裕，建议研读和模仿高水平论文的讨论部分。不同的人对同样的数据可能有不同看法和分析方式。图表的趋势解析、论据的组合，反映出作者的科研基本功。不同作者使用相同的数据所撰写出来的论文，水平可以差别很大，其关键在于讨论。

要理解讨论中的精髓：这是作者想法的创新性以及与旧有的实验结果比较的关键部分，从中可以看出作者设计此实验的思路，在进行比较以后，对自己的课题会有很大启发。

因此，读者要认真阅读重要的文献，看完一篇文献后，要认真总结，考虑如果用自己的数据或观点又该如何解释其中的推测或现象，从而不断进步，最终撰写出可以发表的论文。

8.4.3　学会从科技信息源中提炼精华

科技论文一般都有固定格式，因为其反映的是客观规律，无需华丽的词汇与语句，否则会喧宾夺主。因此，要在文章的每一部分先用经典的句式搭建结构框架，然后灌注内容，注意每段要有中心概括句，直接表明本段话的目的，段与段之间要有承上启下的过渡词，使文章的主体结构清晰明了、严谨有序。学生都知道阅读时找"中心句""中心段"等，如果把这些快速阅读的"技巧"应用到自己的英文写作中，就可以触类旁通，举一反三。

另外，在平时阅读英文专著和论文时，要随时留心收集经典句型和短语，建一个属于自己的写作数据库，以便写文章时随手套用。这样文章写起来就十分顺畅，不必临时大海捞针，苦苦寻觅合适的词语或句子。

由此可见，在文献阅读中一定要养成总结的好习惯。对于科技工作者，读英文文献的主要目的不是学英语，而是获取信息，所以要将重要的结论、精巧的试验方案都记下来，供自己参考和学习，为自己的科研所用。

需要注意的是，每次读文献时（不管是精读还是泛读），一定要与自己的数据相结合。阅读文献的"分析与讨论"部分都要仔细思考，如果这些结果是自己的结果，那么自己会如何撰写这部分的分析与讨论；如果使用自己的数据，又该如何进行解释。文献阅读完毕后，要认真分析其核心是什么，若不清楚，需要再从"摘要""结论"中寻找，并从"结果与讨论"中加以确认。

8.4.4　广泛浏览与专业精读

对于准备在学科（或专业）领域快速入门的学子，以及希望具备持久创新能力的青年学者而言，学科信息的收集、消化、利用策略十分重要。

众所周知，想要在铺天盖地的信息海洋中高效获取有价值的信息，方法很重要。有关科技信息的获取与阅读一般采用金字塔形策略（图 8-5）。下面试以从事环境友好高分子材料领域的初学者角度对该策略进行描述。

第一层（底层）：需要从各种途径获得相关专业与科技前沿知识，包括国内外新闻媒体、朋友聊天，以及在线新闻、在线软件（如科学网、QQ、微信等）。

第二层（中层）：专业领域缩小到化学相关领域，需要经常浏览学科顶级期刊与综述性期刊论文，如 Nature、Science、JACS（《美国化学会志》）、Chem Rev、《科学通报》、《化学进展》，也可以浏览一些摘要性期刊、专业期刊，如 CA 专辑。目前，许多在线期刊通过网络可以直接订阅 rss，也可以直接阅览目录与摘要，这为浏览专业前沿提供了极大便利。

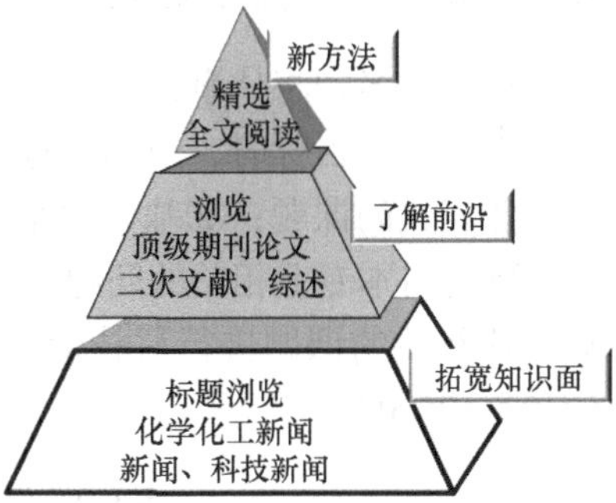

图 8-5　信息阅读策略

第三层（顶层）：需要定期浏览与专业十分密切的几种高水平期刊（如 *Adv Mater*、*Adv Funct Mater*、*Carbohydrate Polymers*、*Carbohydrate Research*、《高分子学报》、《功能材料》等），采用"天然高分子""环境友好高分子""多糖""蛋白质"等关键词，精选与研究方向一致的论文，同时检索其他刊物中与研究方向一致的论文，下载并阅读，从而获得参考价值极大的信息，为自己的研究提供可行的方法，为实验结果提供参比。

由此可见，从广泛浏览上升到专业精读，就能获得相关学科信息，并对其进行消化和利用，从而为自己开展相关科研工作奠定坚实的基础。

8.4.5　充分利用免费在线工具书

读者在文献阅读时总会遇到不认识的英文词汇或不知道的专业知识，当它们不影响对文献的整体认识时可忽略，但对于一些关键或重要的词汇或概念，必须了解其含义或背景。对于英文词汇，可以使用有道词典、CNKI 翻译助手等进行翻译。此外，通过维基百科、百度百科的免费网站，也可以了解绝大多数的背景知识。相关网站如表 8-8 所示。

表 8-8　科技领域免费工具网站

网站名称	用途与特点
百度百科、维基百科	查阅基础知识；Wikipedia 网站的英文知识更丰富
FreeDictionary	英文词典与相关知识（www.thefreedictionary.com）
CNKI 翻译助手	专业词汇翻译；可查阅常见词典未收录的专业词汇
Google 翻译	词汇、语句翻译
有道词典	计算机版与手机 APP 版
化工词典	专业词汇翻译；可获得化合物不同名称及 CAS 化学物质登记号

8.5　科技信息的检索与利用实例

在 8.2.1 中已经介绍过科技信息检索的主要步骤。下面通过具体实例实践该检索步骤，以便读者能够掌握并熟练运用科技信息的检索与利用。

8.5.1 如何选择与确立检索主题

作为一名即将从事某专业的大学生或研究生,科技信息的检索应与本专业相关。当需要自由选择主题目标时,应如何选择呢?我们的建议是:①基于生活中的经验或经历,设定与本专业相关的课题;②基于中小学学习过程中遇到的科学问题;③基于新闻报道、朋友聊天中遇到的与本专业相关的问题。表 8-9 罗列了部分可选择的检索主题目标,可从中选取一个与本专业相关的课题进行科技信息检索与利用,然后撰写相关综述性论文或知识介绍性论文(2000~8000 字)。

表 8-9 检索主题目标类型、词汇及检索侧重点实例

类型	检索主题目标(英文词汇)	检索侧重点
日用品	化妆品(cosmetic);遮光剂(sunscreen);洗涤剂(detergent);牙膏(dentifrices);香水(perfumes);除臭剂(deodorants);树脂眼镜(resin glasses);食品添加剂(food additives);智能材料(intelligent/smart materials)、智能高分子(smart polymers);汽车涂料(automobile coatings)	主要成分结构与功能 发展历史 成分与配方 成分的测定 发展前沿
常用材料	纤维素(cellulose)、壳聚糖(chitosan)材料;改性淀粉(modified starch);可生物降解高分子(biodegradable polymer);隐形材料(stealth material; latent material);超疏水表面材料(superhydrophobic surface materials);环境友好技术(environmentally friendly technology);绿色化学(green chemistry);离子液体(ionic liquid);生物碱活性(alkaloids activity);金属卟啉(metalloporphyrin)合成与应用;超分子自组装(supramolecular self-assembly)	主链结构与官能团 发展历史与趋势 功能特性 应用领域
学科前沿	冷原子(cold atom);原子钟(atomic clock);高电荷态离子(highly charged ion);等离子体(plasma);太赫兹激光(THz laser);重力波(gravity wave);暗物质和暗能量(dark matter and dark energy);全球变化(global change);新兴污染物(emerging contaminants, ECs);环境地球化学(environmental geochemistry);地球生物化学循环(geo-biological-chemical circulation);水土保持(soil and water conservation);海洋酸化(ocean acidification);生态修复(ecological remediation);雾霾(smog);$PM_{2.5}$(particle matter 2.5);臭氧(ozone);氮氧化物(nitrogen oxides);古地质学(paleogeology);自然资源(natural resources);数字地球(digital globe);可持续发展(sustainable development);生态系统(ecosystem);人地关系(man-land relationship)	基本概念 发展历史 典型结构或反应 应用领域

8.5.2 检索实例——以日用品为检索目标

下面以洗涤剂为检索目标,举例说明如何开展科技信息检索。

(1)找什么?鉴于洗涤剂是日常生活中广泛使用的日用化学品,因此考虑通过互联网、图书了解大概情况,确定范围(检索主题词)。首先,使用百度免费检索工具检索"洗涤剂",找到百度百科"洗涤剂"(detergent)、"洗洁精"(cleanser essence),阅读后发现洗涤剂的种类、形态、应用领域十分广泛,可以从不同角度深入认识。作为化学专业的学生,可以将检索目标缩小到"餐具洗涤剂配方与洗涤原理"。

(2)怎么找?基于缩小后的检索目标选择检索工具。使用中国知网查找科技论文、专利、标准等;使用数字图书馆与本校图书馆查找图书信息。拟使用的检索词:洗涤剂、洗洁精、餐具、手洗、配方、原理。

(3)哪里找?首先,进入中国知网,检索词使用"餐具+洗涤剂",进行跨库(包括学术期刊、博士硕士学位论文、会议、专利、标准库)检索,得到 400 余条结果,从中筛选出期刊论

文,可以找到有价值的期刊论文,如"祝丽丽,手洗餐具洗涤剂的配方研究,日用化学品科学,2012,35(12):53-55"。从中可以找到手洗餐具洗涤剂的配方。

这时,发现虽然能够找到专利、标准,但无法下载原文。例如,可以找到国家标准《手洗餐具用洗涤剂》(GB 9985—2000),但从中国知网无法下载全文。此时,可直接用标准号"GB 9985—2000"在百度中进行搜索,发现在"食品伙伴网下载中心"可以免费下载该标准的全文。

在数字图书馆中搜索"洗涤剂",就能找到图书:"刘云,洗涤剂 原理·原料·工艺·配方,北京:化学工业出版社,1998"。本校订购了该数据库,所以该图书能够全文下载。

(4)找到了?阅读获取的原始文献,进行知识总结。从图书中能找到洗涤剂结构与洗涤原理;从论文、专利中能找到配方与制备方法;从标准中能找到国家规定的参数,如注明了"荧光增白剂不得检出"。因此,可以得到结论,已经得到了检索目标所需的知识。

(5)基于知识总结,就可以撰写课程论文(综述)。写作格式将在第9章介绍。

8.5.3 检索实例——前沿领域的检索目标

大部分情况下,科技工作者需要随时了解前沿领域的科技动态。作为科研新手,应如何进行检索并利用前沿领域的科技动态?下面试以"智能材料"为例,仍然按照与前文相似的步骤介绍这一方面的检索、利用方法。

(1)找什么?首先,使用在线工具书"百度百科"查阅"智能材料"。可以了解到,智能材料(intelligent materials)是继天然材料、加工材料、合成材料之后的第四代材料,是一种能感知外部刺激、判断并适当响应的新型功能材料。智能材料又称敏感材料,英文常用intelligent/smart material, adaptive material and structure。不同学科的入门者可从自己的专业角度进行检索实践。作为化学化工或材料专业的学生,可以检索"智能高分子的制备与应用",或者更具体一些,从温敏性(thermosensitive)高分子、pH响应性(pH responsive)高分子的合成与应用进行检索实践。

(2)怎么找?检索"智能高分子的制备与应用"。由于大部分高水平的成果发表在英文期刊上,因此需准备好英文检索词:intelligent polymer; smart polymer; preparation; application。作为以基础研究为主的前沿领域,可首先查找科技论文与图书,必要时检索专利,认识合成技术。

另外,在免费检索工具百度学术或Google学术中使用"智能高分子"、"intelligent polymer"或"smart polymer"进行检索,找到智能高分子相关的大量图书、论文、专利信息,检索结果可以用"发表时间""领域""关键词""信息源类型""是否免费"等进行筛选,从而缩小范围。例如,限定在"免费下载",可以找到论文"王宏喜,熊雨婷,卿光焱,孙涛垒,生物分子响应性高分子材料,化学进展,2017,29(4):348-358",并免费下载全文。

如果使用英文检索,可找到更多信息。

如果本单位征订了WOS、EV等学科综合检索工具,可以查找到高水平前沿成果;也可以使用SciFinder等学科专业检索工具,从而减少免费检索工具遗漏检索信息的问题。

(3)哪里找?找到"题录+信息"后,中文全文可通过中国知网下载,专利可以从国家知识产权局下载,图书可以从本校图书馆借阅或在数字图书馆阅读。英文可以找相应的全文数据库或利用网络求助获得。

(4)找到了?阅读获取的题录、摘要、全文,进行知识总结。如果发现内容太多,可缩小范围到对某一种对外界条件有响应的高分子材料,如温敏性高分子、pH 响应性高分子、智能涂料。必要时直接从全文数据库查找更专业的知识内容。

(5)基于知识总结,就可以撰写课程论文(综述)。典型实例可参阅发表在《化学进展》[2008,20(2/3):351-361]的综述论文:《智能涂料制备方法探索与应用》。

思 考 题

1. 科技信息源的六大类各自有哪些特点?与传统的十类科技文献有哪些联系?
2. 几种科技信息源中各自有哪些类型的知识?
3. 科技信息检索与利用的主要步骤有哪些?
4. 有哪些免费的在线检索工具与科技信息源?

实践练习题

1. 根据检索经验,总结本单位(图书馆、资料室)有哪些科技信息源。
2. 通过百度、中国知网、专利网站等,检索并总结"绿色洗涤剂"的种类与发展趋势。
3. 根据自己进行信息检索的经历,总结科技信息检索、阅读、利用过程中应注意哪些问题。

第 9 章 科技论文写作

本章导读：基于科学研究工作进行总结并撰写的科技论文，其灵魂是创新与应用。为了便于研究者之间交流以及检索机构收录，学术论文的格式是相对固定的，主要由前置部分、正文部分、支撑部分组成。本章主要介绍期刊论文、会议论文、学位论文等科技论文的格式与撰写要求，并简要介绍学术论文的投稿方法。

内容关键词：科技论文、学术论文、论文格式、撰写经验、在线投稿。

众所周知，检索科技信息的目的就是利用。也就是说，需要在科技信息检索基础上将获得的知识进行总结，而这种总结是撰写论文的必需环节。这种总结既可以作为综述论文内容或毕业论文的绪论部分，也能够成为一种知识总结。基于该知识总结，可以开展创新设计与科学实验，而当获得有价值的结果后，就可以对创新成果进行深入提炼，撰写科技论文，为发表（期刊论文）、公开（会议论文、学位论文）或申请专利做准备。这时，前面得到的知识总结在高度浓缩之后就可以作为相应研究论文的引言（或前言）或发明专利的发明背景。

本章将介绍不同类型科技论文的特点及其写作格式。通过学习本章内容，读者能够更加高效地利用科技信息，并且初步了解如何公开自己的研究成果。

9.1 学术论文与科技论文

学术论文是对某一学术问题所取得新成果的科学记录，或对某一类知识创新见解（或新进展）的科学总结，并用于发表、交流或其他用途的书面（或电子版）文件。科技论文则是指科学技术领域的学术论文。

9.1.1 科学发现与论文发表

当代科学与技术的发展极大地推动了人类文明的进步。其中，科学侧重于理论、本质的研究，技术则更多是实际应用的开发（某种程度上类似于理科与工科的区别）。因此，在这两个领域出现的新突破和成果也分别称为"科学发现"（scientific discovery）和"技术发明"（technological invention）。当代科技发展过程中，科学发现和技术发明总是相互融合、相互推动的。

对于在科技领域从事研究与开发的人员（科技工作者）来说，取得具有创新性的研究成果后，选择论文发表还是专利申请公开其成果，这主要取决于研究成果的内容及成果公开的目的（表 9-1）。一般来说，发表科技论文侧重于科学发现，目的是传播和分享科学知识；而申请专利是为了公开技术发明，并寻求知识产权的保护。

表 9-1 科技论文发表与专利申请的对比

项目	科技论文发表	专利申请
研究内容	科学发现与技术发明	技术发明为主
公开目的	知识传播和分享	知识产权保护

续表

项目	科技论文发表	专利申请
撰写人	研究团队成员	研究者+专利代理人
公开次序	论文发表在后	专利申请在前

一项科技成果既可以申请专利,也能够发表科技论文,其中科技论文的技术核心就是申请专利的核心内容。但是,一定要注意申请专利与发表论文的前后顺序,必须先申请专利,后发表论文,否则专利将难以授权。

第 3 章已经介绍了科技论文的组成部分及其作用,第 4 章也介绍了专利的结构组成、作用及如何申请专利。显然,这两章都是从准备获取科技信息的读者视角了解科技论文的构成及专利的申请。本章将从作者的视角认识科技论文的结构组成与写作方法,从而帮助读者进一步了解科技论文的撰写过程。

9.1.2 学术论文的主要类型

学术论文可在学术会议上宣读、交流或讨论,或在学术刊物上发表,或作其他用途。学术论文的作用主要在于记录新的科研成果,或其本身就是学术研究的有效手段;促进学术交流、成果推广和科技发展;促进科研的深化;是考核作者知识、科研水平的重要载体之一。学术论文应提供新的科技信息,其内容应有所发现、有所发明、有所创造、有所前进,而不是重复、模仿甚至抄袭前人的工作。

学术论文存在多种类型(表 9-2)。按照写作目的(或用途),学术论文可分为交流性论文(目的在于发表各家之言、学术探讨、显示学科发展的新态势)和考核性论文(目的在于检验学术水平,成为有关专业人员升迁晋级的重要依据),也可以分为三大类:用于期刊发表的学术论文属于期刊论文;用于会议交流时称为会议论文;用于申请学位时称为学位论文,包括学士学位论文、硕士学位论文、博士学位论文。

表 9-2 学术论文主要类型

分类方式	按用途分类	按内容性质分类		按学科分类	
主要类型	期刊论文 会议论文 学位论文	科技论文	研究论文 综述论文	自然科学论文	化学类论文 材料学论文 生物医学论文 物理、电子类论文 生态环境类论文 ……
		教学论文	教学理论论文 教学技术论文 教学经验论文	社会科学论文	社会学 经济学 哲学 历史 艺术 ……

学术论文按学科可分为自然科学论文和社会科学论文,按内容性质则可分为科技论文与教学论文。其中,科技论文有研究论文与综述论文两大类,而研究论文中包括基础(实验为主或理论计算为主)研究论文和应用(开发)研究论文。简单来说,基础研究重在对各学科的基本

原理、基本方法的研究；应用研究则侧重于如何将各学科的知识转化为专业技术和生产技术，直接服务于社会。

除科技论文(期刊论文、会议论文、学位论文)外，还有一类重要的学术论文，即教学论文，包括教学理论论文、教学技术论文及教学经验论文。教学论文是教师教学经验和教学研究成果的总结，其论文基本框架与学术论文一致。

由于教学论文本身的内容和性质不同，研究领域、对象、方法、表现方式也有所不同。教学论文有不同的分类方法，通常有以下几种：①教育理论研究，如"科学教育研究""教学研究"等；②教学方法与教学技术研究，如"实验与创新思维""实验教学与教具研制""计算机辅助教学""教学设计""教学研究与改革"等；③教学经验与知识介绍；④课程与教材体系，如"教学设计""教师论坛""课程与教材研讨"等；⑤应试，如"高考改革""复习指导""问题讨论与思考""自学之友""习题与解题思路""考试研究"等。

教育理论研究、教学方法与教学技术研究论文的组成结构与学术研究论文有相似之处，一般情况下无摘要及关键词(因不同期刊而定)，主要在结果讨论中展开论述，参考文献可有可无，视具体情况而定。教学经验与知识介绍、课程与教材体系论文等则与综述论文相似，一般也无摘要及关键词(因不同期刊而定)，参考文献也视具体情况而定，论文内容可以是新知识介绍，也可以是有关学科、专业发展动向的叙述和总结。

9.1.3 科技论文的主要特点

对于科技工作者，当在科学技术领域有重大发现时，首先会通过撰写、发表科技论文公布其研究成果；而对于在校学生，在有针对性地检索大量科技信息后需要进行总结，从而撰写针对该问题的综述性论文(通常为课程论文)，在这一综述撰写过程中，可以进行归纳总结进而提出自己的观点，而且综述也是研究生学位论文、本科生学年论文与学位论文的重要组成部分。

科技论文的写作有别于文艺写作、公文写作和日常应用文写作，它融科学技术的丰富内容和成熟的写作理论技巧于一体，是借助书面语言完成知识产品制作的一种行为过程，是熟练运用各种书面表达手段，准确严谨地表述思维能力的体现。它具有一般写作所具有的目的性、综合性、实践性等特征，同时又具有其自身的特点。

1) 内容的创新性、学术性、科学性

创新性是指科技论文必须是作者本人研究的在科学理论、方法或实践上获得的新的进展或突破，应体现与前人不同的新思维、新方法、新成果，以提高国内外学术同行的引文率。学术性是指在符合学科本身要求的边界范围内，以该学科特定的概念或范畴解说问题以阐述自己的思想，学术性是科技论文的主要特征，是衡量科技论文价值的标准。科学性是指论文的内容必须客观、真实，定性和定量准确，不允许丝毫虚假，要经得起他人的重复和实践检验；论文的表达形式也要具有科学性，论述应清楚明白，语言准确、规范，不能模棱两可。

2) 语言的二重性

语言的二重性，即自然语言和人工语言的有机结合。自然语言一般是指用现代文字、语言描述科学技术内容的一种语言表达形式；而人工语言一般是指用符号、线条、字母、图表、照片与自然语言的词语相结合表达的一种特殊语言。在某些方面，需要表达某事物、某现象时，用人工语言往往比用自然语言更为鲜明、直观，甚至更为准确。例如，科技文章中常配合一些图表，其目的就是使要表达的内容更清楚，更容易理解。

9.2 科技论文写作格式与特点

在科技刊物上公开发表的文章,也就是科技期刊论文,都有一定的规范和编写格式要求。规范性是对论文语言文字和表现形式方面的质量要求,我国现行的国家标准有:GB/T 7713—1987《科学技术报告、学位论文和学术论文的编写格式》,GB/T 7713.1—2006《学位论文编写规则》,GB/T 3179—2009《期刊编排格式》,GB/T 7714—2015《信息与文献 参考文献著录规则》。

根据相关标准,表9-3列出了科技论文写作的基本格式。然而,这种写作格式容易引起读者的混乱。为了使读者更加形象地理解科技论文写作的基本格式,可以用"汉堡包"的构成方式描述科技论文写作的基本格式,并形象地称之为"汉堡包"写作法。

表 9-3 科技论文写作的基本格式

位置	内容	备注
前置部分	题名(或副题名)、作者名、作者单位、地名、邮政编码、摘要、关键词、中图分类号	内容都要有中、外(通常为英文)两种文字
	作者的简介:出生年月、性别、学位、职称等	国家统计源所需
主体部分	引言、正文(包括图、表)、结论(或讨论)、致谢(选择项)、参考文献等	

9.2.1 科技论文的"汉堡包"式结构

根据第 3 章中科技论文的构成发现:科技论文的前置部分、正文部分、支撑部分就像常见的"汉堡包"(图 9-1)。显然,"顶层"就是前置部分,包括论文标题、作者姓名、通讯地址(作者简介)、摘要、关键词及分类号;"底层"就是支撑部分,包括致谢、参考文献或附录;最美味的中间"夹层"则是正文部分。

图 9-1 科技论文的"汉堡包"式结构

由此可见,科技论文的写作就像制作一个"汉堡包",只要找到优质的"原料"(有价值的知识总结、创新的研究成果),配置好看又坚挺的"表层"(规范的前置、支撑部分),就能制作好看且美味的"汉堡包"。

对于初次撰写科技论文的新手,需要遵循以下基本流程:论文写作前,以检索获得的科技信息为基础,提出自己的观点;然后,写出一个小提纲,该提纲就是论文的骨架;最后,

以"引言提出主论点,中间若干分论点,结论总括论点"的结构进行撰写。科技论文的写作应尽量做到以下几点:

(1) 论文题目具有吸引力:论文的题目就像"眼睛",能让人看到文章的核心及主题。具有吸引力、感染力和可读性的题目可以让读者眼前一亮、怦然心动,有读下去的渴望。

(2) 正文开头简明扼要:第一段就应该牢牢吸引住读者眼球,对所研究问题的来龙去脉及研究进展进行概括性的呈现,然后直接过渡到需要解决的问题。具体写作过程中可以采用引入热门话题或故事揭示自己的论点等方式。

(3) 有充分的论点和结果:为分论点提供有力的结果支撑,保证论据的可靠性和真实性。

(4) 强有力的结论:结论是对分论点进行高度概括后需重申的主论点,开头和结尾要互相呼应,让读者感到满意,最好以令人难忘的想法或引语结束。

(5) 多次打磨论文:论文写好后,不要迫不及待地提交论文,还需要多次进行打磨。当写完初稿后,不要立即修改,放置一段时间再进行修改,自己就会发现可能的错误和问题。只有经过多次修改、推敲和润色,才能写出漂亮的论文。

9.2.2 科技论文的前置部分

(1) 论文标题(title,topic):标题也称题名、文题或篇名,是以最恰当、最简明的词语反映论文中最重要的特定内容的逻辑组合。标题是论文内容的高度概括,既要有概括性,又要醒目,有时需要副标题。

(2) 作者(author)署名:署名一是为了表明文责自负,二是记录作者的劳动成果,三是便于读者与作者联系及文献检索(作者索引)。作者名必须为真实姓名,不带头衔或职称。署名原则:①在选定课题和制订研究方案中做出主要贡献的全部或主要研究参加者;②论文的讨论或执笔者;③对论文全部内容具有答辩能力者。通讯联系人要标注清楚(一般用"*")。不够署名条件但确实对研究成果有所贡献者可作为"致谢"中的感谢对象。

(3) 作者通讯地址(address)与个人信息:包括作者单位、地址、邮政编码、国家,以及通讯联系人的 Email、电话号码等。有些刊物要求标注通讯作者的出生年月、性别、学位、职称、研究方向和通讯地址等。

(4) 摘要(abstract)与图文摘要(graphical abstract):是文章内容缩略而又准确的表达形式,又称文摘、概要、内容提要。摘要应具有独立性和自明性,并且拥有与文献同等量的主要信息,即不阅读全文就能获得必要的信息。摘要的主要功能:①让读者尽快了解论文的主要内容;②为科技信息文献检索数据库的建设和维护提供方便。其基本要素包括研究目的、方法、结果和结论。

目前,越来越多的科技期刊要求具有图文摘要,使论文核心内容或创新点一目了然。图文摘要一般置于目录处。

(5) 关键词(keywords):关键词是指那些出现在论文标题、摘要与正文中,能够表达论文主题内容且具有实质意义的规范化的、关键性的、可以作为检索"入口"用的词语。关键词的作用:①供读者用"扫描"方式阅读,可以帮助读者节省时间;②使读者通过关键词对一篇文章有所了解,起到"一目了然"的作用;③是文章的重要检索点,读者可以通过关键词先查到文章的线索,再到科技期刊上查找文章。选取关键词时,数量一般以 3~8 个为宜。

(6) 分类号与 DOI 号:分类号通常是指《中国图书馆分类法》或《中国图书资料分类法》中的分类号。分类号是分类语言的文字表现,功能与主题词一样,同属于情报信息检索语言。

如果一篇论文涉及多学科内容，可以同时给出几个分类号，但主次分类号须按先后顺序排出。部分刊物无须提供分类号。

文章编号或 DOI 号一般由编辑部或出版社提供。

(7) 英文版标题、作者、单位、摘要、关键词：联合国教科文组织规定："全世界公开发表的科技论文，不管用何种文字写成，都必须附一篇短小精悍的英文摘要。"我国现有的"公开发行"或部分"限国内发行"的学术刊物也都在中文摘要(或全文)之后加排英文标题、作者、单位、摘要、关键词，目的是扩大对外学术交流。

9.2.3 科技论文的正文部分

(1) 前言(introduction)：又称引言、导言、绪言、绪论等，是论文主体部分的开端。引言的中心内容是提出问题，向读者解释论文的主题、目的和课题的研究背景、目的、内容、方法、范围及其重要性。撰写要求：①开门见山，突出重点；②言简意赅，条理清晰，容易理解。

(2) 正文部分(main body)：是论文的核心部分。正文的中心内容就是分析问题和解决问题。主要包括研究对象、材料(原料)、实验(或计算)方法、仪器与测试方法、数据处理和分析、结果讨论等。实验研究论文的正文一般包括实验部分、结果与讨论。

(i) 实验部分(experimental)或材料方法(materials and methods)：包括测试仪器的型号、生产厂名或公司名、测试条件和精度；所用材料、试剂的纯度和纯化方法；所用的标准技术和方法；凡已见报道的实验只需列出参考文献。实验注意事项应予注明。理论计算中采用的计算程序、来源及计算机型号、语言应予注明。

地理、环境、生态等领域，若涉及相关的研究区域，需要描述研究区概况与研究方法。研究区概况包括研究区的地理位置(经纬度)、气候、地形地貌、水文、植被、土壤、社会经济等，附研究区地图(示意图)。研究方法包括实验设计、采样方法或调查方法、样品分析、数据处理与统计分析等。

(ii) 结果与讨论(results and discussion)：对于以实验为研究手段的论文和以调查研究为主的论文，应对所测得的数据和所观察到的现象加以有序的描述，并将其中的一些内容制成便于分析(讨论)的图或表，有的还要拍成照片。

撰写时应注意：选取数据实事求是；描述现象分清主次、抓住本质；图和表要精心设计、制作，使人一目了然，看出规律。

插图作为一种辅助手段，可以形象、直观地表达技术内容，经常起到用文字代替不了的作用。插图有曲线图、构造图、示意图(或模式图)、框图、流程图、照片等。

科技期刊一般采用三线表(只有顶线、底线和栏目线三条线)。三线表克服了传统有线表的缺点，几乎保留了传统有线表的全部功能，使表格更为简洁。

讨论是指从理论(机理)上对已有结果加以解释，阐明自己的新发现或新见解。分析讨论问题必须以事实为基础，以理论为依据，不能主观武断。公式推导要严密，假说的产生也要以一定的事实和理论为依据，要有逻辑性。撰写讨论时应注意：与其他文献上同一问题进行比较；对发现问题的实用性、有效性提出自己的见解，提出本研究不足之处和需要进一步研究的方向与问题。讨论时引用他人的文献也必须在引用文献后加括号，注明原作者的姓名和文章的年代。

(3) 结论(conclusion, summary)：是围绕本论文所作的结束语。它是在理论分析和实验结果的基础上，通过严密的逻辑推理而得出的富有创造性、指导性、经验性的结果，是作者认识上的升华。基本要点就是总结全文，加深题意。主要内容包括：论文研究结果说明了什么问题，得出了什么规律，解决了什么理论和实际问题。撰写时应注意：对于新发现、新见解的表达要肯定、准确。

需要注意的是，也有很多文章没有单独的结论，有些是以文中的小标题形式呈现，有些则与"讨论"合并，夹叙夹议，要区别情况对待。

9.2.4 科技论文的支撑部分

(1) 致谢(acknowledgement)：是作者对论文研究与撰写过程中贡献较大的单位与个人表示感谢。致谢对象和范围：①为完成论文工作指导帮助的人员；②资助研究工作的学会、国家科学基金会、合同单位以及其他组织或个人。致谢位置并不固定，部分期刊要求在结论之后，部分期刊在第一页页脚，部分期刊在摘要之前或之后。

常见句式："感谢……基金(基金项目编号)资助""某单位测试中心在结构分析上的协助""本文曾得到×××帮助(赞助、指导、修改)，谨此致谢(特此致谢或深表谢意)"。

(2) 参考文献(references)：在科技论文中，凡是引用(或参考)前人文献的数据、材料和论文等，均应按文中出现的先后顺序给予标明。著录参考文献不仅反映作者的科学态度和求实精神，表示作者对他人成果的尊重，而且反映出作者对本课题的历史和现状的了解程度，便于读者衡量论文的水平和可信度，了解该领域的情况，是读者进行追溯性检索的有效途径，可以根据所列的文献找到原文；也便于评审人员查找原文，认真审稿。

参考文献就是把科技信息源的题录按照规定的格式编排，而科技信息源主要有图书、期刊(或会议、学位)论文、专利、标准、科技报告、网页信息等，未正式发表的资料一般不列入。参考文献的著录格式：

图书：作者. 书名. 版本(第一版不必标注). 出版地：出版者, 出版年：起止页码.

期刊论文：作者. 题名. 刊物名. 出版年, 卷(期)：起止页码.

实例如下：

[1] 王荣民. 化学化工信息及网络资源的检索与利用. 北京：化学工业出版社, 2003：199.(图书)

[2] Durr H, Bouas-Laurent H. Photochromism, Molecules and Systems. Amsterdam: Elsevier, 1990: 314.(图书)

[3] 谢昕, 李鑫, 王荣民. 高取向聚对苯二甲酸乙二酯纤维的热收缩应力. 高分子学报, 2006, (3)：536-540.(期刊论文)

[4] Benninhoven A. Ion Formation from Organic Solids//Proceedings of the 2nd International Conference. Berlin: Springer-Verlag, 1983: 234.(会议论文)

[5] 殷晓春. 角蛋白基功能高分子水凝胶的制备及其活性. 兰州：西北师范大学博士学位论文, 2013.(学位论文)

需要注意的是，在初次撰写论文时要写清楚所有作者和标题。因不同刊物具体要求不完全一致，投稿时根据具体投稿期刊的投稿须知缩减即可。

(3) 附录：包括其他对正文有补充说明功能的资料，尤其是部分产物或中间体的图表。近年来，国内外高水平期刊都提供免费的补充资料（SI：supporting information，supplementary information）。

9.2.5 科技论文撰写知识网站

科技论文写作的相关知识也可通过百度搜索"学术论文""科技论文""论文格式""参考文献""综述论文"等查阅相关信息。

不同领域或研究方向的科技期刊对论文撰写的要求各不一样，如各部分排列顺序、参考文献著录格式等。目前，Internet 上有许多介绍各种学术论文背景知识与撰写方法的中、英文网站。例如，"知网空间"会介绍一些论文写作的知识与经验，如"科技论文格式和写作技巧"（www.cnki.com.cn/delivery/lunwen-kejilunwen-2.htm）。也有一些介绍论文撰写经验的网站，如 MedSci（www.medsci.cn/sci）。

有关英文论文的撰写请参阅网页：How to Write a Research Paper（www.wikihow.com/Write-a-Research-Paper）。

9.3 综述论文与课程论文的写作

综述的特点就是综合叙述，是研究人员在论文撰写或进行研究工作前，以检索获得的科技信息源为素材，对已获得的知识进行分析、综合归纳，从中找出具有共同性或发展趋向性的特征和规律，并在此基础上提出自己的意见、观点、建议或方案，最后编写出的信息分析研究成果的综述或评论，即综述论文。与之相关的还有科技"述评""评述""评论"等，其特点是有述、有评。综述论文一般由在本行业有多年研究经历的专家撰写。

综述论文在纵向上能全面系统地反映研究对象的历史、现状和发展趋势；在横向上则能全面系统地反映主要国家、主要科研机构或主要科学家、生产单位现阶段的实际研究水平。需要注意的是，综述是作者的一种研究成果，一种再创造，而不是资料的简单罗列。当然，主题相关信息的搜集、整理、分析也是撰写综述内容的重要基础。

实际上，有时候被称为"小论文""小综述"的课程论文，其本质就是综述论文。因此，课程论文的基础就是目标信息的检索与知识总结。

9.3.1 综述论文的写作

作为典型的科技论文，综述论文的组成结构包括前置部分（论文标题、作者、单位、地址、摘要、关键词等）、正文部分（引言、正文、结束语等）与支撑部分（致谢、参考文献等）。

下面通过再次剖析前面已经提及的综述论文[题录：翟文中，何玉凤，王斌，熊玉兵，宋鹏飞，王荣民. 聚合物 Janus 微粒材料的制备与应用. 化学进展，2017，29（1）：127-136]进一步认识综述论文的写作特点，论文的编排格式如表 3-4 所示。

综述论文标题常用"××进展""××概况""××动态"等。近年来，一些综述性期刊（如《化学进展》）中的综述论文标题中已经不再使用"进展"字样，则需要通过摘要判断该论文到底是不是综述。

综述论文与研究论文不同的地方在于正文部分：综述论文的正文中没有"实验部分、结果与讨论"，只有"正文"。这是因为研究论文的对象是一种材料（或方法），可以给出具体的研究结果,而综述论文的对象是一类或几类材料(或方法),只能给出概况与进展。

综述论文中的引言包括撰写综述的原因、意义、内容范围。综述的正文文字简洁,尽量避免大量引用原文,要用自己的语言把作者的观点说清楚,从原始文献中得出一般性结论。综述并不是资料库,撰写时要紧紧围绕课题研究的"问题",确保所述的已有研究成果与本课题研究直接相关,其内容是围绕课题紧密组织在一起的,既能系统全面地反映研究对象的历史、现状和趋势,又能反映研究内容的各个方面。

综述论文的结论常写为"总结与展望",包括本文课题的重要意义、存在的主要问题、展望等。

9.3.2 课程论文的写作

毋庸置疑,综合也能创新,如果在知识总结时能够提出自己的想法,那相应的课程论文就会成为水平较高的小综述。

下面仍然以具体实例说明如何撰写课程论文。基于第 8 章的检索策略与知识总结方法,选择"食品防腐剂"为检索目标,举例说明课程论文目标信息的检索、知识总结与论文写作。

首先,弄清楚找什么。可以使用百度搜索引擎对关键词"食品防腐剂"进行检索,找到相关知识条目,从百度百科的"食品防腐剂"条目中即可获得详细的文字信息。对这些信息进行阅读、分析后,可以确定课题方向为"食品防腐剂的种类、应用、使用标准",使用关键词为"食品添加剂、防腐剂"。

其次,考虑哪里找和怎么找。由于防腐剂是常见的食品添加剂,国家对其在食品中的添加量有严格规定,所以查找的科技信息源(也就是哪里找)应该是图书和国家标准。另外,还应该了解相关的新动向,所以需要查找期刊论文。因此,可以开展以下流程以解决哪里找和怎么找的问题:第一,查找图书。在数字图书馆中选择文献类型为图书,字段选用"防腐剂"与"食品",限定馆藏电子资源,能找到 7 本相关图书,这些图书都可以浏览全文。选择内容最为接近、出版时间也较近的图书。例如,选择 2011 年出版的《食品添加剂原理与安全使用》进行查阅,发现食品防腐剂在第二章。为了阅读与记录方便,可以采用"图片另存为"的方式把第 21~47 页的内容以图片格式保存在自己的文件夹中。第二,查找标准。可以前往 CNKI 选择文献源"标准",检索"食品添加剂",从结果中选择时间最相近的 2011 年的国家标准《食品安全国家标准 食品添加剂使用标准》。CNKI 无法下载该标准全文,此时可以记录基本信息,即标准名称、标准号等,然后使用百度搜索引擎,使用标准名称、标准号,也就是"食品添加剂使用标准 GB 2760—2011"进行搜索,会发现 2011 年的国家标准已经废止,最新的是 2014 年的标准。根据提示,打开 2014 年的国家标准(GB 2760—2014),既可以通过网页浏览,也可以免费下载标准全文。第三,查找论文。仍然使用 CNKI,选择"期刊"栏目,使用关键词"食品防腐剂",在篇名中进行检索,共找到 659 条结果。可以按照发表时间的先后顺序对文献进行排列,然后选取近几年与"食品防腐剂的种类与应用及前沿进展"相关的文献,如 2018 年发表的《浅谈食品防腐剂在食品加工中的应用》《我国食品防腐剂应用状况及未来发展趋势》等。

然后,进行知识总结,看看是否找到了。查找到图书、标准、期刊论文后,需要进行知识总结与分析,也就是对收集到的关于"食品防腐剂"的科技信息进行阅读和分析,从而认识到现代食品离不开食品防腐剂，只要控制合理用量，它们其实对人体是无毒副作用的。因此，"食品防腐剂对人体有害"的说法只是人们的一种误解。这样，就明确了论文的主论点——合理利用防腐剂对人体并无害。围绕这个主论点编写小提纲，然后按照综述论文的写作格式，利用所收集的有价值的科技信息对提纲的内容加以充实。

最后，按照综述论文的写作格式，可以撰写一篇关于"食品防腐剂"的课程论文，其主要内容如表9-4所示。

表 9-4 课程论文的写作实例

各部分	内容(有省略)
前置部分	对食品防腐剂不必"谈虎色变" 李丹丹 (西北师范大学化学化工学院 2019级材料专业本科生，兰州，730070 Email: lidandan@qq.com； Tel: 18193012345) 摘要：防腐剂作为一类重要的食品添加剂在食品工业中被广泛应用。现代食品离不开食品防腐剂，然而随之增多的食品安全问题也令人担忧。本文对食品添加剂的发展现状、种类以及安全进行了综述，旨在引导人们认识到食品防腐剂是现代食品工业中不可缺少的组成部分，只要合理利用，它们对人体是无毒副作用的。同时，展望了未来食品防腐剂的发展前景。 关键词：食品防腐剂、食品工业、食品安全、合理利用、发展前景 英文前置部分(省略)
正文部分	1 引言 　　食品添加剂是指在食品生产、加工以及保存过程中，为改善食品品质和满足加工生产的需求而添加到食品中的天然或化学合成的物质[1,2]。食物如同一个营养丰富的培养基，致病微生物很容易在食物中过度繁衍，而微生物的生长是最终导致食品腐败变质的根本原因，食物腐败变质过程中会产生有毒物质，从而引起食物中毒。为了防止食品腐败变质，……因此，国内外均在寻找广谱、高效、低毒、天然的新型食品防腐剂[3,4]。 2 食品防腐剂的分类 2.1 苯甲酸 　　苯甲酸又称安息香酸，微溶于水。由于苯甲酸的溶解度低，实际生产中大多使用其钠盐[5]。苯甲酸能有效抑制霉菌和细菌，所以是重要的酸型食品防腐剂，但因有叠加中毒现象的报道，在使用上有争议，虽各国都允许使用，但应用范围越来越窄。在我国，因其价格低廉，仍广泛使用于汽水、果汁类、酱类、罐头和酒类的防腐[6]。 2.2 山梨酸 　　山梨酸及山梨酸盐类是一种新型的毒性较低的防腐剂，能当作食品的成分。由于它能参与人体代谢变成 CO_2 和 H_2O，因此得到了市场的认可，广泛应用于食品加工工业，如人造奶油、饮料、干果、蔬菜罐头等行业。 2.3 丙酸盐 　　丙酸盐是白色颗粒或粉末，溶于水，是近年来发展起来的一种新型食品防腐剂。它对人体无毒副作用，可抑制黄曲霉素的产生，还可抑制食品中霉菌的繁殖，属于绿色防腐剂，应用于面包、饼干等食品领域。 2.4 对羟基苯甲酸酯 　　对羟基苯甲酸酯的抑菌机理主要是使微生物细胞呼吸系统和电子传递酶系统的活动受阻，抑制了丝氨酸的吸收和三磷酸腺苷的产生，从而破坏微生物细胞膜的结构，起到防腐的作用。我国国家标准规定，对羟基苯甲酸酯类系列中只有乙酯、丙酯可以用于食品中。 2.5 富马酸二甲酯 　　富马酸二甲酯是新型防霉保鲜剂，能抑制30多种霉菌和酵母菌，且其抗菌性能不受pH的影响，具有高效广谱、安全性高、价格低廉等优点，其综合抗菌防腐性能优于目前常用的苯甲酸、山梨酸等同类防腐剂。富马酸二甲酯在食品保鲜中具有极大的应用价值和良好的经济效益，尤其是在高温、高湿的条件下，可避免食品的变质腐化及外观上出现干裂、老化、口感差等严重影响生产和市场销售的情况发生。 2.6 天然食品防腐剂 　　近几年来，由于化学防腐剂的安全性受到挑战，天然食品防腐剂备受青睐。为满足各种保健食品、绿色食品生产的需求，开发广谱、高效、安全的天然食品防腐剂具有重要的现实意义。

续表

各部分	内容(有省略)
正文部分	3　食品防腐剂的安全和可能的危害 　　人们对食品安全问题格外关注，甚至因不了解而产生误解。很多人认为天然的、不使用食品防腐剂的食物比使用食品防腐剂的加工食品更安全。其实，……食品添加剂的毒性对人体存在剂量与效应的关系，只有达到一定浓度或剂量水平，才显现毒害作用[7]。 　　在食品工业中，所有允许使用的食品防腐剂都严格规定了最高用量标准，如果超量或超范围使用防腐剂，……总之，合法合理使用食品防腐剂是维护食品安全的需要。食品防腐剂已成为现今社会食品发展中不可缺少的一部分，正确认识与使用食品防腐剂更加重要。 4　食品防腐剂的发展前景 　　食品工业之所以能发展成为国民经济的重要支柱产业，主要是由于食品工业为人们提供了大量卫生、可口、方便又营养的食品……[8]，从而协同多种防腐剂的优势，获得更好的防腐和安全效果，进一步保障饮食的卫生、健康和安全。 5　结束语 　　随着我国居民生活水平的日益提高，……当前最需要研发的是既能延长食品储存时间又能提供丰富营养物质的食品防腐剂……为人们创造更加健康的食品环境。
支撑部分	**参考文献** [1]　田诗卉. 食品添加剂概述[J]. 食品安全导刊, 2018, (12)：44. …… [3]　徐芳. 浅析食品防腐剂[J]. 畜牧与饲料科学, 2009, 30(2)：77-79. …… [5]　翁江来, 马长伟. 苯甲酸和苯甲酸钠在肉制品中应用的探讨[J]. 肉类研究, 2005, (5)：48-50. [6]　石立三, 吴清平, 吴慧清. 我国食品防腐剂应用状况及未来发展趋势[J]. 食品研究与开发, 2008, 29(3)：157-161. …… [8]　任美燕. 食品防腐剂的应用及发展趋势[J]. 现代食品, 2015, 21(15)：39-41.

9.4　研究论文与创新创业总结论文的写作

近年来，许多大学都要求研究生在期刊上发表研究论文；国家也鼓励本科生开展创新创业活动，也就是所谓的"双创"。事实上，无论是对于研究生还是本科生，只要在科技领域获得一定的研究成果，就可以通过专利申请或研究论文发表的形式对研究成果予以公开。现在，已经有不少大学生在国内外知名期刊(如《中国科学》、《科学通报》、*Nature*、*Science* 等)发表了研究论文。

创新创业是大学生孕育研究论文的良好温床。在"双创"项目开展过程中，为了完成项目，需要查阅大量科技信息，进行课题研究，最后进行分析总结。事实上，创新创业总结的核心就是创新的成果，该总结完全可以按照研究论文格式撰写，也就是创新创业总结论文，这将为成果汇报、申请专利、发表期刊论文奠定坚实的基础。

大学生开展创新创业活动、撰写研究论文的益处有：①可以提高动手能力、提升创新意识；②研究论文是学年论文、学位论文的重要组成部分；③研究论文的发表可以体现自己的科研能力，从而在考研、就业时更有优势。因此，很有必要了解研究论文的写作格式，从而了解创新创业总结论文的写作。

9.4.1 研究论文的写作格式

与综述论文相比，研究论文主要是对一个(或一类)知识点的研究结果。下面仍然以表3-3已经讨论过的一篇研究论文[题录：朱永峰，何玉凤，王荣民，李岩，宋鹏飞. 白蛋白锌卟啉结合体光解水产氢性能. 科学通报，2011，56(17)：1360-1366]为例，从作者的角度剖析研究论文各部分。

首先是前置部分。与综述论文相同的是，研究论文的标题也要同时包含主题词和关键词，并起到对全文"画龙点睛"的作用；与综述论文的不同之处在于，研究论文的标题需要展现作者自己研究工作的核心内容，而不再是展现他人的研究与评述观点。其余各部分要求与科技论文基本一致。

其次是正文部分。研究论文的引言与综述相似，都是先对相关领域的文献进行回顾和综述，但不同的是，重点要放在指出该领域目前存在的问题，提出作者的解决思路和方案，从而引出自己研究课题的目的与意义，最后还需概括论文的主要研究内容。引言之后的"正文"与综述论文有本质差异：①在研究论文中，需要详细写出实验所用原料、仪器、产物制备过程及测试方法，而综述论文不包括此部分内容；②研究论文的正文部分需要对实验结果进行详细分析及讨论，是论文的核心内容，而综述论文只是对某一研究领域进展进行评述；③结论，是作者对自己实验(或理论)结果的总结及分析，要充分展现其研究成果和意义。

最后是后置部分，格式与科技论文的要求一致，其中研究论文引用的"参考文献"数量(与综述论文相比)一般要少一些。当然，研究论文的明显特征在于附录。目前，许多高水平期刊要求研究论文的作者将不太核心的数据以附录(SI)形式提供，论文发表以后，读者可以免费下载，而综述论文很少有附录。

总之，研究论文与综述性论文的写作格式比较相似，不同之处在"正文"与"附录"，内容及要求差异较大。

9.4.2 创新创业实践活动与创新创业总结论文的写作

我们正处于从"互联网+"到"智能+"变革的时代，正在从"制造"转向"创造"。作为当代大学生，要想适应行业领域的不断转型与变革，就需要加强自身的创新创业能力。为了适应时代需求，各高校不断改善条件，鼓励在校学生开展创新创业活动，提升大学生创新能力，增长社会实战经验，从而实现个人的理想。

下面以西北师范大学"化学之韵"研究团队开展的创新创业活动为例，介绍如何进行科技信息检索、开展创新实践，以及完成创新创业总结论文的写作。

首先是主题目标选择与相关信息检索。"化学之韵"是由化学、材料专业的几位学生共同组成的研究团队，在指导教师帮助下，针对"甲醛超标引发儿童白血病"新闻报道的有关内容，提出利用专业知识，研制一种能有效吸附甲醛气体的新型材料，从而降低或彻底去除居室环境中甲醛对人体的危害。

主题目标确定后，研究团队利用已经学习的科技信息检索方法与策略(第8章)，开展相关专业信息的检索、筛选。第一步，以"甲醛""气体吸附剂"为关键词，从免费检索工具百度中查找"吸附甲醛"的相关知识。阅读、分析后，确定课题方向是"环境友好型甲醛吸附材料"。第二步，以"吸附甲醛""气体吸附剂"为关键词，分别查找国家标准（如GB/T 16127—1995 中规定居室内空气中甲醛卫生最高容许浓度为 0.08 mg/m^3）、国家发明专利（如发现有"一种高效除甲醛硅藻土壁材"等），查找科技论文，找到近几年发表的与"环境友好型甲醛吸附剂"相关的论文，如《光催化剂负载酰肼基活性炭除甲醛材料的制备》（2019年）、《具有除甲醛功能的水性丙烯酸树脂的合成及其性能研究》（2017年）。第三步，进行知识总结与分析后发现，使用具备吸附甲醛功能的涂料是降低家装居室中甲醛含量的有效方法。

其次是提出创新方案、开展创新研究。在知识总结过程中，团队成员创新性地提出，可以选取具有甘肃特色的张掖天然彩土作为颜色填料，以环境友好型双亲性聚合物乳液为成膜物，制备环境友好型多功能有色涂料，并制订了实验方案。

这个具有创新与应用价值的研究课题申请并获得了学校本科生创新创业项目的资助。在指导教师的帮助下，"化学之韵"团队开始按方案进行实验，通过一年时间的努力，取得了预期的研究成果。

最后是创新创业总结论文的写作。当获得创新成果之后，需要将成果通过专利或论文公开，同时需要提交不同形式的结题材料。因此，除了保存好制备的材料外，还需要准备好总结。这时就需要撰写创新创业总结论文，为上述工作奠定坚实基础。换句话说，在填写各种结题材料和表格时，只需从总结论文中提取相关内容填入即可。

创新创业总结论文的构成与研究论文一样，表 9-5 列出了"化学之韵"团队撰写的论文样本（有省略）。在论文写作时，首先需要强调甲醛对人体的危害性，以及去除居室中残留甲醛的重要性。从发展历程、材料种类、特点及优缺点几个方面介绍甲醛吸附功能材料的研究进展，提出本项目"利用天然彩土及双亲性聚合物乳液制备甲醛吸附功能画布"的设计思路，展示研究的创新点。其次，给出详细的实验内容，包括实验用品、材料制备方法及检测手段。列出实验现象及数据，通过分析给出脱除甲醛性能检测实验的研究结果及合理的解释。在实验结果分析的基础上，得出富有创造性的研究结果，展现研究的创新性和实用性。最后，列出参考文献。同时，将一些实验研究过程中拍摄的照片作为附录放在后面作为支撑材料，便于答辩时使用。

表 9-5 创新创业总结论文的写作实例

各部分	内容（有省略）
前置部分	环境友好型多功能画作制备及甲醛去除性能研究 麻敏瑞　武志贞　王沛力　张旭燕　钱立忠　刘永春　成宣睿 西北师范大学化学化工学院 2014 级，Email: 12246263@qq.com（项目负责人） 摘要：选取张掖丹霞地貌、天水、平凉等地区的天然彩土作为有色填料，以双亲性聚合物乳液为成膜剂，制备一系列有色涂料，进而制得环境友好型多功能画作。将制得的新型涂料涂于由亚麻布覆盖的复合板画框中，装饰后的画框可置于室内用于吸附甲醛等污染性气体。实验结果表明，该画作具有较强的甲醛去除性能，可以重复使用，抗晒性能良好，而且可以调节室内湿度，消除异味，起到净化室内空气的作用。 关键词：双亲性聚合物乳液、涂料、多功能画作、吸附甲醛、天然彩土

续表

各部分	内容(有省略)
正文部分	1 引言 甲醛(HCHO)污染问题主要集中于居室、纺织品和食品中。居室装饰材料和家具中的胶合板、纤维板、刨花板等人造板材中含有大量以甲醛为主的脲醛树脂,各类油漆、涂料中都含有甲醛。另外,因经济利益驱使,一些不法分子以甲醛为食品添加剂。甲醛含量已成为当今居室、纺织品、食品中污染监测的一项重要安全指标。甲醛是具有较高毒性的物质,是一种破坏生物细胞蛋白质的原生质毒物。2002年颁布的国家标准《室内空气质量标准》中规定甲醛的标准为 $0.1 mg/m^3$(小时均值)。 为了清除甲醛对人们的危害及消除室内异味,国内外科学工作者做了大量研究。随着人们对生活质量的重视,也有许多清除甲醛的产品应运而生。现有的甲醛处理方法有很多种,如植物吸收法、通风排出法、吸附法、净化器处理法、化学制剂净化法、光触媒净化法等。它们各有优缺点。 本项目的主要目的是制作环境友好型多功能画作。该画作表面上是用于室内装饰,但隐藏的更重要的作用是其在室内对空气改善的实用价值。实用价值主要是对装饰材料中挥发的甲醛等有害气体的吸附、固定和降解作用;对室内空气湿度的调节;可重复利用等。 2 实验部分 2.1 原材料与仪器 各色彩土名称(编号)及取土地点分别为:灰白土(S1w)、灰白浅绿土(S2w)、砖红土(S5w)取自临泽县丹霞国家地质公园附近;灰白浅黄(S3l)取自天水市秦州区;灰白浅黄(S4z)、棕褐土(S6m)取自平凉市庄浪县二郎山。有色硅藻土(北京京和万达科技有限公司);颜色种类:和平黄、嫩叶绿、温馨粉、魅力棕、简约灰、天空蓝、冰晶蓝;甲醛溶液(37%～40%,分析纯,天津市百世化工有限公司);EF-AAC乳液,利用实验室发明专利技术(乳液型两亲聚合物树脂及其制备和在制备涂料中的应用)自制;消泡剂(广东中联邦精细化工有限公司);纳米 TiO_2、ADH(己二酰肼)、硅藻土CD02和CD05及其他颜填料、壳聚糖、氯化钙均为化工产品。 氮气袋,分析天平,电热套,三颈烧瓶,烧杯,玻璃棒,细毛刷,橡胶管,止水夹,胶带,离心管,坩埚,药匙,滴管,画框,剪刀,油画布(大孔、中孔、小孔)。 搅拌分散砂磨多用机(广州标格达实验室仪器用品有限公司);高速多功能粉碎机(上海菲力博实业公司);有机玻璃箱(自制,$0.132 m^3$)用于甲醛吸收的检测;甲醛检测仪(高精密型)用于甲醛含量的检测;甲醛检测盒可快速检测甲醛。 2.2 功能涂料的制备 2.2.1 黄土与细沙的分离 称取10 g黄土研磨,用100目筛过滤后,分散在50 mL水中,在磁力搅拌器上搅拌1.5 h,取下静置10 min后,另取几个干净的烧杯,倾倒出上层的土层溶液。重复上面的步骤,直到倾倒出的上层溶液中不含沙子为止。然后将制得的土溶液离心,干燥得到纯土(不含沙子的土)。 2.2.2 原色涂料的制备 涂料1号按照如下方法制备:称取配方量的颜料、填料(典型配方:树脂乳液24 g,硅藻土36 g,滑石粉8 g,膨润土4 g,蒙脱土4 g,高岭土4 g,钛白粉12 g,水144 mL)分散于144 mL水中。然后,按配方量添加乳液和交联剂。搅拌均匀,高速分散机对混合液进行搅拌,转速1000 r/min,分散30 min。将转速调至200 r/min,分散10 min,继续加消泡剂1.6 g,分散20 min。得到涂料1号产品。 采用相同工艺,分别添加不同类型的颜填料,如壳聚糖、黄土、冰晶蓝颜料,分别得到涂料2号产品、3号产品、4号产品。 2.2.3 彩色涂料的制备 分别用不同来源地的六种不同色彩土(灰白、灰白浅绿、砖红、灰白浅黄、棕褐等颜色)作为填料,按照需求进行添加;在添加黄土实验中(用黄土取代钛白粉)发现,黄土的量不超过10 g时,不会影响涂刷后的成膜性,且气泡较少。 制备功能涂料后,根据画的所需颜色添加不同类型有色硅藻土。 2.3 多功能画作的制备 基材的选择:采用大孔、中孔、小孔的油画布作为涂料的附着物,根据需求选用不同规格大小的画框。 作画方式:当制备好功能涂料后,将其用细毛刷刷于一定大小的油画布,待画布上的涂料自然晾干之后,用毛笔蘸取天然颜料(土)作画。 2.4 画板涂层功能检测 脱除甲醛性能:将涂料涂刷于基材上后,将甲醛检测箱(长、宽、高分别为37.8 cm×36.8 cm×37.9 cm)放置于通风橱中,使用甲醛检测试剂盒法检测制作的画布是否具有脱除甲醛的性能。空白实验:检测箱中放入五个甲醛检测盒和干净的表面皿,然后取60 μL已经配制好的甲醛溶液于表面皿中,密封,2 h之后挥发完全,检测空气中甲醛浓度为初始浓度。 样品脱除性能:取长、宽分别为45 cm×40 cm的画布,涂刷一定量的涂料,自然晾干。将制好的画布裁成

续表

各部分	内容(有省略)
正文部分	不同大小，分别固定在纸板上。然后，放进已经挥发有甲醛的测试箱中，静置一段时间后测定空气中甲醛浓度。 3 结果与讨论 3.1 无皂两亲丙烯酸乳液调湿涂料(EF-AAC-C)设计思路与流程 采用不同的原理，使用流程1所示的方法，分别得到涂料2号产品、3号产品、4号产品。 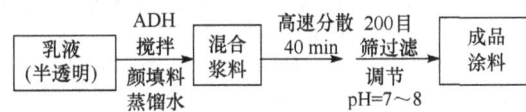 流程1 3.2 画作效果 利用不同编号的涂料，添加不同颜色的土后作画，结果如图1所示。可以看出，画作具有很好的装饰效果。    1号装饰画　　　　　　2号装饰画　　　　　　3号装饰画 图1 环境友好型多功能画作外形 3.3 脱除甲醛性能检测实验结果 分别将涂料1号、2号、3号、4号制成的画作进行甲醛脱除试验，结果如表1所示。结果表明，吸附甲醛效果明显，可以使空气中的甲醛浓度达到国家控制标准，即小于0.1 mg/m³。对比实验结果，添加壳聚糖的涂料吸附甲醛效果更好。这是由于壳聚糖大分子中有活泼的羟基和氨基，它们具有较强的化学反应能力，故效果较好。 表1 功能画作的脱除甲醛性能 | 编号 | 样品名称 | 甲醛浓度/(mg/m³) | 备注 | |---|---|---|---| | 1 | 空白实验 | 1.5 | 释放6 h检测 | | 2 | 涂料1号 | 0.2 | 脱除6 h检测 | | 3 | 涂料2号 | 0.1 | 脱除6 h检测 | | 4 | 涂料3号 | 0.2 | 脱除6 h检测 | | 5 | 涂料4号 | 0.09 | 脱除6 h检测 | | 6 | 涂料4号+壳聚糖 | 0.08 | 脱除6 h检测 | 考察了涂料重复利用性能，将已经吸附过甲醛的画布放入55 ℃烘箱中烘2 h，取出后再次放入检测箱进行吸附。重复4次，结果表明：每次活化后，都可以使测试箱的甲醛浓度从0.65 mg/m³降低到0.1 mg/m³，说明制作的画作确实具有重复利用性，可以通过加热活化后继续使用。这是由于涂料中含有硅藻土等多孔性物质，对甲醛分子的吸附作用是通过氢键、范德华力等非共价键实现的。当吸附饱和后，可以通过加热、暴晒等物理方法破坏这些弱的作用力，使甲醛分子脱附，画布又恢复吸附活性。 当然，制作的环境友好型多功能画作不但具有重复利用性，而且容易移动，使用方便。 3.4 涂料吸水性测试 原涂料采用实验室自制的乳液型两亲聚合物树脂，其已经获得国家发明专利，具有良好的吸水性。 3.5 涂料抗晒性能

续表

各部分	内容(有省略)
正文部分	在阳光下，将画作置于空旷处连续晒48 h，观察到并未有脱皮、干裂等现象，说明抗晒性能良好。 3.6 脱除臭味性能 　　由于涂料中含有大量的硅藻土，孔隙度大、吸收性强，可以脱除臭味，净化空气。 4　结论 　　成功制备了环境友好型功能涂料，制作了环境友好型多功能画作。将本身只具有简单装饰粉刷墙壁功能的涂料赋予吸附甲醛的新功能，并用画作的形式体现出来，使其除具有装饰的作用外还可以有效地吸附甲醛。该画作可以重复利用。吸附有害气体后，将画作移至室外，通过暴晒脱除有害气体，可再次使用。 　　总之，制备的环境友好型多功能画作不但具有脱除甲醛功效，还具有除臭、净化空气、装饰房间的作用，同时该画作可以重复利用，容易移动，方便制作。
支撑部分	参考文献 ［1］Wang R M, Lv W H, He Y F, Wang Y, Guo J F. An emulsifier-free core-shell polyacrylate /diacetone acrylamide emulsion with nano-SiO$_2$ for room temperature curable waterborne coatings[J]. Polymer Advanced Technology, 2010, 21: 128-134. ［2］吕维华，王荣民，何玉凤，张慧芳. 智能涂料制备方法探索与应用[J]. 化学进展, 2008, 20(2): 351-361. ［3］马云飞，陈宗家. 泡沫镍负载改性TiO$_2$降解甲醛[J]. 环境工程学报, 2014, 8(5): 2040-2044. ［4］Wang R M, Wang J F, Wang X W, He Y F, Zhu Y F, Jiang M L. Preparation of acrylatebased copolymer emulsion and its humidity controlling mechanism in interior wall coatings[J]. Progress in Organic Coatings, 2011, 71(4): 369-375. ［5］Somjate P, Virote B. Preparation and characterization of amine-functionalized SiO$_2$/TiO$_2$ films for formaldehyde degradation[J]. Applied Surface Science, 2009, 255(23): 9311-9315. ［6］Sha L Z, Zhao H F, Xiao G N. Photocatalytic degradation of formaldehyde by silk mask paper loading nanometer titanium dioxide[J]. Fibers and Polymers, 2013, 14(6): 976-981. 附录

注：原文有20页，为了节省版面，内容经过大幅度压缩。

9.5　毕业论文与学年论文的写作

毕业论文是专科及以上学历教育为对本专业学生集中进行科学研究训练而要求学生在毕业前撰写的论文。也就是说，大学生要顺利毕业，不但要考试合格、修够学分，还要完成毕业论文(或毕业设计)，这是一个从"知识学习"转变到"知识利用"的过程。本科生要获得学士学位，也须完成学士学位论文。这时，学位论文俗称为毕业论文。

现在，为了让大学生及早了解科学研究并学习论文写作，许多高校要求大学生在二、三年级就进入研究室开展学年论文研究工作，并撰写学年论文。因此，学年论文构成与毕业论文相同。

下面以毕业论文为代表,介绍如何开展毕业(或学年)论文工作,以及如何撰写毕业论文。

9.5.1 学位论文与毕业设计说明书的写作特点

学位论文和毕业设计说明书是学生完成学业的最后一个环节,目的在于总结专业学习的成果,培养综合运用所学知识解决实际问题的能力。因此,学位论文的撰写及答辩和毕业设计说明书是学生取得毕业文凭的重要环节之一,也是衡量毕业生是否达到本专业学历水平的重要依据之一。

学位论文是表明作者从事科学研究取得创造性的结果或有了新的见解,并以此为内容撰写而成,作为提出申请授予相应学位评审用的学术论文。学位论文有学士学位论文、硕士学位论文、博士学位论文,不同级别的学位论文对论文水平的判定与相关要求见表9-6。其中,学士学位论文应能表明作者已较好地掌握了本学科的基础理论、专门知识和基本技能,并具有从事科学研究工作或担负专门技术工作的初步能力。

表 9-6 各层次学位论文的要求对比

项目	学士学位论文	硕士学位论文	博士学位论文
本学科的基础理论	较好地掌握	掌握坚实	掌握坚实宽广
本学科的专门知识和基本技能	较好地掌握	系统地掌握(并对所研究课题有新的见解)	系统深入地掌握
科学研究工作的能力	初步能力	从事	独立从事
专门技术工作	担负的初步能力	独立担负能力	在科学或专门技术上做出创造性的成果

学位论文(毕业论文)的工作,从选题、开展研究到论文写作,都要在教师指导下完成。选题是论文撰写成败的关键,一般应遵循以下原则:选择有科学价值和现实意义的课题;选题时要了解本学科、本课题领域发展的状况;根据自己的能力选择切实可行的课题,选题宜小不宜大。

学位论文选题、信息检索、方案设计、研究实践及论文写作过程与研究论文工作基本一致。学位论文的特点有:学位论文有博士、硕士、学士学位论文之分;按国家保密条例分为机密、秘密、公开和内部四级(公开发行的可以不标注密级);注明工作完成时间,包括报告日期、论文提交日期、学位论文答辩日期、学位授予日期等;论文印制规格及要求因学校而异;装订格式的排列顺序为封面、目录、论文详细摘要(中、英文摘要)、正文部分、附录部分、封底;正文部分可分不同章节,一般有综述部分和实验、研究部分,每章可以是独立的一篇研究论文;附录部分除致谢外,还可以包括必要的原始数据、图、表、缩写符号、攻读学位期间发表的论文、个人简历、索引等。

学位论文的构成参见图3-3。

毕业设计说明书主要用于工科院校毕业生接受毕业考核。毕业设计与其他学位论文一样,都在有经验的教师指导下进行选题和写作,题目不宜过大,篇幅不宜太长,解决的问题要具体,注意理论联系实际,能解决生产中的某些关键问题,尽量在前人研究的基础上提出一些新的见解。

毕业设计说明书内容与毕业论文有相似之处。其中，正文部分依设计对象的结果顺序展开，先描述设计对象的结构和几何形状，然后给出主要尺寸和技术指标；关键部分详细说明过程、设计思想和理论依据，并指出本设计的优点所在；结尾可以写感想，也可以舍去。正文部分可包括如下几方面：①设计方案说明：指设计方案论证、设计思想说明及实验验证；②设计计算说明：包括各种重要参数的计算过程和计算结果，列出零部件规格；③使用技术条件：包括使用条例及说明，维护条例及说明。附录则包括参考文献，附表、附图及计算机程序等。

9.5.2 完成毕业论文工作的步骤

毕业论文的结构可以看成是综述论文(1篇)+研究论文(数篇)，较短的学年论文中，其前言内容就是综述。相对而言，毕业论文的重点(或难点)是选题、创新设计与实验，当然也离不开科技信息检索。只要获得预期的研究成果，采用"汉堡包"写作法就能顺利完成一篇毕业论文的撰写过程。

下面试将完成毕业论文的流程归纳为五个步骤。

1）选方向、定题目

选好研究方向、定好研究题目是完成一篇毕业论文的前提。大部分学生是第一次接触毕业论文的撰写，会有畏惧心理，导致进展缓慢。实际上，只要选定一个方向，定下一个题目，然后努力工作，接下来的事情便可水到渠成。当遇到困难时，可以找指导教师给出研究方向和相应的建议，然后根据教师建议的主题查阅相关科技信息源，确定具体方向和题目。

2）搜资料、找灵感（科技信息检索）

选题确定后，需要花很大精力进行信息检索、知识总结。想要快速准确地找到有用可靠的资料，可使用在第8章学到的检索方法与策略。

如果觉得已经寻找到预期目标的知识，就可以详细阅读、深入分析，并寻找灵感，设计可行的实验方案，为毕业论文的体系和大纲定调，奠定坚实的基础。

3）做实验、得结果

基于知识总结获得的灵感，设计可行的实验方案，然后准备所用原材料和测试仪器与方法，进入实验阶段。根据实验结果进行判断是否获得了创新成果，如果答案是肯定的，就可以总结成果，准备撰写论文；如果答案是不确定的，则需要调整方案，再次探索实践，直至达到预期成果。

4）搭架子、填里子（科技论文写作）

以科技信息检索结果、知识总结、创新实验成果为素材，就可以撰写毕业论文。首先是"搭架子"，就是根据论文的写作格式及要求，先拟定一个撰稿提纲，作为论文的骨架。其次是"填里子"，就是根据写好的大纲，不断充实文字材料。

与前面所说的科技论文一样，毕业论文也是由前置部分、正文部分和支撑部分组成，也可以看成是"综述+研究论文"。当然，毕业论文也有其自身特点：首先，毕业论文有封面，包含论文标题、作者与指导教师、提交时间等信息；其次，有目录与详细的中、英文摘要，正文内容很详细；最后，支撑部分不但包含参考文献、获得的经费资助情况，还列出撰写人的相关成果(如发表的论文、申请的专利及获奖情况等)、部分必要的原始数据，并在致谢中对论文工作中提供过帮助的单位与个人(如指导教师)表达感谢之意。

5) 反复改、勤打磨

当初稿完成之后，接下来的工作就是要反复修改、不断打磨。作为初次开展科学研究的新人，论文中不可避免地会出现错别字、语法错误、逻辑混乱，甚至概念与原理错误。因此，写好初稿后，应该暂时放一下，然后再进行修改，避免上述问题，这样才能完成一篇较高水平的毕业论文。

9.6 科技期刊论文的投稿

9.6.1 科技期刊论文的主要类型

发表在科技期刊上的论文是影响力最大的一类科技论文。科技论文从内容上可分为实验性研究论文和理论性研究论文；从形式上可分为如下四大类：

(1) 研究论文：报道学术价值显著、实验数据完整、具有原始性和创造性的研究成果，全文包括图、表、参考文献和中、英文摘要。

(2) 研究快报(通讯)：迅速报道学术价值显著的重要研究工作最新进展，全文有字数或版面限制。以研究通讯发表的文章，待进一步研究工作结束后，仍可以研究论文形式重新发表。

(3) 研究简报：主要报道阶段性的研究成果，全文有字数或版面限制。

(4) 研究专题：系统介绍作者从事某一研究领域的工作及取得的学术成就，其格式类似综述论文。

9.6.2 期刊论文投稿过程

在论文撰写工作完成之后，可以根据论文内容选定刊物，然后根据其具体投稿要求进行打印、投递。不同刊物对投稿有不同要求，可通过相应出版物或网站查阅该刊具体投稿要求。一般论文的发表过程如下：投稿→审稿↔退修→用稿通知→办理相关费用→出刊→寄送样刊。

根据论文的内容和性质选定期刊后，查找拟投稿期刊联系方式(或投稿网址)，按编辑部的要求准备文件(打印或电子版)，投稿(邮寄稿件或在线投稿)，收到期刊(或网站)回执后等待审稿结果。如果论文通过审稿或经修改后录用，按编辑部的要求办理相关费用，包括审稿费、版面费(视不同期刊费用不等)。办理完毕后，论文将被安排版面并邮寄刊样、给予发表。

论文发表过程中审稿是关键。一般情况下，高水平刊物审稿周期短，最快在15日之内，大部分期刊审稿时间为3个月，超过3个月可写信催审。通常论文经过初审、复审、终审的审核程序，审核后需要修改的稿件要求在规定时间内修改并返回修改稿，附以修改说明。

9.6.3 国内外刊物在线投稿

目前，绝大多数科技期刊只接受在线投稿，部分期刊可以通过发送电子邮件进行投稿。国际上一些重要科技期刊的名称参见表3-7，以刊名为关键词，通过搜索引擎就可以找到出版社、编辑部及投稿网址。下面以向《科学通报》投稿为例进行说明。

首先，搜索《科学通报》编辑部与投稿网址，进入《科学通报》投稿界面(www.scicloudcenter.com/TB)[图 9-2(a)]，可以查看"投稿须知""操作指南"等信息。作者需要将准备好的论文原稿按照投稿须知(或论文模板)修改论文格式。如果第一次登录，需要注册(register)，注册成功后就可以登录网站。

使用作者账户名(username)、密码(password)登录《科学通报》在线投稿系统后，可以按照提示填写要求的信息，上传必要的文件[图 9-2(b)]，然后检查投稿清样，核对无误后提交（submit）给编辑部。

(a)

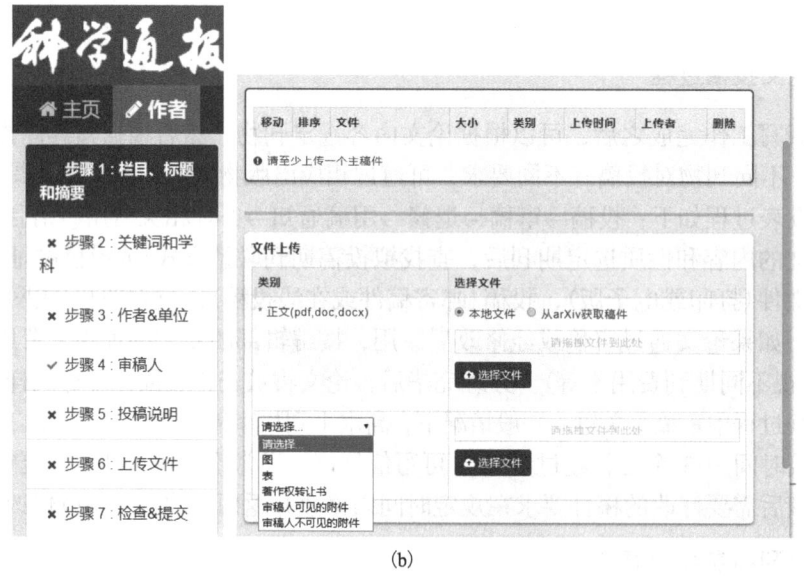

(b)

图 9-2 《科学通报》投稿界面

需要提醒的是，在投稿过程中可以暂时中断，改日继续剩余步骤；投稿成功后，编辑部会给作者发邮件进行确认。

论文审稿期间，作者可以随时登录并查阅审稿进展情况。稿件录用后，需要办理相关费用，等待论文出刊。

总之，课程论文相当于综述论文，创新创业总结论文相当于研究论文，学年论文和毕业论文相当于综述+研究论文。因此，大量阅读不同类型的研究论文、综述论文，剖析它们的构成，就能学会如何撰写一篇科技论文。

思 考 题

1. 对于一名大学生而言，可能接触到哪些类型的科技论文？
2. 科技期刊论文的主要组成部分有哪些？
3. 简述摘要的基本要素和主要功能，图文摘要有什么特点？
4. 论文的结论部分主要阐述什么？
5. 综述论文具有什么特点？如何写好一篇综述论文？
6. 学位论文的基本内容包括哪些方面？
7. 本科生毕业论文(设计)如何选题？

实践练习题

1. 以小组为单位，基于检索获得的知识，就如何撰写综述论文进行讨论，并查阅相关资料进行论文撰写。
2. 分组尝试在学术刊物的编辑部网站进行在线注册，在最终不提交(确认提交时点击"取消提交")投稿的情况下练习在线投稿。

第 10 章 专 业 软 件

本章导读：在论文写作时，除常见文字处理软件外，还需要借助一些专业软件绘制结构式、流程图、图谱等，从而使研究成果的表达更加形象和直观。这些专业软件从功能上讲主要有文字处理排版、数据处理与统计分析、结构绘制与理论计算、文献管理与分析等。本章从科技工作者的角度出发，分别介绍完成一篇科技论文写作时常用的专业软件。

内容关键词：专业软件、数据处理、结构绘制、文献管理、论文撰写。

结构式、流程图、图谱等使人们可以更加形象直观地认识物质的微观与宏观世界，也是科研工作者自由交流的工具。作为科技工作者，在进行科研与生产实践、教与学的过程中，往往要做一些必要的数据处理、结果总结与表达，尤其是在理论计算、撰写论文、课件制作等过程中，经常要书写各类方程式、绘制相关结构式，甚至进行各类理论计算、数据统计、图形绘制、图像处理等，而这些工作一般都需要借助专业软件才能有效完成。

随着计算机与互联网技术的发展与普及，已经出现了诸多通用办公软件，如 WPS、Word、Excel、Origin、Photoshop 等。这些通用软件并不能完全满足科技工作者处理专业问题的需求，而相关专业软件的出现则为人们提供了极大的便利。另外，目前正在迅速发展的"互联网+"也在改变人们的教学模式。因此，需要认识一些实用且功能强大的专业软件，同时也需要认识与使用"互联网+"技术，才能更好地利用最新的前沿技术。

本章分别介绍科技领域(尤其是化学、化工、材料、数学、生物、地理等学科)常用的一些相关软件，以使读者能够在广泛了解的基础上根据自身需要进行选择与利用。

10.1 常用软件简介

10.1.1 科研与教学常用软件类型

计算机的发明为人们认识世界、描绘世界提供了物质基础。随着信息技术的发展，软件作为一种信息技术的主要载体已经渗透到社会与个人生活的各个方面和各个层次。作为处于"互联网+"时代的科技工作者，从科技信息的浏览到数据处理与科技论文的写作，都需要借助软件才能完成。在学习论文撰写的过程中不难发现，一篇优质的科技论文通常都是"高颜值"论文，而要实现论文的"高颜值"往往离不开专业软件的支撑。

科研与教学常用软件的主要分类如表 10-1 所示。一般情况下，可以使用 Word、WPS 等通用办公软件进行论文撰写，除此之外，在论文撰写过程中还会使用其他一些常见的通用软件。当然，各个学科领域都有自己专用的软件，这将在后面进行介绍。

表 10-1 科研与教学常用软件主要类型

分类方式	按运行方式分类	按功能分类	按应用范围分类	
主要类型	安装软件 在线软件 测试仪器专用	文字处理、排版 数据处理与统计分析 结构绘制与理论计算 文献管理与分析 培训演示用软件	通用软件	如 Word、WPS、Excel、Origin 等
			学科专用	生物医学类 化学材料类 物理电子类 地理生态环境类 ……

下面重点介绍一些重要专业软件的获取及功能，以使读者能够根据自己的需要选择学习。

10.1.2 专业软件获取途径

专业软件的下载可以自行在网络上搜索获得。下面提供一些下载地址，主要包括一些综合网站、软件厂商网站和专业网站等。

(1) 科学软件网(www.sciencesoftware.com.cn)：提供大量免费软件链接及付费软件。

(2) Trinity Software(www.trinitysoftware.com)：提供大量免费或付费科技领域软件下载。

(3) 太平洋电脑网(dl.pconline.com.cn/featured/10008477.html)：提供大量软件的下载、使用方法及使用技巧等。

(4) Bio-Rad Laboratories(www.bio-rad.com)：Bio-Rad 的 Sadtler 光谱数据库、光谱软件 KnowItAll 为客户和业界提供了一套数据全面的信息处理数据库平台解决方案。萨特勒(Sadtler)光谱数据库是国际上优秀的谱图收藏数据库，包括红外光谱图、拉曼光谱图、核磁共振谱图、质谱图，以及未数码化的气相色谱图与紫外光谱图。

(5) CambridgeSoft Corporation(www.cambridgesoft.com)：剑桥软件公司产品，包括软件、数据库及网络支持。Chem&Bio office 套件已经成为事实上的化学桌面系统的标准。

(6) BIOVIA(www.3dsbiovia.com)：面向生命科学和材料科学领域提供分子模拟、生物信息学、化学信息学和材料信息学的软件产品和信息系统的公司。

(7) 北京宏剑公司(www.hongcam.com.cn)：国内最大的化学软件代理商之一，共代理 400 多种软件产品。主要面向化学科学、生命科学、基础医学、药物学、化学工程及环境科学等诸多学科。

(8) 创腾科技(www.neotrident.com)：提供分子模拟技术产品、化学信息与流程综合管理平台、实验室信息管理系统以及专业化学信息与情报服务。

(9) CompuChem(www.compuchem.net)：世界上最著名的化学软件公司之一，产品包括 HyperChem、Electrochemical Cells Pro、UltraMol Office、GlassyChemistry 等。

(10) MDL's Chime WebPlugin(mdl-chime.software.informer.com)：提供免费化学结构可视化插件，网上化学分子结构显示的事实标准。用户成为其免费会员后，可免费下载其最新软件，并有相关使用教程和讲座。

(11) My Biosoftware (www.mybiosoftware.com)：提供 Bioinformatics(生物信息学)软件，如 Crystal Structure Illustration(晶体结构插图软件) ORTEP-III 1.03/for Windows。

(12) Schrödinger (www.psgvb.com)：薛定谔软件是药物设计软件包，包括基于受体(和配体)结构的诸多对接模式，如诱导契合和柔性、配体极性、溶液环境性质；组合化学库设计及基于组合库的对接模式；基于配体结构的药物设计，药效团和 3D-QSAR；生物分子结构模拟，蛋白质、糖、核酸、小肽等；基于靶点的药物设计；ADME 性质预测。薛定谔软件的虚拟筛选功能在 35 个 CPU 的集群上每天可以筛选 150 万个化合物。

(13) Wavefun (www.wavefun.com)：是为教育研究和工业开发的化学软件，功能足够强大而且容易使用，其代表作为 Spartan 系列，主要用于量子计算。

(14) 数据统计软件(systatsoftware.com)：提供从基础的描述性统计到基于高端算法的高级统计方法的各种功能和进行高效数据分析时所需要的各种统计功能。

(15) Biomer (www.biomer.de)：使用 Java 语言编制的在线生物分子建模软件包，能初始化生物高分子和有机小分子结构，自动获得最小能量状态的结构。

(16) RasMol and OpenRasMol (www.openrasmol.org)：3D 分子图形显示工具(免费)。

(17) MOLMOL (sourceforge.net/u/molmol/profile)：生物大分子 3D 结构分析和显示、NMR 结构解析(免费)。

(18) OSIRIS Property Explorer (www.organic-chemistry.org/prog/peo)：可进行 $\lg P$ (脂溶性)溶解度、成药可能性预测(免费)。

(19) Swiss PDB Viewer (spdbv.vital-it.ch)：PDB 蛋白质结构可视化软件，可显示和分析生物大分子的结构与图解；给予一段氨基酸序列，从头建立蛋白质结构模型；找出并显示蛋白质中、蛋白质间、基团间的氢键；同时显示分析多个蛋白质的 3D 结构和序列；计算氨基酸残基的静电力和分子表面携带的最小自由能。

10.1.3 通用图像处理软件简介

通用软件是指大多数人经常使用的办公软件与编辑软件，如 WPS、Microsoft office，其中的 Word、Excel 和 PowerPoint 分别是最常用的文字编辑、数据处理和培训演示软件。Origin 是一款通用型数据分析处理软件。图形绘制及图像处理最常用的通用型软件是 Photoshop，另外还有 3DS MAX。下面简要介绍几款常用绘图软件的功能及区别。

(1) Adobe Photoshop(PS) 与 Adobe illustrator(AI) (www.adobe.com)：PS 是由 Adobe 公司开发的图像处理软件。从功能上看，该软件可分为图像编辑、图像合成、校色调色及功能色效制作、特效制作部分等。目前，通过网络就可以找到该软件的使用教程，这里不再赘述。

AI 同样出自 Adobe 公司，是一种基于矢量的图形制作软件。该软件的最大特征在于可使用钢笔工具绘制矢量图。另外，该软件还集成文字处理、上色等功能。因此，该软件除了插图制作外，在印刷制品(如广告传单、宣传册等)设计制作方面也被广泛使用。它与位图处理软件 PS 有类似的界面，并能共享一些插件和功能，实现无缝连接。

如前所述，PS 是位图处理软件，AI 则是矢量图处理软件，位图和矢量图有什么区别？事实上，只要看一张对比图就能理解二者的差别(图 10-1)。显然，位图可以表现色彩的变化和颜色的细微过渡，从而产生逼真的效果，但是图片放大就会失真；矢量图则主要用来描绘由规律线条组成的图形，难以制作色彩丰富的图像，但是图像放大却不会失真。

位图　　　　矢量图

图 10-1　位图与矢量图比较

(2) CorelDRAW Graphics Suite (www.corel.com/cn)：是加拿大 Corel 公司的平面设计软件。该软件也是一个矢量图形制作软件，提供矢量动画、网站制作、位图编辑和网页动画等多种功能。

(3) 3DS MAX(www.autodesk.com)：是 Discreet 公司(后被 Autodesk 公司合并)开发的基于 PC 系统的三维动画渲染和制作软件(图 10-2)，广泛应用于工业设计、建筑设计、三维动画、多媒体制作、游戏及工程可视化等领域。

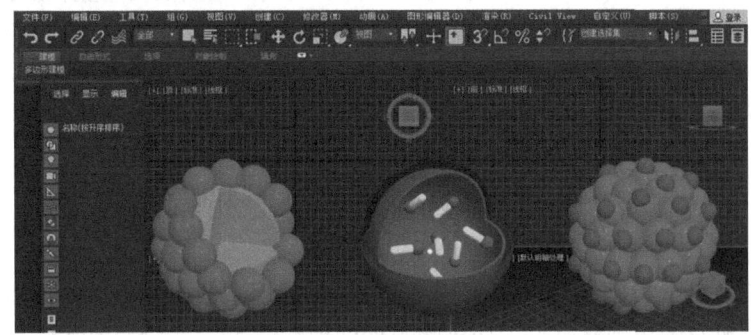

图 10-2　3DS MAX 实例

10.1.4　培训演示软件

计算机及网络技术已经改变了现代教育中教与学的方式，而"互联网+"将彻底更新教育模式。因此，多媒体演示、远程培训、远程互动、实时交互传播等多媒体培训演示软件为信息的传播和互动提供了极大的方便。下面介绍几种常用的培训演示软件。

(1) Microsoft Office PowerPoint：是 Microsoft Office 的组件之一，是最常用的培训演示软件。利用该软件可以创建演示文稿，还可以在互联网上召开面对面会议、远程会议。PowerPoint 采用的素材有文字、图片、图表、动画、声音、影片等，制作的演示文稿还可以保存为 pdf、图片等格式。PowerPoint 2010 及以上版本还可保存为视频格式。

(2) Focusky 动画演示大师(www.focusky.com.cn/product-features)：是广州万彩信息技术有限公司旗下的一款免费的动画宣传视频、演示文稿及微课制作软件，是一款新型多媒体幻灯片制作软件。Focusky 制作的文件可轻松导入 PPT，打破传统的 PPT 切换方式，模仿电影视频转场特效，加入 3D 镜头缩放、旋转和平移特效。Focusky 软件内置海量模板，直接替换内容即可完成演示文稿制作；软件内置的图形、图片、音效、图表、公式、艺术图形、特殊符号等各类素材为使用者提供了很大的方便。

(3) Prezi(prezi-desktop.en.softonic.com)：是一个云端的免费演示文稿制作软件，使用者既可以在 Prezi 网站在线创建编辑，也可以在客户端(Windows、Mac、ipad、iphone)离线编辑制作。与 Focusky 类似，Prezi 打破了传统 PowerPoint 的单线条时序，采用故事板(storyboard)格式让演示者可以平移和缩放图片，通过快捷的动画演示关键点，使演示更加生动有趣。除了平移和缩放，Prezi 还支持图片、视频、pdf 等各种媒体素材的嵌入，可以多人在线编辑，生成的演示文稿既可以在本地观看，也可以上传到服务器或嵌入网页在线查看。

(4) 斧子演示(axeslide)：是基于 html5 开发的一款新型、免费的演示文稿制作软件。斧子演示的所有内容都在一张大画布上，内容组织方式类似思维导图，利用平移、旋转和缩放，让文稿演示"动起来"，可达到镜头推进和拉出的演示效果。

10.1.5 专业软件学习教程

通用软件与专业软件的使用需要学习。事实上，Internet 有许多通用软件与专业软件的学习教程，而且绝大部分是免费的，下面向读者推荐一些专业软件学习资源，供大家参考。

（1）MogoEdit（www.mogoedit.com）：是中国科学院旗下基金投资企业，所提供的科研资源中包括很多软件学习教程，读者可以选择自己感兴趣的教程进行学习。

（2）小木虫论坛（muchong.com/bbs/index.php）：是一个学习专业软件的好去处，可以和同行互相交流，共同进步。

10.2 数据处理与统计分析软件

数据处理与统计分析软件可以分为三大类：一是通用型数据处理软件，如 Excel、Origin 等；二是图谱解析及图像观察软件，如核磁数据处理软件 NUTS、MestRe-C、Gifa，红外光谱软件 OMNIC 等；三是学科专业用数据处理软件，如基因测序峰图查看软件 Chromas、响应面分析软件 Design-Expert 等。下面简要介绍几种常用软件的主要功能。

10.2.1 通用型数据处理软件

最常用的通用型数据处理软件有 Excel 和 Origin，除此之外，还有 SigmaPlot、MATLAB 等。下面对这四种软件的主要功能做一简要介绍。

（1）Excel 是 Microsoft Office 系统软件之一，是一种广泛使用的通用软件，通过网络可查到大量使用方法与技巧，此处不再赘述。

（2）Origin 是美国 OriginLab 公司开发的图表制作和数据分析软件，支持各种 2D/3D 图形。它的数据分析功能包括统计、信号处理、曲线拟合及峰值分析；具有强大的数据导入功能，支持多种格式的数据，图形输出格式多样，如 jpeg、gif、eps、tiff 等。Origin 容易掌握且兼容性好，主要有两大功能：图表绘制和数据分析。通过搜索引擎可找到有关使用方法与技巧。

（3）SigmaPlot 绘制的图形精美程度超过 Excel 与 Origin，操作方便，适合科技工作者使用。在众多国外重要期刊（如 Science、Nature 等）论文中所看到的精致细腻的统计图形大多出自 SigmaPlot。SigmaPlot 与 Microsoft Office 系列全面兼容。下载试用和技术支持可访问 systatsoftware.com。

（4）MATLAB 是由美国 MathWorks 公司出品的一款可以进行科学计算、数据处理、可视化及交互式程序设计的计算工具，主要包括 MATLAB 和 Simulink 两大部分。它集数值分析、矩阵计算、科学数据可视化及非线性动态系统的建模和仿真等诸多功能于一身，在应用数学、数理统计、金融及其他需要有效数值计算的众多学科领域广泛应用（图 10-3）。MATLAB 能与 Word 进行对接。更多功能学习和软件下载可访问 MathWorks 网站（ww2.mathworks.cn）。

10.2.2 图谱解析及图像观察软件

目前，常用的表征仪器自身都配备了数据处理软件，如红外光谱仪、紫外-可见光谱仪、核磁共振波谱仪、X 射线光电子能谱仪等，这些仪器自带的数据处理软件都可以将数据转化为直观可视的谱图。此外，对于这些表征得到的数据，也可以自行提取数据，然后使用通用

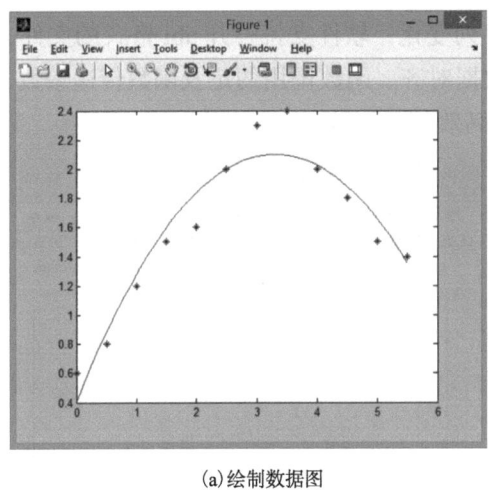
(a)绘制数据图

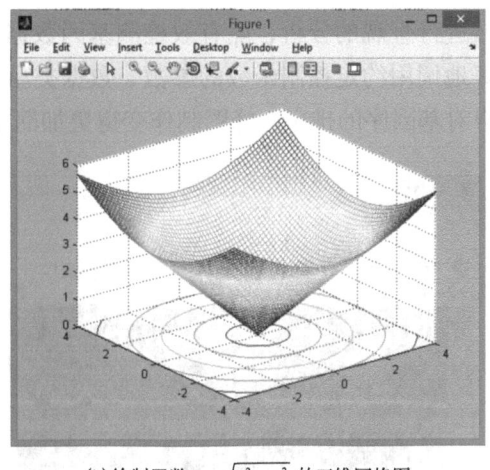
(b)绘制函数 $z=\sqrt{x^2+y^2}$ 的三维网格图

图 10-3　MATLAB 绘制数据

软件(如 Excel、Origin 等)或一些专业软件进行处理。下面简单介绍一些常用的专业图谱解析及图像观察软件。

(1)核磁数据处理软件包括 NUTS、MestRe-C、Gifa 等几种软件。NUTS 可以处理一维、二维核磁数据,其功能包括傅里叶变换、相位校正、差谱、模拟谱、匀场练习等几乎所有核磁仪器操作软件功能。该软件是收费软件,其演示版可以在相关网站(www.acornnmr.com)下载得到。MestRe-C 是处理一维核磁数据的免费软件,功能完善,可查看相关网页(www.mestrelab.com)进行学习。

(2)OMNIC(www.thermonicolet.com)是 Nicolet 公司发行的红外光谱软件,在 PC 机上被广泛使用,可以读取和处理世界上大多数厂家的红外光谱图,功能强大。

(3)SmileView(www.jeol.co.jp/cn)是电镜图粒径统计软件,可以对扫描电子显微镜(SEM)照片进行长度测量、对比度调整、明暗调整等。

(4)MDI Jade(file.org/free-download/mdi-jade)是一款 X 射线衍射(XRD)图谱分析软件。其主要功能包括:图谱拟合、物相检索、结构精修、晶粒大小和微观应变计算及残余应力的计算等(图 10-4)。

(5)X 射线光电子能谱谱图解析软件主要有 CasaXPS 和 XPS Peak Fit。CasaXPS 最初是为 XPS 及俄歇谱图解析和数据分析而设计的,使用该软件可以对 XPS 谱图进行解析,给出峰值、峰面积,并利用峰面积归一化法进行含量计算(图 10-5)。现在,该软件已拥有多种分析技术,包括 ToF SIMS、动力学 SIMS 及其他更多分析技术。软件的下载和使用可访问 www.casaxps.com/casaxps2315.htm。

XPS Peak Fit 是一款峰值拟合软件,可在软件上对数据执行拟合,并通过图形方式查看峰值,也可从本地添加 XPS 峰值在软件中查看并进行编辑。支持导入 Kratos、Leybold、VAMAS,也可以选择将 Kratos XPS 光谱文件转换为 ASCII 数据。也支持导出(峰值参数)、导出到剪贴板、使用峰值参数打印。大部分功能都可在数据菜单界面找到,非常便捷。

(6)基因测序峰图查看软件 Chromas 是一款简单实用的基因测序峰图查看软件。通过该软件,用户可以对基因数据的变化进行监控测量,采用峰图的转换模式对基因变化的点、线、区域进行直观的分析,能有效检测基因数据的序列变化;软件支持打开 abi 格式的文件,能更好地调用约定控制函数的参数、数据类型、数据对齐、函数调用约定及函数传递参数,使用户对基因序的排序、峰图制作变得更加简单、高效(图 10-6)。

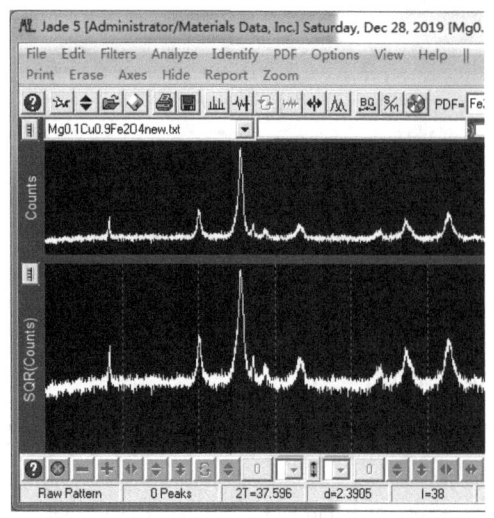

图 10-4　用 MDI Jade 软件分析 XRD 图谱

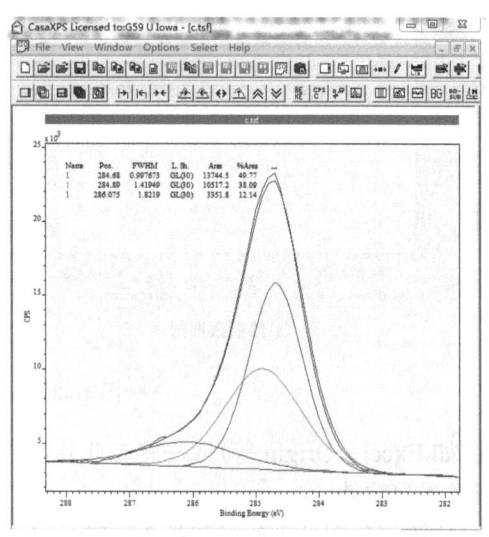

图 10-5　用 CasaXPS 解析 C 1s XPS 谱图

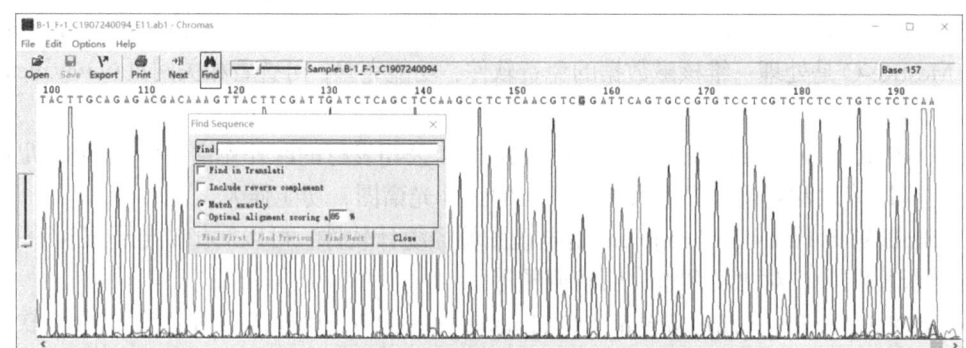

图 10-6　Chromas 查找蛋白质需要序列界面

(7)响应面分析软件 Design-Expert 是一款广泛使用的实验设计软件,尤其在有关响应曲面(RSM)优化的试验中。其中,Plackett-Burman(PB)、Central Composite Design(CCD)、Box-Behnken Design(BBD)是最常用的实验设计方法(图 10-7)。

(8)DNAMAN(www.lynnon.com)是美国 Lynnon Biosoft 公司开发的集成化分子生物学综合应用软件,可以用于多序列比对、PCR 引物设计、限制性酶切分析、质粒绘图、蛋白质分析等,囊括了绝大部分日常核酸、蛋白质序列的分析工作。

(9)Image J(imagej.en.softonic.com)是基于 Java 的公共的图像处理软件,它由 National Institutes of Health 开发,可运行于 Microsoft Windows、Mac OS、Mac OS X、Linux 和 Sharp Zaurus PDA 等多个平台。该软件基于 Java 的特点,编写的程序能以 applet 等方式分发,在生物及医学图像分析,如灰度分析、细胞计数、测量面积和长度及分析荧光强度等方面应用广泛。

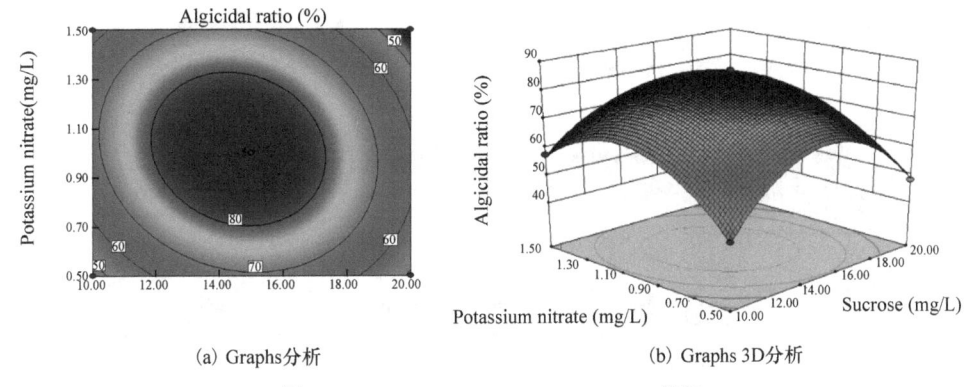

(a) Graphs分析　　　　　　　(b) Graphs 3D分析

图 10-7　Design-Expert Model Graphs 截图

10.2.3　学科专业用数据处理软件

学科专业用数据处理软件主要是针对某一学科的专业需求而开发的专用软件，为本学科的数据处理提供极大的方便。下面简单介绍几种数学、生物学、地理学专用数据处理软件及其主要功能。

(1) Mathematica(www.wolfram.com)是一款广泛使用的数学软件，是一款商业科学计算软件。它很好地结合了数值和符号计算引擎、图形系统、编程语言、文本系统及与其他应用程序的高级连接。

(2) Latex(www.latextemplates.com)是一款基于 Tex 的数学编排软件，由美国计算机科学家兰伯特在 20 世纪 80 年代初期开发。该软件在数学公式及数学图表编辑方面比 Word 和 Mathtype 更为方便，且具有文档编译和排版功能。

(3) Maple(www.maplesoft.com)是目前最常用的数学和工程计算商业软件之一，有"数学家的软件"之称。Maple 系统内置高级技术以解决建模和仿真中的数学问题，包括符号计算、无限精度数值计算、互联网连接、4GL 语言等，内置超过 5000 个计算命令，数学和分析功能覆盖几乎所有的数学分支，如微积分、微分方程、特殊函数、线性代数、图像声音处理、统计、动力系统等。

(4) 引物设计软件 Primer 5.0 主要功能有四种：引物设计、限制性内切酶位点分析、DNA 基元(motif)查找和同源性分析，前三种为其主要功能(图 10-8)。该软件还有一些特殊功能，其中最重要的是设计简并引物，另外还有序列"朗读"、DNA 与蛋白质序列的互换、语音提示键盘输入等。该软件授权上海卡贝信息技术有限公司代理销售(www.cabit.com.cn/products/stat/primer/index.htm?renqun_youhua=249307)。

(5) ArcGIS 是美国 ESRI(Environmental Systems Research Institute)公司开发的专业地理信息 GIS 软件平台。在 ArcGIS 中，ArcMap 提供了一体化的完整地图绘制、显示、编辑和输出的集成环境。ArcMap 可以按照要素属性编辑和表现图形，也可直接绘制和生成要素数据；可以在数据视图按照特定的符号浏览地理要素，也可以同时在版面视图生成打印输出地图；有全面的地图符号、线形、填充和字体库，支持多种输出格式；可自动生成坐标格网或经纬网，能够进行多种方式的地图标注，具有强大的制图编辑功能。软件的下载和使用可访问 developers.arcgis.com。

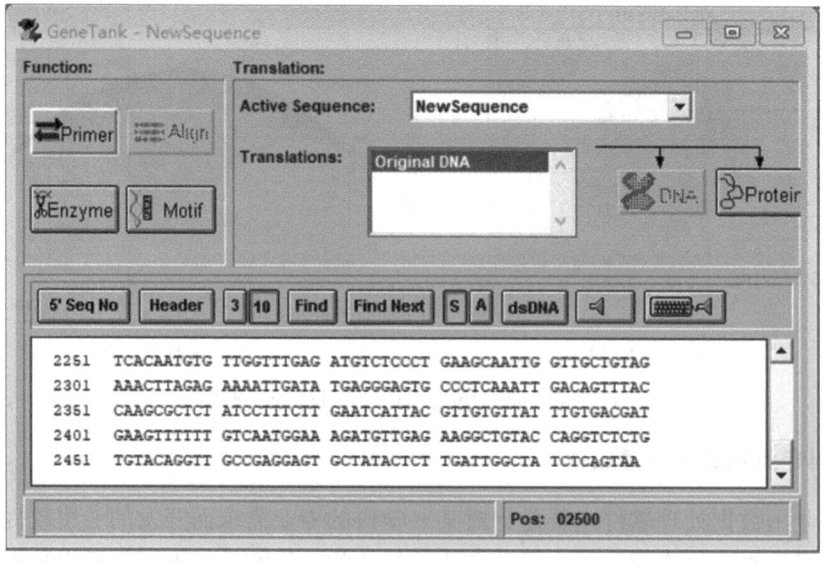

图 10-8　Primer 5.0 输入序列和引物设计窗口

10.3　结构绘制与理论计算软件

结构绘制与理论计算也是科技论文写作中经常遇到的问题。为了更好地解决这些问题，一些专业软件应运而生，为科技论文写作提供了极大的方便。下面简要介绍几款常用的结构绘制与理论计算软件。

10.3.1　常见结构绘制软件

（1）Discovery Studio™（DS）是基于 Windows 系统的、面向生命科学领域的分子建模和模拟环境软件,由创腾科技(www.neotrident.com/index.php/product/proinfo/ 27.html)提供国内代理及服务。该软件可应用于蛋白质组、基于靶点药物研究,为科学家提供易用的蛋白质模拟、优化和基于结构药物设计的工具。该软件建立在流程管理平台 Pipeline Pilot 基础上,让数据的共享和交流变得更为方便、简洁。同时,该开放平台技术还为使用者整合自己或第三方软件工具提供了接口。科研人员可以在一个统一的平台上完成从基因到先导化合物设计的一系列工作,并且可以通过 web 形式共享研究成果。DS 目前主要功能包括:蛋白质的表征、同源建模、X 射线衍射分析、基于结构药物设计工具(包括配体-蛋白质相互作用、全新药物设计和分子对接)。

(2) Diamond(www.crystalimpact.com/diamond/Default.htm)是德国波恩大学 Crystal Impact GbR 公司开发研制的一款在原子水平实现晶体结构可视化的软件。利用该软件不仅能创建晶体模型,还能以多种形式(线状、球棍状或空间堆积状、多面体形式等)展示晶体模型(图 10-9),而且模型可以根据用户的需要自由旋转、移动和缩放,可以用着色方案对原子进行强调和渲染,也可以对晶体模型进行文字标注。Diamond 还拥有分子和聚合物扩展、构造多面体的几何、搜索结构数据、自动和批量创建结构图片等功能,方便进行晶体结构的绘制和分析。

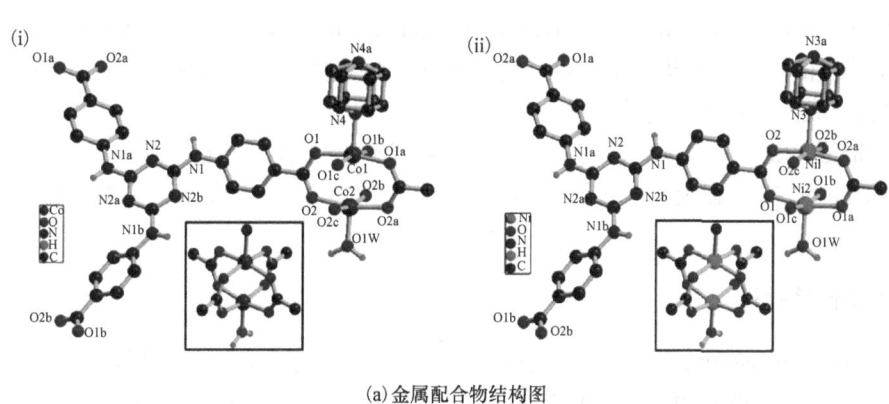

(a) 金属配合物结构图

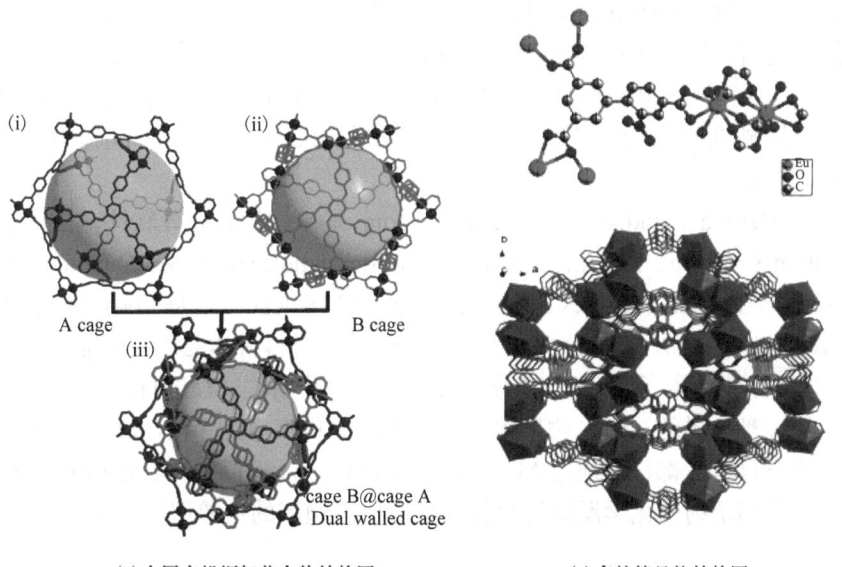

(b) 金属有机框架化合物结构图　　(c) 多核簇晶体结构图

图 10-9　用 Diamond 绘制的结构图

(3) ACD/Chem Sketch（www.acdlabs.com）是一款免费绘图软件包，可单独使用或与其他 ACD 软件共同使用。ChemSketch 提供丰富的模板及导入、导出功能，可以制作多种多样的图形、图像素材，用于设计与化学相关的报告和演讲材料。

(4) Chem4-D Draw（www.cheminnovation.com）是 Chem Innovation 软件公司的产品。除了化学结构的绘制功能外，该软件还集成了 Name Expert 和 Nomenclature。

(5) MDL ISIS Draw（mdl-isis-draw.software.informer.com）是一款智能的化学绘图软件包，主要用于绘制有机化合物的结构。

(6) ViewerLite 是一个查看 3D 模型的视图工具，在 SciFinder Scholar 检索出的物质结果中有很多都提供 3D 视图，如果安装了 ViewerLite，直接点击即可查看。软件下载和学习可访问 viewerlite.updatestar.com。

(7) 化学金排（www.kingedu.net）是国内专门为化学工作者定制的基于 Word 平台的一套专业软件。该软件还提供了 PowerPoint 模块，为制作化学课件带来便利。

(8) 几何画板（www.jihehuaban.com.cn）是一款通用的数学、物理教学软件，提供丰富而方便的创造功能，用户可以随心所欲地编写出自己需要的教学课件。

(9) Auto CAD（www.autodesk.com.cn/products/autocad/overview）是 Autodesk（欧特克）公司于 1982 年开发的自动计算机辅助设计软件，用于二维绘图、详细绘制、设计文档和基本三维设计，现已经成为国际上广为流行的绘图工具。

(10) ChemOffice 是美国剑桥公司开发的一款优秀的化学、化工、材料、生物相关画图软件。鉴于 ChemOffice 强大的功能和广泛的应用，将在后续重点介绍其功能和使用，供大家参考。

10.3.2 理论计算软件

(1) Gaussian（gaussian.com）是一款功能强大的量子化学综合软件包。其执行程序可在不同型号的大型计算机、超级计算机、工作站和个人计算机上运行，并有相应的不同版本。Gaussian 具有以下计算功能：过渡态能量和结构、键和反应能量、分子轨道、原子电荷和电势、振动频率、红外和拉曼光谱、核磁性质、极化率和超极化率、热力学性质、反应路径，计算可以对体系的基态或激发态执行。可以预测周期体系的能量、结构和分子轨道。因此，Gaussian 可以用于研究许多化学领域的课题，如取代基的影响、化学反应机理、势能曲面和激发能等。Gaussian 常与 Gaussview 连用。

(2) BIOVIA Materials Studio（www.3dsbiovia.com）是一款材料计算软件，主要有 Analytical and Crystallization Software、Polymers and Classical Simulation Software、Quantum and Catalysis Software、Visualization and Statistics Software、Materials Science Collections for Pipeline Pilot。该软件支持 Windows、Unix 等多种操作平台，使化学及材料科学的研究者能更方便地建立三维结构模型，并对各种晶体、无定形和高分子材料的性质及相关过程进行深入的研究。Materials Studio 综合应用多种先进的算法，构型优化、性质预测和 X 射线衍射分析，以及复杂的动力学模拟和量子力学计算，都可以通过 Materials Studio 进行。模拟的内容包括催化剂、聚合物、固体及表面、晶体与衍射、化学反应等材料和化学研究领域的主要课题。典型结果如图 10-10 所示。

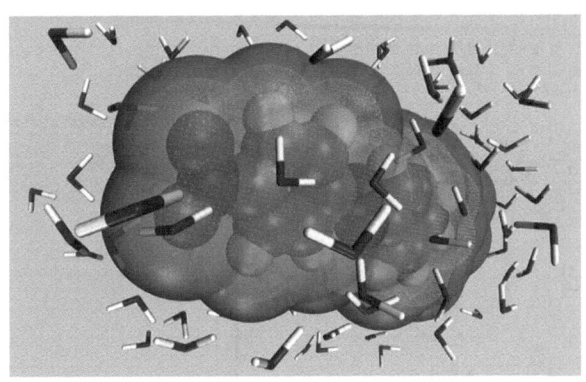

图 10-10　BIOVIA 预测分子在特定溶剂中的溶解性

(3) VASP (Vienna Ab-initio Simulation Package) 是维也纳大学 Hafner 小组开发的进行电子结构计算和量子力学-分子动力学的模拟软件包。VASP 是基于赝势平面波基组的第一性原理密度泛函计算程序，可以研究多种体系，包括金属及其氧化物、半导体、晶体、掺杂体系、纳米材料、分子、团簇、表面体系和界面体系等。VASP 不仅能够计算得到各种体系的平衡结构和能量，而且还能够对材料的电子性质进行精确的预测，深度剖析材料的理化性质。国内代理网址：www.tri-ibiotech.com.cn/vasp/product_17.html。

10.3.3　ChemOffice 及其使用示例

ChemOffice 是为化学、生物研究领域的科研人员开发的综合性科学应用软件包，主要有 ChemDraw (化学结构绘图)、Chem3D (分子模型及仿真)、ChemFinder (化学信息搜寻整合系统)。用户可以方便地进行化学生物结构绘图、分子模型及仿真；可以将化合物名称直接转为结构图，省去绘图的麻烦；也可以对已知结构的化合物命名，给出正确的化合物名。

ChemOffice 与 Microsoft Office 类似，由多个组件构成，其中最常用的是 ChemDraw 和 Chem3D。下面通过具体实例了解 ChemDraw 的主要功能。

1) ChemOffice 结构式绘制实例

ChemDraw 最基本的功能就是绘制分子结构式，所绘制出的"高颜值"结构图，无论读者是否从事上述领域的研究，都可以看懂这些结构图，所以也称这些结构图是"无须翻译的世界语"。

例如，乙酰水杨酸 (阿司匹林，解热镇痛药) 的结构式可以采用 ChemDraw 绘制 [图 10-11 (a)]。ChemDraw 提供了不同类型的化合物、生物结构式，可以一键点击绘制复杂结构。如果对自己画的结构图还不够满意，也可以进行美化并检查其正确性。

读者可以根据所画的结构式获得相应物质的分子式、分子量、元素分析等数据。ChemDraw 还可以预测所绘制化合物的氢谱 [图 10-11 (b)]、碳谱等核磁共振谱图，这对于有机合成工作者来说是非常有用的信息。

除此之外，还可以根据 ChemDraw 绘制出的分子结构式，利用其检索功能 (Search SciFinder)，在线检索相应物质的供货商、相关理化数据、ACX 编号等。ChemDraw 的检索功能除了根据化合物的名称检索外，还可以使用 ACX 编号检索相应化合物的结构。ChemDraw 画出的结构式可以输出为多种常见的文件格式，如 tiff 格式等。

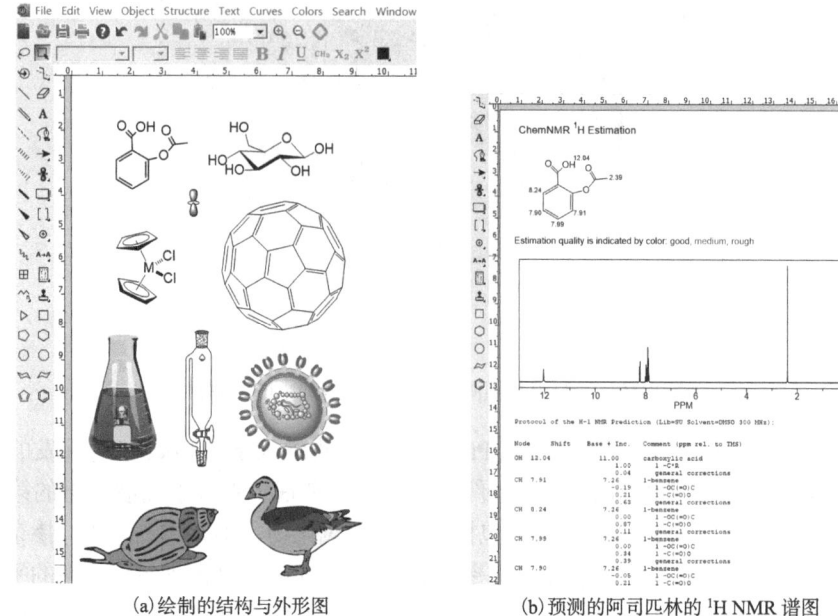

(a) 绘制的结构与外形图　　　　(b) 预测的阿司匹林的 ^{1}H NMR 谱图

图 10-11　ChemDraw 绘制的结构图(a)与预测的 ^{1}H NMR 谱图(b)

2) ChemOffice 三维结构式绘制实例

Chem3D 是 ChemOffice 中的一个三维分子结构演示软件，可以将前述 ChemDraw 绘制的阿司匹林分子以线形、球棍[图 10-12(a)]、堆积模型[图 10-12(b)]等不同形式展示其三维分子结构；可以对结构进行移动、转动、自动旋转等多种操作；也可以对每一个原子进行编辑。Chem3D 还可将对分子结构的编辑操作保存为视频格式，以方便演示。

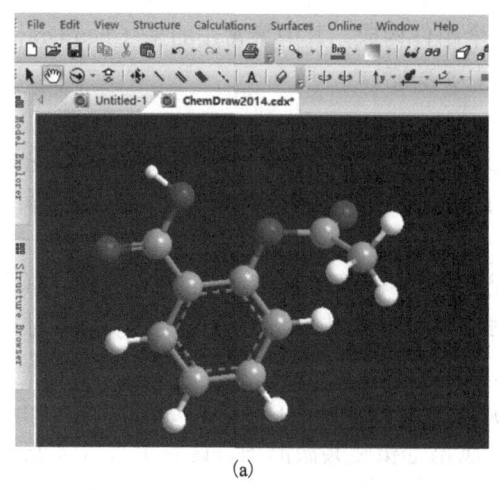

(a)　　　　　　　　　　　　　　　　　(b)

图 10-12　Chem3D 显示的阿司匹林结构式

此外，Chem3D 还有一个重要的功能，即可以采用量化计算方法进行结构优化。可以利用 Chem3D 的 Gamess 量子化学软件包计算偶极矩、电子密度、静电势、动能、Lowdin 电荷和布居数、Mulliken 电荷和布居数、势能和总能量，以及进行红外光谱、拉曼光谱和核磁共振谱的理论模拟和预测。Chem3D 还可以绘制分子轨道拓扑图像、制作 3D 动画等。

10.4 文献管理与分析软件

10.4.1 文献管理软件

(1) EndNote(www.endnote.com)是一款专门用于科技论文中管理参考文献数据库的软件，而且通过插件可以很方便地在 Word 中插入所引用的文献，软件自动根据文献出现的先后顺序编号，并根据指定的格式将引用的文献附在文章的最后。如果在文章中间插入了引用的新文献，软件将自动更新编号，并将引用的文献插入文章最后参考文献中适当的位置。该软件占用系统资源很小，支持 4000 余种国际期刊的参考文献格式，能直接连接上千个数据库，并提供通用的检索方式，从而提高科技文献的检索效率。

一般 EndNote 软件主要用在两个方面：①在线检索文献并导入 EndNote 的文献库内，或手动录入文献信息，建立个人文献库；②定制文稿，利用文稿模板直接撰写符合要求的文章。在撰写学术论文、学位论文、专著或报告时，可在正文中的指定位置方便地添加文中注释，然后按照不同的期刊格式要求自动生成参考文献索引。

(2) Mendeley(www.mendeley.com)是一款免费的跨平台文献管理软件，同时也是一个在线学术社交网络平台。它不仅具有文献管理软件的绝大部分功能，还有一些突出的优势。例如，Mendeley 可自动从 pdf 文件中提取题录、DOI 号等信息，信息不符合时，联网通过 DOI 号即可自动校正、完善题录信息，可一键抓取网页上的文献信息添加到个人文献库中。Mendeley 数据库将文献条目与 pdf 文件相关联，输入关键词，Mendeley 便会列出包含此关键词的所有文献。如果想看某一作者的论文，只需在 Mendeley 中输入作者名字，搜索后点击对应的 pdf 文件，就可通过 Mendeley 的内置阅读器进行阅读。

(3) NoteExpress(www.inoteexpress.com)是北京爱琴海乐之技术有限公司开发的一款专业级别的文献检索与管理系统，其功能和使用方法与 EndNote 大同小异。其优点在于全中文界面，用户较容易学习入门。另外，NoteExpress 导入中文文献数据库(如维普、万方、CNKI)的参考文献比较方便，软件自带相应的过滤器。

(4) 知网研学(x.cnki.net)是中国知网推出的一个数字化学习与研究平台，集文献检索、下载、管理、笔记、写作、投稿于一体。

10.4.2 文献分析软件

正如 1.4.4 所讲的那样，对文献进行二次分析不仅可以提高数据信息的利用效率，还可针对大量科技论文中所存在的研究相同结果却截然不同的问题，经过统计分析和系统评价，尽可能得出真实的科学结论，摒弃尚无依据的论断。文献挖掘除了使用数据库自带的分析工具如 CNKI 文献分析、万方知识脉络、WOS 引用分析和报告及专业分析评价工具(如 ESI 科学指标和 JCR 引文报告等)之外，还需要借助专业软件对已有数据进行再次分析。下面重点介绍 Meta 分析方法及其常用软件。

Meta 分析是用统计的概念与方法收集、整理、分析之前学者专家针对某个主题所做的众多实证研究，希望能够找出该问题或所关切的变量之间的明确关系模式，可弥补传统的文献综述的不足。根据统计假设的不同可将 Meta 分析方法分为两类：固定效应模型和随机效应模型，前者假设所有研究享有共同的真实效应大小，后者假设所有研究的真实效应大小不同，具体体现在计算所有研究平均效应的权重上。由于随机效应模型比较符合实际，得到了 Meta 分析家的认可，正被广泛应用。Meta 分析基本步骤如下：

(1) 制订文献纳入和剔除标准，获取文献（Mendeley Data、Web of Science、Google Scholar、Glgoo、SCI-HUB、CNKI）。

(2) 人工解读文献。

(3) 自定义提取格式，制订任务表格并进行内容提取（作者、实验年份、国家/地区、经纬度、物种/品种、气象数据、图表、包含在段落中的数据等）。

(4) 数据整理（合并、分组、补漏、剔除）。

(5) Meta 分析。

(6) 分析结果，得出结论。

下面介绍几种 Meta 分析常用的软件：

(1) RevMan（community.cochrane.org/help/tools-and-software/revman-5）是国际 Cochrane 协作网制作和保存 Cochrane 系统评价的一个程序，是最常用的循证医学中进行系统评价和分析的软件。该软件的主要特点是可以制作和保存 Cochrane 系统评价的计划书和全文；可对录入的数据进行 Meta 分析并以森林图的图表形式展示；可对 Cochrane 系统评价进行更新；可以根据读者的反馈意见不断修改和完善，是循证医学人员必不可少的软件。

(2) OpenMEE（www.cebm.brown.edu/openmee/index.html）是一款开源软件，拥有交互式平台及图形处理界面（GUI），主要用于生态进化学的 Meta 分析。该软件虽然基于 R 编程，但并不需要使用者拥有 R 编程的知识。OpenMEE 为连续或分类的数据提供了更为先进的 Meta 分析和 Meta 回归的方法，如多协变量及交互变量的 Meta 回归分析、进化树、简单的缺失数据设算。该软件还支持数据的输入和输出、数据探索分析、图形化及表的汇总。

(3) Metawin（www.downloadbound.com/db/metawin）是一款用于生态环境及医学领域的专业软件，主要用于做 Meta 分析、整合分析、荟萃分析等。

由此可见，科技工作者想要撰写一篇"高颜值"的科技论文，需要掌握的通用和专业软件确实不少。下面将以具体实例进行介绍，从而让读者能够更加清晰地了解如何使用相应软件撰写科技论文。

10.5 软件在研究与论文写作中的应用实例

下面以一篇研究论文（题录：Tong J, Li Y, Bo L, Li W, Li T, Zhang Q, Kong D, Wang H, Li C. CoP/N-doped carbon hollow spheres anchored on electrospinning core-shell N-doped carbon nanofibers as efficient electrocatalysts for water splitting. ACS Sustainable Chem Eng, 2019, 7: 17432-17442）为例，分析科学研究与论文撰写过程中一般要用到哪些软件。

首先，确定研究主题目标后，需要查阅大量文献。使用文献管理软件 EndNote 进行文献管理（图 10-13），不仅方便文献的整理和查阅，同时方便论文写作过程中文献的引用。

其次，科学实验获得研究成果后，用科技论文的形式进行总结。撰写一篇科技论文需要进行文字编辑排版、数据分析处理、图谱解析与图像观察、结构绘制与理论计算及文献引用与编辑，这需要使用多种软件才能完成。这篇论文在撰写过程中用到了文字编辑排版软件 Word、数据分析处理软件 Excel、Origin 等通用软件，这里不再详细介绍。

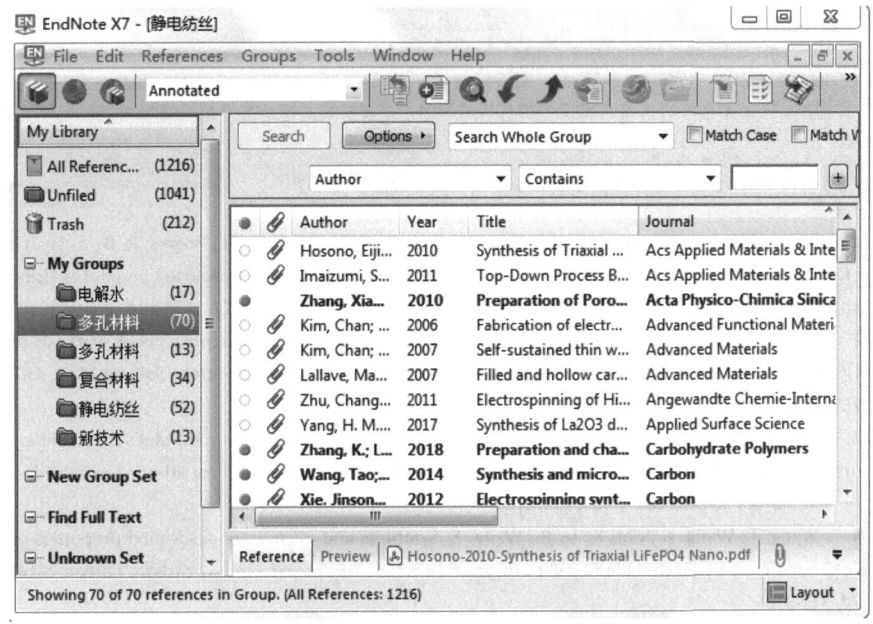

图 10-13 用 EndNote 管理文献

在产物结构分析表征时用到了仪器分析专用软件。例如，催化剂的粉末 X 射线衍射图谱的分析(原文 Figure 1)是用专业的图谱分析软件 Jade 完成的。催化剂的扫描电子显微镜和透射电子显微镜(TEM)照片是专业人员提供的。使用 Photoshop 对照片的亮度、对比度、清晰度等进行了优化调节，使照片效果变得更好(原文 Figure 2)。催化剂的氮气吸脱附等温线、孔径分布曲线(原文 Figure 3)及活性测试曲线(原文 Figure 6)是用通用的数据处理及分析软件 Origin 绘制的。文中 XPS 图谱的解离分析(原文 Figure 4)则是用专业图谱解析软件 CasaXPS 完成的。优化结构图(原文 Figure S14)的绘制则是用结构绘制软件 Diamond 完成的。必要时还需要借助相机拍摄照片(如原文 Figure 13a)，并用图像处理软件(如 Photoshop)进行处理。

理论研究需要借助一些专业计算软件。这篇论文虽然以实验研究为主，但也涉及理论计算。文中的理论计算部分是用 Materials Studio 软件进行的。

再次，论文撰写过程中，引文的插入和编排则是用文献管理软件 EndNote 完成的。用 EndNote 插入引文后，选择以要投稿的目标期刊(或与之最接近的其他期刊)的引文著录格式对参考文献进行格式化，在文档末尾自动生成与目标期刊要求最接近的引文列表(图 10-14)，只需要对出现错误或不符合要求的地方加以修改即可。这里，需要对参考文献的撰写进行提醒。一篇论文中通常会引用大量参考文献，如此数量的参考文献在撰写过程中一条一条地录入是非常麻烦的，而且在投稿过程中也会发现各个期刊要求的参考文献的著录格式不尽相同。虽然可以不辞辛苦地逐条修改，但是建议读者尽量使用前面介绍的几款文献管理软件，不仅可以大大降低工作量，节约时间，同时还会大大降低出错的概率。

最后，论文的精华要用图文摘要的形式进行呈现。这篇论文的图文摘要(图 10-15)是催化剂制备示意图。它是用通用的图像处理软件 Photoshop 绘制完成的，图中的箭头直接使用 Word 工具就可以插入。此类图也可以用通用的演示软件 PowerPoint 或专业软件 ChemOffice 绘制。

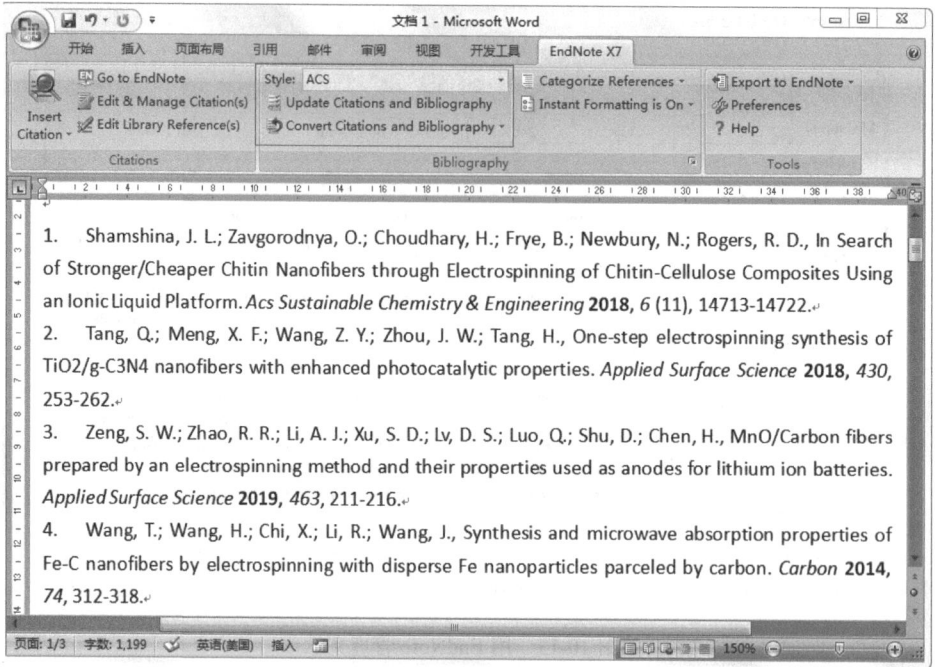

图 10-14 用 EndNote 进行引文撰写

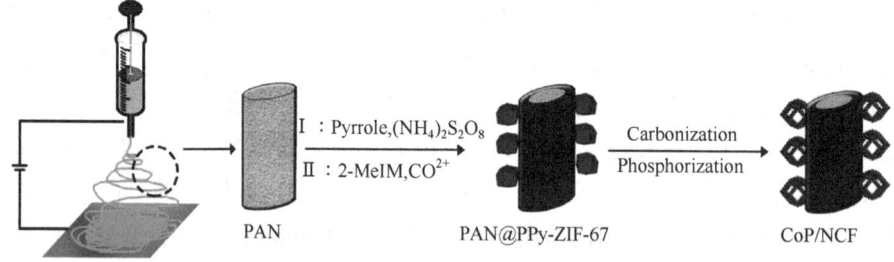

图 10-15 材料制备示意图(图文摘要用)

综上所述，在撰写一篇科技论文的过程中，除了使用 Word、Excel 等通用软件之外，还可能用到诸多的专业软件。因此，这些软件都是撰写论文的必要工具，读者可以根据需要进行针对性学习，从而顺利完成自己的论文撰写工作。

思 考 题

1. 常用的文档编辑软件有哪些？各有什么特点？
2. 常用的数据处理软件有哪些？简述其特点及用途。
3. 简述位图与矢量图的绘制及其差异。
4. 撰写一篇科技论文通常要用到哪些专业软件？分别有何用途？
5. 列举一两款文献管理软件，并掌握深入学习该软件的途径。
6. 根据自己的专业背景，列举本专业科技论文撰写常用的软件及其用途。

实践练习题

1. 试用 Photoshop 和 Adobe illustrator 各绘制一张"雪花"图，并比较位图和矢量图的区别。
2. 使用 ChemOffice 画出常用药物利巴韦林的分子式，并使用 Chem3D 进行简单 MM2 量化计算，观察其三维空间构型。
3. 使用 3D MAX 绘制一张"足球"图，并尝试用 Photoshop 进行修饰和美化。

附　　录

附录1　希腊文字母

大写	小写	字母名称	大写	小写	字母名称
A	α	alpha	N	ν	nu
B	β	beta	Ξ	ξ	xi
Γ	γ	gamma	O	o	omicron
Δ	δ	delta	Π	π	pi
E	ε	epsilon	P	ρ	rho
Z	ζ	zeta	Σ	σ	sigma
H	η	eta	T	τ	tau
Θ	θ	theta	Y	υ	upsilon
I	ι	iota	Φ	ϕ或φ	phi
K	κ	kappa	X	χ	chi
Λ	λ	lambda	Ψ	ψ	psi
M	μ	mu	Ω	ω	omega

附录2　罗马数字

罗马数字	阿拉伯数字	罗马数字	阿拉伯数字	罗马数字	阿拉伯数字
Ⅰ	1	XX	20	CC	200
Ⅱ	2	XXX	30	CCC	300
Ⅲ	3	XL	40	CD	400
Ⅳ	4	L	50	D	500
Ⅴ	5	LX	60	DC	600
Ⅵ	6	LXX	70	DCC	700
Ⅶ	7	LXXX	80	DCCC	800
Ⅷ	8	XC	90	CM	900
Ⅸ	9	XCIX	99	CMXC	990
Ⅹ	10	C	100	M	1000

附录3　国际单位制中用于构成十进倍数和分数单位的词头

因数	词头	符号	名称	因数	词头	符号	名称
10^{-18}	atto	a	阿[托]	10^{-1}	deci	d	分
10^{-15}	femto	f	飞[母托]	10^{1}	deca	da	十
10^{-12}	pico	p	皮[可]	10^{2}	hecto	h	百
10^{-9}	nano	n	纳[诺]	10^{3}	kilo	k	千
10^{-6}	micro	μ	微	10^{6}	mega	M	兆
10^{-3}	milli	m	毫	10^{9}	giga	G	吉[咖]
10^{-2}	centi	c	厘	10^{12}	tera	T	太[拉]

附录4　英文名称常用数字词头

数字	词头	数字	词头	数字	词头	数字	词头	数字	词头
$\frac{1}{2}$	hemi-	$1\frac{1}{2}$	sesqui-	$2\frac{1}{2}$	hemipenta-				
		10	deca-	20	eicosa-	30	triaconta-	100	hecta-
1	mono-	11	hendeca-, undeca-	21	heneicosa-	40	tetraconta-	101	henhecta-
2	di-, bi-	12	dodeca-	22	docosa-	50	pentaconta-	102	dohecta-
3	tri-	13	trideca-	23	tricosa-	60	hexaconta-	110	decahecta-
4	tetra-	14	tetradeca-	24	tetracosa-	70	heptaconta-	120	eicosahecta-
5	penta-	15	pentadeca-	25	pentacosa-	80	octaconta-	200	dicta-
6	hexa-	16	hexadeca-	26	hexacosa-	90	nonaconta-		
7	hepta-	17	heptadeca-	27	heptacosa-				
8	octa-	18	octadeca-	28	octacosa-				
9	ennea-, nona	19	nonadeca-	29	nonacosa-				